깟짜야나 문법

【하】

깟짜야나 문법【하】

1판 1쇄 인쇄 2024년 3월 20일
1판 1쇄 발행 2024년 4월 3일

—

저 자 | 깟짜야나
역주자 | 김서리
발행인 | 이방원

—

발행처 | 세창출판사
신고번호 · 제1990-000013호 | 주소 · 서울 서대문구 경기대로 58 경기빌딩 602호
전화 · 02-723-8660 | 팩스 · 02-720-4579
http: / /www.sechangpub.co.kr | e-mail: edit@sechangpub.co.kr

—

ISBN 979-11-6684-318-1 94790
979-11-6684-316-7 (세트)

—

· 이 책은 한국연구재단의 지원으로 세창출판사가 출판, 유통합니다.
· 잘못된 책은 구입하신 서점에서 바꾸어 드립니다.

—

이 번역서는 2021년 대한민국 교육부와 한국연구재단의 지원을 받아 수행된 연구임 (NRF-2021S1A5A7080024).

깟짜야나 문법

An Annotated Translation of
"Kaccāyana and Kaccāyanavutti"

【하】

깟짜야나Kaccāyana 저
김서리 역주

세창출판사

역자의 말

인도 석사 유학 시절, 공부할수록 더 궁금해지던 과목은 생소했던 빠알리어 문법 수업이었다. 그래서 관련 박사 논문도 썼다. 그런데 빠알리어 문법 관련 자료에서 빠짐없이 등장하는, 가장 오래된 빠알리어 문법이라는 '깟짜야나 문법'이 궁금해졌다. 그러던 중 태국에서 생애 첫 강의 기회가 주어졌는데, 바로 〈깟짜야나 문법〉 수업이었다. '내게도 낯선데, 학생들한테는 얼마나 더 낯설까?'라는 걱정으로 첫 수업에 들어갔다. 학생들은 미얀마, 방글라데시, 캄보디아 등에서 유학 오신 스님들이었는데 수업 열기가 대단했다. 왜냐하면 그분들에게 깟짜야나 문법은 낯선 것이 아니었기 때문이다. 혼자 가는 길이 아니라는 걸 필자만 몰랐던 거였다. 참 가슴 벅차게 행복한 시절이었다.

그런데 관련 논문을 쓰고 강의까지 했어도 일부 문법 주제의 규칙만을 참고하다 보니 '깟짜야나 문법' 전체가 보이지 않아 여전히 궁금했었다. 그러다가 지금으로부터 3년 전, 오래 살던 곳에서 멀리 떠나오게 된 계기가 있었다. 어차피 자의 반 타의 반으로 고립되었으니 오랜 궁금함을 풀어 볼 때인가 싶어 '깟짜야나 문법(KV)'의 번역을 시작하게 되었다.

필자가 KV의 원문을 번역할 때 가장 많이 참고했던 영역본은 ① Phramaha Thiab Malai의 Kaccāyana-Vyākaraṇa: A Critical Study(1997), ② A. Thitzana의 Kaccāyana Pāli Vyākaraṇaṃ(2016), ③ U Nandisena의 Kaccāyanabyākaraṇaṃ(2005)이다. 문법 용어와 관련 개념의 이해를 넓히는 데에는 많은 분의 책과 논문의 도움이 컸다. 그분들의 학문적 결실이 필자에게 스승이고 이정표였다.

KV 번역 작업에서 가장 어려웠던 부분은 역자로서 어디까지 개입해도 되는지에 대한 그 경계 짓기였다. '이것만은 꼭 덧붙여야 해!'라는 확신은 있는데, 온전히 저자의 영역인 '본문'이라는 자리에 역자의 자격으로 과연 어디까지 들어가도 되는 걸까? 신나게 짊어지고 들어갔다가 아차 싶어 도로 짊어지고 나오기를 반복했다. 문법 공부에 실질적인 도움이 될 수 있도록 역자로서 개입하여 풀어내는 부분들이 혹여 KV 저자의 저술 취지에 어긋나지는 않을까 끊임없이 살폈다.

KV 번역의 취지로, 테라와다불교의 성전(Pāli) 강독을 위한 빠알리어 문법의 중요성, 최초의 빠알리어 문법서로서 깟짜야나 문법의 연구 가치, 깟짜야나 문법과 산스끄리뜨 문법(Pāṇini의 Aṣṭādhyāyī나 Śarvavarman의 Kātantra vyākaraṇa)과의 연관성, 깟짜야나 문법 전통의 확립과 발전을 통한 현존하는 파생 문법서 연구 등의 거창한 의미가 분명히 있겠지만, KV 번역에 대한 필자의 솔직한 목적은 다만

'KV가 궁금해서'였다. 한 글자 한 글자 우리말로 옮긴 후에야 비로소 빠알리어가 독자적인 문법 체계를 갖추고 있다는 것을 알게 되었다. 필자에겐 감탄할 일이었다.

물론, KV와 같은 옛 빠알리어 문법서는 현대 빠알리어 문법서에 비해 한눈에 들어오는 주제별 정리나 표 등이 부족하여, 편집과 도식화가 잘 되어 있는 요즘 책에 익숙한 독자들에게 '한번에 마스터되는' 책이라는 인상을 줄 순 없을 것이다. 하지만 KV의 체계에 적응하고 익숙해지면 저자가 얼마나 친절하게 설명해 주고 있는지 알게 될 것이다. KV의 저자는 독자를 위해, 눈에도 귀에도 쏙 들어오도록 주제의 '핵심 단어(규칙)'만 간략히 먼저 알려 준다. 그리고 알아듣기 쉬운 완전한 문장으로 풀어 주고 나서(해설), 이 규칙 기능이 적용된 단어(예시)를 보여 준다. 그런 다음, 독자가 헷갈리는 부분이 있겠다 싶으면, 규칙의 조건 일부가 맞지 않아 규칙이 적용되지 않은 예를 문답으로 보여 주면서 본 규칙의 조건과 기능을 더 잘 이해하도록 도와준다. '규칙이 적용되지 않은 예'도 그 규칙이 적용되지 않았을 뿐, 빠알리어 경전에 있는 단어들이기 때문에 문법 공부의 최종 목적인 '경전 강독'에 결과적으로 도움이 되는 어휘이다. 이러한 구조를 가진 KV는 마치 학생이 이해할 때까지 인내심을 가지고 여러 설명 방식으로 가르쳐 주는 친절한 선생님 같다.

이렇게 문답으로 상세 분석이 끝나면, 때때로 규칙 일부와 관련되지만 조금은 예외적인 기능을 예와 함께 제시하기도 한다. 또는 불규칙하거나 예외적인 형태의 단어를 모아 하나의 규칙으로 묶은 몇 규칙들도 있다. 문법의 체계성에 의심을 할 만한 이 불규칙하고 예외적인 단어를 왜 버리지 않았을까? 왜냐하면 이 단어들 모두 경전에 나오는 단어들이기 때문이다. 문법이 먼저 존재하고 그 문법 체계를 토대로 하여 경전의 구절들이 만들어진 것이 아니고 오히려 그 반대이므로, 기존 규칙들에서 문법적 절차가 언급되지 않은 단어들을 모아 하나의 문법 규칙으로 제시한 것은, 이런 단어들이 문법 규칙에서 배제되지 않도록 하는 장치였을 것이다. KV 규칙들 사이에 "승리자(부처님)의 말씀에 어긋나지 않는 방식으로"라는 구절이 여러 번 등장하는데, '문법'을 내세우기 위한 문법이 아닌, '부처님 말씀'을 제대로 이해하기 위한 도구로서 KV가 만들어졌고 독자도 그런 자세로 접근해야 함을 알려 주는 것 같다.

이렇게 필자의 소회는 길지만, 필자는 여전히 부족하고 번역의 결과물에 대해서도 조심스럽다. KV를 비롯한 옛 빠알리어 문법의 취지와 중요성이 있는 그대로 드러나길 바랄 뿐이며, 부족한 것이 있다면 모두 필자의 역량 부족 탓이다. 문법이 누군가에게 도움이 되면 좋겠지만, 그렇다고 이 책이 누구에게나 필요한 책은 아닐 수도 있다. 목적지도, 출발점도 각자 다르기에 이 길로 가야 한다고 말할 순 없지만, 그래도 누군가에게는 한 걸음 내딛는 데 도움이 되길 간절히 바라본다.

이 번역연구를 선정·지원해 주신 한국연구재단 '명저번역지원사업' 심사위원들과 모든 관계자님께 감사드리고, 복잡한 원고를 보기 편한 책으로 만드느라 애써 주신 세창출판사의 모든 관계자님께 감사드린다. 필자를 늘 믿어 주시고 따뜻하게 품어 주시는 부모님과 가족들께 감사드리고, 고집스러움과 예민함으로 가득했던 필자의 메마른 감정의 방에 항상 밝게 문 두드리며 들어와 온화하고 건강한 일상을 만들어 준 남편과 아이에게 미안함과 감사의 마음을 전한다. 이와 같은 공부의 모든 인연에 감사드린다.

그리고 그리운 한 분. 책 나오면 봄날 찾아뵙겠다 마음먹고 연락도 드리지 않고 지내며 최종원고를 검토하던 2023년 11월 말, 그분의 부고를 받았다. 적막과 슬픔 속에 마음을 추스르고 원고를 다듬으며 시간을 견뎠다. 봄이 와도 '김성철 교수님께'라고 적은 책은 전하지 못하지만, 눈물은 마를 것도 같다. 왜냐하면 스승님의 가르침과 따뜻했던 마음은 바람을 거스르고 계절을 넘어 많은 이들에게 오래도록 머물 것임을 알기 때문이다.

2024년 2월

김서리

차례

하권

II. Nāmakappa(제2장 명사의 장)

II.7. 제2장의 일곱 번째 부분

II.8. 제2장의 여덟 번째 부분

III. Ākhyātakappa(제3장 동사의 장)

III.1. 제3장의 첫 번째 부분

III.2. 제3장의 두 번째 부분

III.3. 제3장의 세 번째 부분

III.4. 제3장의 네 번째 부분

IV. Kibbidhānakappa(제4장 Kita의 장)

IV.1. 제4장의 첫 번째 부분

IV.2. 제4장의 두 번째 부분

IV.3. 제4장의 세 번째 부분

IV.4. 제4장의 네 번째 부분

IV.5. 제4장의 다섯 번째 부분

상권

I. Sandhikappa(제1장 연성의 장)

I.1. 제1장의 첫 번째 부분

‖ attho akkharasaññāto ‖ 1 ‖

‖ akkharā p' âdayo ekacattālīsaṃ ‖ 2 ‖

‖ tatth' odantā sarā aṭṭha ‖ 3 ‖

‖ lahumattā tayo rassā ‖ 4 ‖

‖ aññe dīghā ‖ 5 ‖

‖ sesā byañjanā ‖ 6 ‖

‖ vaggā pañcapañcaso mantā ‖ 7 ‖

‖ aṃ iti niggahītaṃ ‖ 8 ‖

‖ parasamaññā payoge ‖ 9 ‖

‖ pubbaṃ adhoṭhitaṃ assaraṃ sarena viyojaye ‖ 10 ‖

‖ naye paraṃ yutte ‖ 11 ‖

I.2. 제1장의 두 번째 부분

‖ sarā sare lopaṃ ‖ 12 ‖

‖ vā paro asarūpā ‖ 13 ‖

‖ kvac' āsavaṇṇaṃ lutte ‖ 14 ‖

‖ dīghaṃ ‖ 15 ‖

‖ pubbo ca ‖ 16 ‖

‖ yaṃ edantass' ādeso ‖ 17 ‖

‖ vaṃ odudantānaṃ ‖ 18 ‖

‖ sabbo can ti ‖ 19 ‖

‖ do dhassa ca ‖ 20 ‖

‖ ivaṇṇo yaṃ na vā ‖ 21 ‖

‖ evādissa ri pubbo ca rasso ‖ 22 ‖

I.3. 제1장의 세 번째 부분

‖ sarā pakati byañjane ‖ 23 ‖

‖ sare kvaci ‖ 24 ‖

‖ dīghaṃ ‖ 25 ‖

‖ rassaṃ ‖ 26 ‖

‖ lopañ ca tatrâkāro ‖ 27 ‖

‖ paradvebhāvo ṭhāne ‖ 28 ‖

‖ vagge ghosâghosānaṃ tatiyapaṭhamā ‖ 29 ‖

I.4. 제1장의 네 번째 부분

‖ aṃ byañjane niggahītaṃ ‖ 30 ‖

‖ vaggantaṃ vā vagge ‖ 31 ‖

‖ ehe ñaṃ ‖ 32 ‖

‖ saye ca ‖ 33 ‖

‖ madā sare ‖ 34 ‖

‖ yavamadanataralā c' āgamā ‖ 35 ‖

‖ kvaci o byañjane ‖ 36 ‖

‖ niggahītañ ca ‖ 37 ‖

‖ kvaci lopaṃ ‖ 38 ‖

‖ byañjane ca ‖ 39 ‖

‖ paro vā saro ‖ 40 ‖

‖ byañjano ca visaññogo ‖ 41 ‖

I.5. 제1장의 다섯 번째 부분

‖ go sare puthass' āgamo kvaci

|| 42 ||

|| pāssa c' anto rasso || 43 ||

|| abbho abhi || 44 ||

|| ajjho abhi || 45 ||

|| te na vā ivaṇṇe || 46 ||

|| atissa c' antassa || 47 ||

|| kvaci paṭi patissa || 48 ||

|| puthass' u byañjane || 49 ||

|| o avassa || 50 ||

|| anupadiṭṭhānaṃ vuttayogato || 51 ||

II. Nāmakappa(제2장 명사의 장)

II.1. 제2장의 첫 번째 부분

|| Jinavacanayuttaṃ hi || 52 ||

|| liṅgañ ca nipaccate || 53 ||

|| tato ca vibhattiyo || 54 ||

|| si yo aṃ yo nā hi sa naṃ smā hi sa naṃ smiṃ su || 55 ||

|| tadanuparodhena || 56 ||

|| ālapane si gasañño || 57 ||

|| ivaṅṅuvaṅṅā jhalā || 58 ||

|| te itthikhyā po || 59 ||

|| ā gho || 60 ||

|| sâgamo se || 61 ||

|| saṃsāsv ekavacanesu ca || 62 ||

|| etimāsaṃ i || 63 ||

|| tass' â vā || 64 ||

|| tato sassa ssāya || 65 ||

|| gho rassaṃ || 66 ||

|| no ca dvâdito naṃmhi || 67 ||

|| amā pato smiṃsmānaṃ vā || 68 ||

|| ādito o ca || 69 ||

|| jhalānaṃ iyuvā sare vā || 70 ||

|| yavakārā ca || 71 ||

|| pasaññassa ca || 72 ||

|| gāva se || 73 ||

|| yosu ca || 74 ||

|| av' aṃmhi ca || 75 ||

|| āvass' u vā || 76 ||

|| tato naṃ aṃ patimh' âlutte ca samāse || 77 ||

|| o sare ca || 78 ||

|| tabbiparīt' upapade byañjane ca || 79 ||

|| goṇa naṃmhi vā || 80 ||

|| suhināsu ca || 81 ||

|| aṃmo niggahītaṃ jhalapehi || 82 ||

|| saralopo amādesappaccayâdimhi saralope tu pakati || 83 ||

|| agho rassṃ ekavacanayosv api ca || 84 ||

|| na sismiṃ anapuṃsakāni || 85 ||

|| ubhâdito naṃ innaṃ || 86 ||

|| iṇṇaṃ iṇṇannaṃ tīhi saṅkhyāhi || 87 ||

|| yosu katanikāralopesu dīghaṃ || 88 ||

|| sunaṃhisu ca || 89 ||

|| pañcâdīnaṃ attaṃ || 90 ||

|| patiss' inīmhi || 91 ||

|| ntuss' anto yosu ca || 92 ||

|| sabbassa vā aṃsesu || 93 ||

|| simhi vā || 94 ||

|| aggiss' ini || 95 ||

|| yosv akatarasso jho || 96 ||

|| vevosu lo ca || 97 ||

|| mātulâdīnaṃ ānattaṃ īkāre || 98 ||

|| smāhisminnaṃ mhābhimhi vā || 99 ||

|| na timehi katâkārehi || 100 ||

|| suhīsv akāro e || 101 ||

|| sabbanāmānaṃ naṃmhi ca || 102 ||

|| ato n' ena || 103 ||

|| s' o || 104 ||

|| so vā || 105 ||

|| dīghorehi || 106 ||

|| sabbayonīnaṃ ā e || 107 ||

|| smāsminnaṃ vā || 108 ||

|| āya catutthekavacanassa tu || 109 ||

|| tayo n' eva ca sabbanāmehi || 110 ||

|| ghato nâdīnaṃ || 111 ||

|| pato yā || 112 ||

|| sakhāto gass' e vā || 113 ||

|| ghat' e ca || 114 ||

|| na ammâdito || 115 ||

|| akatarassā lato yvālapanassa ve vo || 116 ||

|| jhalato sassa no vā || 117 ||

|| ghapato ca yonaṃ lopo || 118 ||

|| lato vokāro ca || 119 ||

II.2. 제2장의 두 번째 부분

|| amhassa mamaṃ savibhattissa se || 120 ||

|| mayaṃ yomhi paṭhame || 121 ||

|| ntussa nto || 122 ||

|| ntassa se vā || 123 ||

|| ā simhi || 124 ||

|| aṃ napuṃsake || 125 ||

|| avaṇṇā ca ge || 126 ||

|| totitā sasmiṃnāsu || 127 ||

|| naṃmhi taṃ vā || 128 ||

|| imass' idaṃ aṃsisu napuṃsake || 129 ||

|| amuss' âduṃ || 130 ||

|| itthipumanapuṃsakasaṅkhyaṃ || 131 ||

|| yosu dvinnaṃ dve ca || 132 ||

|| ticatunnaṃ tisso catasso tayo cattāro tīṇi cattāri || 133 ||

|| pañcâdīnaṃ akāro || 134 ||

|| rājassa rañño rājino se || 135 ||

|| raññaṃ naṃmhi vā || 136 ||

|| nāmhi raññā vā || 137 ||

|| smiṃmhi raññe rājini || 138 ||

|| tumhâmhānaṃ tayi mayi || 139 ||

|| tvaṃ ahaṃ simhi ca || 140 ||

|| tava mama se || 141 ||

|| tuyhaṃ mayhaṃ ca || 142 ||

|| taṃ maṃ aṃmhi || 143 ||

|| tavaṃ mamaṃ ca na vā || 144 ||

|| nāmhi tayā mayā || 145 ||

|| tumhassa tuvaṃ tvaṃ aṃmhi || 146 ||

|| padato dutiyācatutthīchaṭṭhīsu vo no || 147 ||

	tem' ekavacane		148	
	nâṃmhi		149	
	vā tatiye ca		150	
	bahuvacanesu vo no		151	
	pumantass' ā simhi		152	
	aṃ ālapanekavacane		153	
	samāse ca vibhāsā		154	
	yosv āno		155	
	āne smiṃmhi vā		156	
	hivibhattimhi ca		157	
	susmiṃ ā vā		158	
	u nāmhi ca		159	
	a kammantassa ca		160	

II.3. 제2장의 세 번째 부분

	tumhâmhehi naṃ ākaṃ		161	
	vā yvappaṭhamo		162	
	sass' aṃ		163	
	sabbanāmâkārat' e paṭhamo		164	
	dvandaṭṭhā vā		165	
	n' âññaṃ sabbanāmikaṃ		166	
	bahubbīhimhi ca		167	
	sabbato naṃ saṃsānaṃ		168	
	rājassa rāju sunaṃhisu ca		169	
	sabbass' imass' e vā		170	
	an'-imi nāmhi ca		171	
	anapuṃsakassâyaṃ simhi		172	
	amussa mo saṃ		173	
	etatesaṃ to		174	
	tassa vā nattaṃ sabbattha		175	
	sasmāsmiṃsaṃsāsv attaṃ		176	
	imasaddassa		177	
	sabbato ko		178	
	ghapato smiṃsānaṃ saṃsā		179	
	n' etāhi smiṃ āyayā		180	
	manogaṇâdito smiṃnānaṃ i ā		181	
	sassa c' o		182	
	etesaṃ o lope		183	
	sa sare vâgamo		184	
	santasaddassa so bhe bo c' ante		185	
	simhi gacchantâdīnaṃ antasaddo aṃ		186	
	sesesu ntu va		187	
	brahmaattasakharājâdito aṃ ānaṃ		188	
	sy ā ca		189	
	yonaṃ āno		190	
	sakhāto c' âyono		191	
	smiṃ e		192	
	brahmāto gassa ca		193	
	sakhântass' i nonānaṃsesu		194	
	āro himhi vā		195	
	sunamaṃsu vā		196	
	brahmāto tu smiṃ ni		197	
	uttaṃ sanāsu		198	
	satthupitâdīnaṃ ā sismiṃ silopo ca		199	
	aññesv ārattaṃ		200	
	vā naṃmhi		201	
	satthun' âttañ ca		202	
	u sasmiṃ salopo ca		203	
	Sakkamandhātâdīnañ ca		204	

‖ tato yonaṃ o tu ‖ 205 ‖

‖ tato smiṃ i ‖ 206 ‖

‖ nā ā ‖ 207 ‖

‖ āro rassaṃ ikāre ‖ 208 ‖

‖ pitâdīnaṃ asimhi ‖ 209 ‖

‖ tayātayinaṃ takāro tvattaṃ vā ‖ 210 ‖

II.4. 제2장의 네 번째 부분

‖ attanto hismiṃ anattaṃ ‖ 211 ‖

‖ tato smiṃ ni ‖ 212 ‖

‖ sassa no ‖ 213 ‖

‖ smā nā ‖ 214 ‖

‖ jhalato ca ‖ 215 ‖

‖ ghapato smiṃ yaṃ vā ‖ 216 ‖

‖ yonaṃ ni napuṃsakehi ‖ 217 ‖

‖ ato niccaṃ ‖ 218 ‖

‖ si 'ṃ ‖ 219 ‖

‖ sesato lopaṃ gasi pi ‖ 220 ‖

‖ sabbāsaṃ āvusoupasagganipātâdīhi ca ‖ 221 ‖

‖ pumassa liṅgâdīsu samāsesu ‖ 222 ‖

‖ aṃ yaṃ īto pasaññāto ‖ 223 ‖

‖ naṃ jhato katarassā ‖ 224 ‖

‖ yonaṃ no ‖ 225 ‖

‖ smiṃ ni ‖ 226 ‖

‖ kissa ka ve ca ‖ 227 ‖

‖ ku hiṃhaṃsu ca ‖ 228 ‖

‖ sesesu ca ‖ 229 ‖

‖ tratothesu ca ‖ 230 ‖

‖ sabbass' etass' akāro vā ‖ 231 ‖

‖ tre niccaṃ ‖ 232 ‖

‖ e tothesu vā ‖ 233 ‖

‖ imass' itthaṃdānihatodhesu ca ‖ 234 ‖

‖ a dhunāmhi ca ‖ 235 ‖

‖ eta rahimhi ‖ 236 ‖

‖ itthiyaṃ ato āpaccayo ‖ 237 ‖

‖ nadâdito vā ī ‖ 238 ‖

‖ ṇavaṇikaṇeyyaṇantuhi ‖ 239 ‖

‖ patibhikkhurājîkārantehi inī ‖ 240 ‖

‖ ntussa tam īkāre ‖ 241 ‖

‖ bhavato bhoto ‖ 242 ‖

‖ bho ge tu ‖ 243 ‖

‖ obhāvo kvaci yosu vakārassa ‖ 244 ‖

‖ bhadantassa bhaddanta bhante ‖ 245 ‖

‖ akārapitâdyantānaṃ ā ‖ 246 ‖

‖ jhalapā rassaṃ ‖ 247 ‖

‖ ākāro vā ‖ 248 ‖

II.5. 제2장의 다섯 번째 부분

‖ tvādayo vibhattisaññāyo ‖ 249 ‖

‖ kvaci to pañcamyatthe ‖ 250 ‖

‖ tra tha sattamiyā sabbanāmehi ‖ 251 ‖

‖ sabbato dhi ‖ 252 ‖

‖ kismā vo ‖ 253 ‖

‖ hiṃ haṃ hiñcanaṃ ‖ 254 ‖

‖ tamhā ca ‖ 255 ‖

‖ imasmā hadhā ca ‖ 256 ‖

‖ yato hiṃ ‖ 257 ‖

|| kāle || 258 ||

|| kiṃsabbaññekayakuhi dādācanaṃ || 259 ||

|| tamhā dāni ca || 260 ||

|| imasmā rahi dhunā dāni ca || 261 ||

|| sabbassa so dāmhi vā || 262 ||

|| avaṇṇo ye lopañ ca || 263 ||

|| vuddhassa jo iyiṭṭhesu || 264 ||

|| pasaṭṭhassa so ca || 265 ||

|| antikassa nedo || 266 ||

|| bāḷhassa sādho || 267 ||

|| appassa kaṇaṃ || 268 ||

|| yuvānañ ca || 269 ||

|| vantumantuvīnañ ca lopo || 270 ||

|| yavataṃ talaṇadakārānaṃ byañjanāni calañajakārattaṃ || 271 ||

|| mhatumhanturājabrahmattasakhasatthupitâdīhi smā nā va || 272 ||

II.6. 제2장의 여섯 번째 부분

|| yasmād apeti bhayaṃ ādatte vā tad apādānaṃ || 273 ||

|| dhātunāmānaṃ upasaggayogâdīsv api ca || 274 ||

|| rakkhanatthānaṃ icchitaṃ || 275 ||

|| yena vâdassanaṃ || 276 ||

|| dūrantikaddhakālanimmānatvālopadisāyogavibhattāra(ti)ppayogasuddhappamocanahetuvivittappamānapubbayogabandhanaguṇavacanapañhakathanathokâkattūsu ca || 277 ||

|| yassa dātukāmo rocate vā dhārayate vā taṃ sampadānaṃ || 278 ||

|| silāghahanuṭṭhāsapadhārapihakudhaduhissôsuyya−rādhikkhappaccāsuṇaanupatigiṇapubbakattārocanatthatadatthatumatthâlamatthamaññanādarappāṇinigatyatthakammaṇi−āsiṃsatthasammutibhiyyasattamyatthesu ca || 279 ||

|| yo 'dhāro taṃ okāsaṃ || 280 ||

|| yena vā kayirate taṃ karaṇaṃ || 281 ||

|| yaṃ karoti taṃ kammaṃ || 282 ||

|| yo karoti sa kattā || 283 ||

|| yo kāreti sa hetu || 284 ||

|| yassa vā pariggaho taṃ sāmī || 285 ||

|| liṅgatthe paṭhamā || 286 ||

|| ālapane ca || 287 ||

|| karaṇe tatiyā || 288 ||

|| sahâdiyoge ca || 289 ||

|| kattari ca || 290 ||

|| hetvatthe ca || 291 ||

|| sattamyatthe ca || 292 ||

|| yen' aṅgavikāro || 293 ||

|| visesane ca || 294 ||

|| sampadāne catutthī || 295 ||

|| namoyogâdīsv api ca || 296 ||

|| apādāne pañcamī || 297 ||

|| kāraṇatthe ca || 298 ||

|| kammatthe dutiyā || 299 ||

|| kāladdhānaṃ accantasaṃyoge || 300 ||

|| kammappavacanīyayutte || 301 ||

|| gatibuddhibhujapaṭhaharakarasayâdīnaṃ kārite vā || 302 ||

|| sāmismiṃ chaṭṭhī || 303 ||

|| okāse sattamī || 304 ||

|| sāmissarâdhipatidāyādasakkhippatibhūpasūtakusalehi ca || 305 ||

|| niddhāraṇe ca || 306 ||

|| anādare ca || 307 ||

|| kvaci dutiyā chaṭṭhīnaṃ atthe || 308 ||

|| tatiyāsattamīnañ ca || 309 ||

|| chaṭṭhī ca || 310 ||

|| dutiyāpañcamīnañ ca || 311 ||

|| kammakaraṇanimittatthesu sattamī || 312 ||

|| sampadāne ca || 313 ||

|| pañcamyatthe || 314 ||

|| kālabhāvesu ca || 315 ||

|| upâdhy adhikissaravacane || 316 ||

|| maṇḍitussukesu tatiyā || 317 ||

해제

‘깟짜야나 문법’은 테라와다불교의 성전(Pāli) 언어인 빠알리어의 문법으로, 현존하는 가장 오래된 빠알리어 문법이다. 이 문법은 Kaccāyanavyākaraṇa, Kaccāyanappakaraṇa, Kaccāyanagandha 등으로 불리는데, 본서에서 이 문법을 지칭할 때는 ‘깟짜야나 문법’이라는 의미인 Kaccāyana-vyākaraṇa(이하 KV)라고 부르겠다.

현존하는 KV의 형태는 규칙, 해설, 예시, 그리고 상세 분석으로 구성된다. KV의 저자는 일반적으로 깟짜야나(Kaccāyana)라고 알려져 있는데, 깟짜야나가 만든 부분은 KV의 규칙에만 해당하고, 해설, 예시, 그리고 상세 분석은 이후에 여러 다른 사람들에 의해 만들어지고 덧붙여져서 KV 전체가 편찬되었다는 주장도 있다.

신할라 전통에 따르면, KV의 저자는 부처님의 직계 제자인 마하깟짜야나(Mahākaccāyana)이며, 이 의견을 따르는 학자들은 KV의 저술 시기를 기원전 6세기로 추정한다. 그러나 여러 다른 학자들은 이 문법의 저자가 부처님의 직계 제자인 마하깟짜야나와 이름만 같은 후대의 다른 인물로 보고 있으며, KV가 대략 기원후 4~11세기 사이에 저술되었을 것이라고 주장한다.

본 번역 대상 도서의 편집자이기도 한 Ole Holten Pind에 따르면, KV는 여러 저자에 의해 편찬되었고, KV의 핵심이라 할 수 있는 간결한 문법 규칙(sutta)은 기원후 6세기 또는 7세기에 지어졌을 것이라고 한다. 기원후 5세기경에 활동한 유명한 불교학자인 붓다고사(Buddhaghosa)가 깟짜야나에 대한 어떤 언급도 하지 않았고 오히려 붓다고사의 해석을 알지 못하면 전혀 알 수 없는 부분들이 KV의 문법 규칙에서 발견되기 때문에, KV의 문법 규칙은 붓다고사가 활동하던 시기 이후에 지어졌을 가능성이 크다고 보는 것이다. 그리고 KV를 포괄적으로 다룬 해설 문헌들이 본격적으로 나오기 시작한 시기가 기원후 8세기부터인 것으로 추정되므로 KV의 규칙은 그 이전에 이미 완성되었을 것이라고 한다. 이러한 근거를 바탕으로 Pind는 KV 문법 규칙의 저술 시기를 대략 기원후 6세기 또는 7세기인 것으로 주장한다.[1]

저자에 대한 의견이 일치하지 않는 만큼 저술 시기에 대해서도 다양한 의견이 있지만, KV가 빠알리어 전통문법서 가운데 최초의 문법서라는 점에 대해서는 의견이 동일하다. 중요한 점은, 깟짜야나를 잇는 문법학자들이 지속적으로 관여하여 현존하는 KV와 같은 텍스트로 발전시켜 가면서 그 문법 체계를 갖추어 갔다는 점이고 그 문법 전통이 이어져 오늘날까지 전해졌다는 점이다.

---

1 KV의 명칭, 저자, 저술 시기 등에 관해서는 여러 참고 자료의 내용을 요약한 것이다. 종합적이고 자세한 내용은 Pind(2013), pp.ix-xi; Malai(1997), pp.18-40; Deokar(2002), pp.8-11; Thitzana(2016a), pp.3-4; Thitzana(2016b), pp.11-14; Ruiz-Falqués(2017), pp.251-252 참조.

본 번역의 대상 도서는 KV의 판본 중 Pali Text Society(이하 PTS)에서 2013년에 출판된 Kaccāyana and Kaccāyanavutti이다. 이 PTS본은 1871년 파리에서 출판된 Emile Sénart의 초판을 배경으로 한 것으로, 빠알리어 대학자인 Ole Holten Pind가 새로 편집하고 S. Kasamatsu와 Y. Ousaka가 색인을 단 개정본이다. 이 KV의 PTS 본은 KV 원문과 편집자의 각주, 그리고 색인 등을 포함하고 있는데, 본 번역서는 KV의 원문만을 국문으로 번역한 것이다.

◈ KV의 PTS본 구성과 KV 문법 규칙의 구조

KV의 PTS본은 총 675개의 문법 규칙으로 구성된다.[2] KV는 크게 4개의 장(kappa)과 23개의 부분(kaṇḍa)으로 구분된다. 이 4개의 장은 제1장 Sandhikappa(총 5부분), 제2장 Nāmakappa(총 8부분), 제3장 Ākhyātakappa(총 4부분), 제4장 Kibbidhānakappa(총 6부분)이다.

KV는 세부적 문법 주제에 따라 제2장 Nāmakappa는 4개의 장으로, 제4장 Kibbidhānakappa는 2개의 장으로 세분되어 아래의 표와 같이 총 8개의 장으로 구분되기도 한다.

2 KV의 버마본 판본의 규칙 총수는 673개이다. PTS본에 제시된 KV244(obhāvo kvaci yosu vakārassa)와 KV245(bhadantassa bhaddanta bhante)가 버마본에는 없다. Deokar(2002)와 Thitzana(2016a) 참조.

<table>
<tr><th colspan="4">KV의 구성</th></tr>
<tr><th>총 4장의 구분</th><th>부분</th><th>규칙번호(총수)</th><th>총 8장의 구분</th></tr>
<tr><td rowspan="5">I. Sandhikappa
연성의 장</td><td>I.1</td><td>01–11 (11)</td><td rowspan="5">I. Sandhikappa
연성의 장</td></tr>
<tr><td>I.2</td><td>12–22 (11)</td></tr>
<tr><td>I.3</td><td>23–29 (7)</td></tr>
<tr><td>I.4</td><td>30–41 (12)</td></tr>
<tr><td>I.5</td><td>42–51 (10)</td></tr>
<tr><td rowspan="8">II. Nāmakappa
명사의 장</td><td>II.1</td><td>52–119 (68)</td><td rowspan="5">II. Nāmakappa
명사의 장</td></tr>
<tr><td>II.2</td><td>120–160 (41)</td></tr>
<tr><td>II.3</td><td>161–210 (50)</td></tr>
<tr><td>II.4</td><td>211–248 (38)</td></tr>
<tr><td>II.5</td><td>249–272 (24)</td></tr>
<tr><td>II.6</td><td>273–317 (45)</td><td>III. Kārakakappa
Kāraka의 장</td></tr>
<tr><td>II.7</td><td>318–345 (28)</td><td>IV. Samāsakappa
복합어의 장</td></tr>
<tr><td>II.8</td><td>346–407 (62)</td><td>V. Taddhitakappa
Taddhita의 장</td></tr>
<tr><td rowspan="4">III. Ākhyātakappa
동사의 장</td><td>III.1</td><td>408–433 (26)</td><td rowspan="4">VI. Ākhyātakappa
동사의 장</td></tr>
<tr><td>III.2</td><td>434–459 (26)</td></tr>
<tr><td>III.3</td><td>460–483 (24)</td></tr>
<tr><td>III.4</td><td>484–525 (42)</td></tr>
<tr><td rowspan="6">IV. Kibbidhānakappa
Kita의 장</td><td>IV.1</td><td>526–551 (26)</td><td rowspan="5">VII. Kibbidhānakappa
Kita의 장</td></tr>
<tr><td>IV.2</td><td>552–572 (21)</td></tr>
<tr><td>IV.3</td><td>573–591 (19)</td></tr>
<tr><td>IV.4</td><td>592–608 (17)</td></tr>
<tr><td>IV.5</td><td>609–625 (17)</td></tr>
<tr><td>IV.6</td><td>626–675 (50)</td><td>VIII. Uṇādikappa
Uṇādi의 장</td></tr>
</table>

KV 문법 규칙은 규칙-해설-예시의 기본구조를 갖는다. 문법 규칙의 구조를 표로 나타내면 다음과 같다.

문법 규칙의 구조		
기본	규칙	핵심 단어들로 구성된 짧고 간결한 문법 규칙 ※ 주로 핵심 단어들로 구성되지만, 일부의 핵심 단어가 이전 규칙에서 이어진다는 것을 전제할 때는 핵심 단어가 생략되기도 함
	해설	규칙을 보충하여 이해하기 쉽게 푼 설명문
	예시	규칙의 기능이 적용된 예 ※ 완성된 단어의 형태를 보여 줌으로써 해당 규칙을 증명함 규칙의 기능이 적용되지 않은 예 ※ 규칙이 규정하는 조건이 부족하여 규칙 기능이 적용되지 않음을 보여 줌
추가	문답	문법 용어나 규칙의 기능 및 범위를 명확히 하기 위한 문답
	추가 기능	규칙의 일부 단어와 연관되는 추가 기능('규칙 분할'이라고도 함)

KV161 원문을 예로 들어 보면 다음과 같다.
[규칙] ‖ ***tumhâmhehi naṃ ākaṃ*** ‖ 161 ‖
[해설] tehi *tumhâmhehi naṃ*vacanassa *ākaṃ* hoti ‖
[예시] tumhākaṃ | amhākaṃ ‖
[문답] *naṃ* iti kimatthaṃ? tumhehi | amhehi ‖

KV487 원문을 예로 들어 보면 다음과 같다.
[규칙] ‖ ***aññesu ca*** ‖ 487 ‖
[해설] aññesu ca paccayesu sabbesaṃ dhātūnaṃ asaṃyogantānaṃ vuḍḍhi hoti ‖
[예시] jayati | bhavati | hoti ‖
[추가 기능] casaddaggahaṇena *ṇu*ppaccayassā pi vuḍḍhi hoti ‖ abhisuṇoti ‖

총 675개의 KV 규칙 가운데 예외적인 경우(예: KV52, KV131, KV393, KV415 등)를 제외하고는 규칙-해설-예시로 마무리되거나, 규칙-해설-예시 뒤에 추가 기능이나 문답이 이어진다. 이러한 구조로 KV의 총 675개의 문법 규칙이 전개되며, 본 번역 또한 이 구조에 맞게 수행되었다.

◈ 각 장(kappa)의 이름, 구성, 문법 주제

KV 각 장의 이름과 구성, 그리고 각 장의 부분별 문법 주제는 다음과 같다. PTS본에 따라 형식상 총 4장으로 구분했지만, 내용에 있어서는 문법 주제에 따른 8장으로 구분하여 설명하겠다.

I. Sandhikappa(제1장 연성의 장)

Sandhikappa는 연성(sandhi)의 장(kappa, 章)으로, 5개의 부분(kaṇḍa)으로 나뉘고 총 51개의 규칙(KV1-51)으로 구성된다. sandhi는 접두사 saṃ(함께, 합쳐져서, 이어져서)이 붙은 어근 dhā(두다, 놓다)에서 파생된 단어이다. Sadd29에 "sandhi는 단어나 음절이 합해지는 것"이라고 정의하고 있다.

I.1. 제1장의 첫 번째 부분

제1장의 첫 번째 부분(kaṇḍa)은 총 11개의 규칙(KV1-11)으로 구성

된다. 이 부분의 첫 규칙인 KV1은 문법 공부의 중요성을 보여 주고, KV2-9는 문법에서 가장 기본이 되는 알파벳부터 문법 용어인 모음(sara), 짧은 모음(rassa), 긴 모음(dīgha), 자음(byañjana), 무리(vagga), 닉가히따(niggahīta), 유성음(ghosa) · 무성음(aghosa)을 다루며, KV10-11은 본격적인 연성 공부를 위해 연성의 기본을 소개하고 있다.

I.2. 제1장의 두 번째 부분

제1장의 두 번째 부분은 총 11개의 규칙(KV12-22)으로 구성되고, 모음 연성을 다룬다. 모음의 탈락, 대체, 장음화, 단음화 등이 제시된다.

I.3. 제1장의 세 번째 부분

제1장의 세 번째 부분은 총 7개의 규칙(KV23-29)으로 구성되고, 자음 연성을 다룬다. 자음이 뒤에 오는 모음의 장음화, 단음화, 탈락, 변형 없음 등과 모음의 뒤에 있는 자음의 중복 등이 제시된다.

I.4. 제1장의 네 번째 부분

제1장의 네 번째 부분은 총 12개의 규칙(KV30-41)으로 구성된다. KV35(모음 연성)와 KV36(자음 연성)을 제외하고는 닉가히따(niggahīta) 연성을 다룬다. 닉가히따의 대체, 삽입, 탈락 등이 제시된다.

I.5. 제1장의 다섯 번째 부분

제1장의 다섯 번째 부분은 총 10개의 규칙(KV42-51)으로 구성되고, 모음과 자음 연성이 섞여 있다.

II. Nāmakappa(제2장 명사의 장)

Nāmakappa는 명사의 장(章)으로, 8부분(kaṇḍa)으로 나뉘고 총 356개의 규칙(KV52–407)으로 구성된다. nāma의 글자 그대로의 의미는 '이름'이지만, 문법과 관련된 맥락에서 nāma는 일반적으로 '명사'를 의미한다.

이 명사의 장은 세부적 문법 주제에 따라, 첫 번째~다섯 번째 부분인 Namakappa(명사의 장, KV52–272), 여섯 번째 부분인 Kārakakappa(Kāraka의 장, KV273–317), 일곱 번째 부분인 Samāsakappa(복합어의 장, KV318–345), 여덟 번째 부분인 Taddhitakappa(Taddhita의 장, KV346–407)로 세분할 수 있다.

II.1. 제2장의 첫 번째 부분

제2장의 첫 번째 부분은 총 68개의 규칙(KV52–119)으로 구성된다. 첫 규칙인 KV52는 문법 규칙의 범위를 한정하고 있다. 나머지 규칙에서 다루는 것은 격어미 소개, 격어미에 따른 명사와 대명사의 어형 변화, 격어미의 대체나 탈락, 전문용어 Ga · Jha · La · Pa · Gha의 정의와 관련 규칙, 격어미에 따른 특정 단어(go)의 어형 변화, 수형용사 뒤에 붙는 격어미의 변화 등이다.

II.2. 제2장의 두 번째 부분

제2장의 두 번째 부분은 총 41개의 규칙(KV120–160)으로 구성된다. 이 부분에서 다루는 것은 격어미에 따른 대명사(amha, tumha, ima, amu)의 어형 변화, 격어미에 따른 접미사 ntu의 어형 변화, 수형용사의 어형 변화, 격어미에 따른 특정 단어(rāja, puma, kamma)의 어형 변화 등이다.

II.3. 제2장의 세 번째 부분

제2장의 세 번째 부분은 총 50개의 규칙(KV161–210)으로 구성된다. 이 부분에서 다루는 것은 격어미에 따른 대명사의 어형 변화와 격어미의 변화, 격어미에 따른 현재분사의 어형 변화, 격어미에 따른 특정 단어(mana 등등; brahma, atta, sakha, rāja 등등; satthu, pitu 등등)의 어형 변화와 격어미의 변화 등이다.

II.4. 제2장의 네 번째 부분

제2장의 네 번째 부분은 총 38개의 규칙(KV211–248)으로 구성된다. 이 부분에서 다루는 것은 특정 단어(atta, bhavanta, bhadanta)의 어형 변화와 격어미의 변화, Gha · Pa · Jha · La를 가진 단어 뒤에 오는 격어미의 변화, 중성 단어 · 접두사 · 불변화사 뒤에 오는 격어미의 변화, 대명사에 접미사가 붙어서 만들어진 부사, 여성을 의미하는 접미사, Ga가 붙는 단어의 어형 변화 등이다.

II.5. 제2장의 다섯 번째 부분

제2장의 다섯 번째 부분은 총 24개의 규칙(KV249–272)으로 구성된다. 이 부분에서 다루는 것은 대명사에 붙는 접미사와 추상 명사와 비교 정도를 나타내는 접미사이다.

II.6. 제2장의 여섯 번째 부분 (=Kāraka의 장)

제2장의 여섯 번째 부분은 첫 번째~다섯 번째 부분과는 구별되는 Kārakakappa(Kāraka의 장)로, 총 45개의 규칙(KV273-317)으로 구성된다. kāraka의 글자 그대로의 의미는 '행위자' 또는 '동작의 주체'이지만, 문법 관련 맥락에서 kāraka의 의미는 설명이 더 필요하다.

Sadd549는 "kāraka는 행위의 원인이다."라고 정의하고, "kāraka는 행위와 관계가 있는 것이 특징이다."라고 설명한다. 자세히 말하자면, 주어와 목적어 등과 같은 문장의 필수 구성 요소들은 특정한 행위를 완전하게 표현하는 데 도움을 준다. 이렇게 문장에서 행위와 행위에 연관된 것들의 관계를 나타내고, 그 행위를 완전하게 표현하기 위해 각각의 역할을 하는 것을 가리켜 'kāraka'라고 한다.

그리고 특정 kāraka라고 불리는 각 단어는 특정 격어미를 가진다. 따라서 KV 규칙도 이에 맞게 전개되는데, KV273-285는 6개의 kāraka(kattu, kamma, karaṇa, sampadāna, apādāna, okāsa)와 sāmi, ālapana의 역할을 설명하고, KV286-317은 이미 KV55에서 제시되었던 격어미들이 어떤 kāraka에 사용되는지 보여 준다. 그런데 모든 kāraka는 격어미를 가지지만, 격어미가 붙은 모든 단어가 kāraka로 다 설명될 수 있는 것은 아니다. 따라서 KV286-317에서 격어미의 용법이 제시될 때 kāraka 외에도 설명되는 내용이 많다.

II.7. 제2장의 일곱 번째 부분 (=복합어의 장)

제2장의 일곱 번째 부분은 Samāsakappa(복합어의 장)로, 총 28개의 규칙(KV318-345)으로 구성된다. samāsa의 글자 그대로의 의미는 '합

침, 결합'이지만, 문법과 관련된 맥락에서 samāsa는 일반적으로 '복합어'를 의미한다.

samāsa의 정의에 대해 KV318은 "단어와 의미가 있는 그 명사들이 합쳐질 때, 그 합쳐진 의미[와 단어]는 'samāsa'라고 한다."라고 제시한다. Sadd692는 samāsa에 대해 "samāsa는 '합침' 즉 단어의 축약을 의미한다. 또는 격어미의 탈락이 있건 없건 단어나 의미가 합쳐져서 하나의 단어로 축약된 것이 samāsa, 즉 합쳐진 단어이다."라고 정의하고, "samāsa는 많은 단어들이 하나의 단어로 합쳐지는 것이 특징이다."라고 설명한다.

KV는 여섯 종류의 복합어, 즉 avyayībhāva(KV321), kammadhāraya(KV326), digu(KV327), tappurisa(KV329), bahubbīhi(KV330), dvanda(KV331)의 정의를 내리고, KV318-345에 걸쳐 이 복합어와 관련된 규칙들을 제시한다.

II.8. 제2장의 여덟 번째 부분 (=Taddhita의 장)

제2장의 여덟 번째 부분은 Taddhitakappa(Taddhita의 장)로, 총 62개의 규칙(KV346-407)으로 구성된다. taddhita는 tassa(그것에)와 hita(도움이 되는, 유용한)가 합한 단어(ta+hita)이다. hita의 h가 dh로 대체되고(ta+dhita) dh 앞에 d가 삽입되어(ta+ddhita) taddhita가 만들어진다. taddhita의 글자 그대로의 의미는 '그것에 도움이 되는 것, 그것에 유용한 것'이지만, 문법과 관련된 맥락에서 taddhita의 의미는 설명이 더 필요하다.

이제 taddhita가 지칭하는 것이 무엇인지 살펴보자. Sadd751 규칙 앞에 제시된 설명에, “taddhita는 apacca(누군가의 아들 또는 자손) 등등의 의미를 나타내는, ṇa로 시작하는 접미사들 무리의 이름이다.”라고 한다.

그렇다면 taddhita는 접미사를 나타내는 것인데, 앞에서 언급한 내용인 ‘그것에 도움이 되는 것’과는 어떻게 관련될까? Sadd751 규칙 앞에 제시된 설명을 더 보면, “접미사에 의해 단어의 의미가 이해되므로, apacca 등등의 의미를 나타낼 때 [이 접미사들이] 도움이 되고 유익하다. 그러므로 [이러한 접미사를] taddhita라고 한다.”라고 한다. 예를 들어서, KV346에 제시된 접미사 ṇa는 누군가의 아들 또는 자손(apacca)을 나타낼 때 사용되므로, A라는 사람의 이름 뒤에 접미사 ṇa가 붙으면 ‘A의 아들 또는 자손’이라는 의미가 생긴다. 이렇게 이 장에서 제시되는 접미사 ṇa 등등은 그것에, 즉 특정한 의미를 나타내는 것에 도움이 되므로 ‘taddhita(그것에 도움이 되는 것)’라고 부른다.

이 taddhita는 이러한 접미사를 의미하지만, 이러한 접미사가 붙어서 만들어진 단어를 지칭하기도 한다. 이 접미사들은 어근에 직접 붙지 않고 명사 뒤에 또는 어근에서 파생된 단어 뒤에 붙어 의미를 더한다.

III. Ākhyātakappa(제3장 동사의 장)

Ākhyātakappa는 동사의 장(章)으로, 4부분(kaṇḍa)으로 나뉘고 총 118개의 규칙(KV408-525)으로 구성된다. ākhyāta는 어근 khyā(말하

다, 설명하다)에 접두사 ā가 붙은 동사의 과거분사이다. ākhyāta의 글자 그대로의 의미는 '완전히 말한 것, 충분히 설명한 것'이지만, 문법과 관련된 맥락에서 ākhyāta는 일반적으로 '동사'를 의미한다.

III.1. 제3장의 첫 번째 부분

제3장의 첫 번째 부분은 총 26개의 규칙(KV408-433)으로 구성된다. 이 부분에서 다루는 것은 pada(parassapada, attanopada), 수(단수, 복수), 인칭, 동사의 시제와 법(vattamānā, pañcamī, sattamī, parokkhā, hīyattanī, ajjatanī, bhavissantī, kālātipatti), 시제와 법을 나타내는 동사 어미 등이다.

III.2. 제3장의 두 번째 부분

제3장의 두 번째 부분은 총 26개의 규칙(KV434-459)으로 구성된다. 이 부분은 동사 바탕(어근)이나 명사 바탕에 붙는 다양한 ākhyāta 접미사에 관한 것으로, 원망법, 명사 유래 동사, 사역형, 비인칭 행동, 수동태, 능동태 등을 만드는 접미사와 위까라나(vikaraṇa) 접미사 등을 다룬다.

III.3. 제3장의 세 번째 부분

제3장의 세 번째 부분은 총 24개의 규칙(KV460-483)으로 구성된다. 이 부분에서 다루는 것은 동사 어근 내 중복과 중복된 부분의 변화, 어근의 대체, 접미사나 어미에 따른 어근의 변화 등이다.

III.4. 제3장의 네 번째 부분

제3장의 네 번째 부분은 총 42개의 규칙(KV484–525)으로 구성된다. 이 부분은 형태학적 절차에 필요한 규칙을 많이 다루고 있고, 이전 규칙들을 보충하는 규칙도 많다. 어근 내 변화, 어근의 대체, 모음 강화, 접미사나 어미에 따른 특정 어근의 변화, 특정 어근 뒤에 오는 접미사나 어미의 변화 등을 다루고 있다.

IV. Kibbidhānakappa(제4장 Kita의 장)

Kibbidhānakappa는 Kita의 장(章)으로, 6부분(kaṇḍa)으로 나뉘고 총 150개의 규칙(KV526–675)으로 구성된다. kibbidhāna는 kita(kita라고 불리는 접미사들의)+vidhāna(정리, 배치)이다. kita는 어근에서 파생된 단어(명사, 형용사 등)를 만들기 위해 어근에 직접 적용하는 접미사인데, 어근 kara에서 파생된 kita라는 단어는 그런 접미사가 붙어서 만들어진 단어의 예 중 하나이다. 이 예로서의 kita가 이런 접미사를 일컫는 이름이 된 것이지만, 이 용어는 문법 관련된 텍스트에서만 볼 수 있다. 따라서 Kibbidhānakappa는 'kita라고 불리는 접미사들을 정리한 장'이라고 이해할 수 있다. 간략히 'kita의 장'이라고 부르겠다. 이 Kita의 장에서 다루는 접미사를 편의상 'kita 접미사'라고 부르고, 이런 접미사가 붙어서 만들어진 단어를 'kita 파생어'라고 부르겠다.

이 kita의 장은 세부적 문법 주제에 따라, Kibbidhānakappa(Kita의 장, KV526–625), Uṇādikappa(Uṇādi의 장, KV626–675)로 세분할 수 있다.

IV.1. 제4장의 첫 번째 부분

제4장의 첫 번째 부분은 총 26개의 규칙(KV526–551)으로 구성된다. 이 부분에서 다루는 것은 kita 파생어를 만드는 다양한 kita 접미사와 어근의 어형 변화 등이다.

IV.2. 제4장의 두 번째 부분

제4장의 두 번째 부분은 총 21개의 규칙(KV552–572)으로 구성된다. 이 부분에서 다루는 것은 kita 파생어를 만드는 다양한 kita 접미사로, 과거분사, 현재분사, 부정사, 연속체(절대사) 등을 만드는 접미사들이다.

IV.3. 제4장의 세 번째 부분

제4장의 세 번째 부분은 총 19개의 규칙(KV573–591)으로 구성된다. 이 부분에서 다루는 것은 kita 파생어를 만드는 다양한 kita 접미사의 대체와 어근의 어형 변화 등이다.

IV.4. 제4장의 네 번째 부분

제4장의 네 번째 부분은 총 17개의 규칙(KV592–608)으로 구성된다. 이 부분에서 다루는 것은 kita 파생어를 만드는 다양한 kita 접미사의 대체와 어근의 어형 변화 등이며, 그 외에도 명사(nāma)의 범주, 알파벳 자모를 나타내는 것이 소개된다.

IV.5. 제4장의 다섯 번째 부분

제4장의 다섯 번째 부분은 총 17개의 규칙(KV609-625)으로 구성된다. 이 부분에서 다루는 것은 kita 파생어를 만드는 다양한 kita 접미사의 대체와 어근의 어형 변화 등이다.

IV.6. 제4장의 여섯 번째 부분 (=Uṇādi의 장)

제4장의 여섯 번째 부분은 첫 번째~다섯 번째 부분과는 구별되는 Uṇādikappa(Uṇādi의 장)로, 총 50개의 규칙(KV626-675)으로 구성되며 kita의 장을 확장 및 보충했다고 볼 수 있다. uṇādi는 uṇ(아누반다 ṇ가 표시된 접미사 u)+ādi(~로 시작하는, ~등등)인데, 이 장에 uṇ이라는 접미사는 제시되지 않는다. 대신에, u와 ṇ의 자리가 뒤바뀐 ṇu라는 접미사가 붙은 단어는 이 장의 첫 규칙 KV626에서 제시된다. uṇ과 ṇu의 그 형태는 다를지 몰라도 u에 표시된 아누반다 ṇ가 탈락하고 실제로 단어 뒤에 붙는 접미사가 u인 것은 같다. 이 장의 첫 번째 접미사인 ṇu를 시작으로 이 장에 포함된 모든 접미사를 묶어서 uṇādi('ṇu로 시작하는 접미사들' 또는 '접미사 ṇu 등등')라고 한다. 따라서 Uṇādikappa는 첫 접미사 'ṇu로 시작하는 접미사들의 장'이라고 이해할 수 있다. 간략히 'uṇādi의 장'이라고 부르겠다.

8개로 구분한 장(kappa)의 문법 주제를 표로 제시하면 다음과 같다.

8개로 구분한 장의 문법 주제		
	장 이름	각 장의 규칙들이 다루는 문법 주제
1	Sandhikappa 연성의 장 (KV1-51)	문법 공부의 중요성, 문법에서 가장 기본이 되는 알파벳, 전문용어인 모음(sara), 짧은 모음(rassa), 긴 모음(dīgha), 자음(byañjana), 무리(vagga), 닉가히따(niggahīta), 유성음(ghosa), 무성음(aghosa), 모음 연성, 자음 연성, 닉가히따 연성, 연성 일어나지 않는 경우 등등
2	Nāmakappa 명사의 장 (KV52-272)	격어미 소개, 격어미에 따른 명사와 대명사의 어형 변화, 격어미의 대체나 탈락, 전문용어 Ga, Jha, La, Pa, Gha의 정의와 용법, 격어미에 따른 특정 단어의 어형 변화, 수 형용사의 어형 변화, 중성 단어·접두사·불변화사 뒤에 오는 격어미의 변화, 여성을 의미하는 접미사 등등
3	Kārakakappa Kāraka의 장 (KV273-317)	6종의 kāraka(kattu, kamma, karaṇa, sampadāna, apādāna, okāsa)와 sāmi, ālapana의 역할, 격어미들의 배정 등등 ※ kāraka는 문장에서 행위와 행위에 연관된 것들의 관계를 나타내고, 그 행위를 완전하게 표현하기 위해 각각의 역할을 하는 것임
4	Samāsakappa 복합어의 장 (KV318-345)	6종의 복합어(avyayībhāva, kammadhāraya, digu, tappurisa, bahubbīhi, dvanda)의 정의, 각 복합어의 어형 변화 등등
5	Taddhitakappa Taddhita의 장 (KV346-407)	특정한 의미를 나타내는 접미사(taddhita 접미사)가 붙어서 만들어진 파생어(taddhita 파생어)에 관한 것 ※ taddhita는 어근에 직접 붙지 않고 명사 뒤에 또는 어근에서 파생된 단어 뒤에 붙는 접미사임

6	Ākhyātakappa 동사의 장 (KV408–525)	pada, 수, 인칭, 동사의 시제와 법을 나타내는 동사 어미, 동사 어근이나 명사 바탕에 붙는 다양한 접미사(원망법, 명사 유래 동사, 사역형, 비인칭 행동, 수동태, 능동태 관련 접미사), 위까라나 접미사, 어근이나 접미사의 어형 변화 등등
7	Kibbidhānakappa Kita의 장 (KV526–625)	kita(kicca 포함) 소개, kita 파생어를 만드는 다양한 kita 접미사의 변화와 어근의 어형 변화 등등 ※ kita는 어근에서 파생된 단어(명사, 형용사 등)를 만들기 위해 어근에 직접 붙는 접미사임
8	Uṇādikappa Uṇādi의 장 (KV626–675)	kita의 장의 확장으로, uṇādi 파생어를 만드는 다양한 uṇādi 접미사의 변화와 어근의 어형 변화 등등 ※ uṇādi(uṇ+ādi)는 이 장의 첫 접미사인 ṇu(아누반다 ṇ가 붙은 접미사 u)로 시작하는 이 장 모든 접미사임 [uṇ=ṇu]

◈ 번역 시 장별 고려 사항과 번역 방식

KV는 장마다 다른 문법 주제를 다루므로 번역 시 고려해야 했던 사항도 각기 달랐다. 번역 시 장별로 고려했던 사항과 번역 방식을 예시 규칙(원문과 번역문 비교 목적)과 함께 살펴보고자 한다. PTS본에 따라 형식상 총 4장으로 구분했지만, 내용에 있어서는 문법 주제에 따른 8장으로 구분하여 설명할 것이다. 참고로, 번역 시 공통 고려 사항과 번역 방식은 '일러두기'에 통합하여 제시하였다.

〈제1장 연성의 장 번역 시 고려 사항〉

sandhi는 국내에서 일반적으로 쓰는 '연성(連聲)'이라는 번역을 따랐다. 연성의 장에서는 단어나 음절이 합해지는 과정을 이해하는 것이 중요하므로 예의 연성과정을 제시하였다. 연성과정에 규칙의 주요 작용에 해당하는 음(음절)이나 단어는 실선 밑줄(__)로, 주요 작용의 조건에 해당하는 음(음절)이나 단어는 점선 밑줄(.....)로 표시하였다.

‖ ***sarā sare lopaṃ*** ‖ **12** ‖
sarā kho sabbe pi sare pare lopaṃ papponti ‖
yass' indriyāni samathaṃgatāni | no h' etaṃ bhante | samet' āyasmā saṅghena ‖

문법 규칙 구조에 따른 KV12 원문과 번역문 비교		
규칙	원문	‖ *sarā sare lopaṃ* ‖ 12 ‖
	번역문	‖ *sarā sare lopaṃ* ‖ 12 ‖
해설	원문	sarā kho sabbe pi sare pare lopaṃ papponti ‖
	번역문	모든 모음은 모음이 뒤에 올 때 탈락한다.
예시	원문	yass' indriyāni samathaṃgatāni | (중략)
	번역문	[그 예는 다음과 같다.] yass' indriyāni samathaṃgatāni. (중략) yassa+indriyāni → yass~~a~~+indriyāni[KV12] → yass' indriyāni [KV11]

〈제2장 명사의 장 번역 시 고려 사항〉

첫 번째~다섯 번째 부분인 Namakappa(명사의 장, KV52-272)에서는 규칙이 적용되어 단어가 완성되는 과정을 보여 주기 위해 예시 단어의 형성과정을 제시하였다. 예시 단어가 속한 예문 원문의 예시 단어는 점선 밑줄(.....)로, 단어 형성과정에서 규칙 기능과 관련된 절차는 실선 밑줄(_)로 표시하였다.

‖ ***amhassa mamaṃ savibhattissa se*** ‖ **120** ‖
sabbass' eva *amha*saddassa savibhattissa *mamaṃ* ādeso hoti *se* vibhattimhi ‖
mamaṃ dīyate | mamaṃ pariggaho ‖

문법 규칙 구조에 따른 KV120 원문과 번역문 비교		
규칙	원문	‖ *amhassa mamaṃ savibhattissa se* ‖ 120 ‖
	번역문	‖ *amhassa mamaṃ savibhattissa se* ‖ 120 ‖
해설	원문	sabbass' eva *amha*saddassa savibhattissa *mamaṃ* ādeso hoti *se* vibhattimhi ‖
	번역문	'amha-나' 단어 전체는 격어미 sa가 뒤에 올 때 격어미와 함께 mamaṃ으로 대체된다.
예시	원문	mamaṃ dīyate	mamaṃ pariggaho ‖
	번역문	[그 예는 다음과 같다.] mamaṃ dīyate 나에게 주어진다. (중략) amha+sa → mamaṃ[KV120] → mamaṃ

여섯 번째 부분인 Kārakakappa(Kāraka의 장, KV273-317)에서, 'kāraka'에 대한 번역어를 단 한 마디로 정해서 쓰기에는 그 뜻이 제대로 전달되지 않아서 kāraka 그대로 쓰기로 한다. 이 부분은 단어의 형태학적 절차보다 문장 구성 요소들의 역할과 의미가 중요하므로, 예문 하나씩 국문 번역을 넣어서 원문과 맞추어 볼 수 있도록 구성하였다. 예문에서 규칙의 주요 단어는 실선 밑줄(_)로 표시

하였다. 용어 kattu, kamma, karaṇa, sampadāna, apādāna, okāsa, sāmi, ālapana는 번역하지 않고 용어 그대로 사용하였다.

‖ ***hetvatthe ca*** ‖ **291** ‖
hetvatthe ca tatiyā vibhatti hoti ‖
annena vasati | dhammena vasati | vijjāya vasati | sakkārena vasati ‖

문법 규칙 구조에 따른 KV291 원문과 번역문 비교		
규칙	원문	‖ *hetvatthe ca* ‖ 291 ‖
	번역문	‖ *hetvatthe ca* ‖ 291 ‖
해설	원문	hetvatthe ca tatiyā vibhatti hoti ‖
	번역문	원인의 의미에, 제3 격어미가 사용된다.
예시	원문	annena vasati | dhammena vasati | vijjāya vasati | sakkārena vasati ‖
	번역문	[그 예는 다음과 같다.] annena vasati. dhammena vasati. (중략) annena vasati : 음식으로 산다. dhammena vasati : 법으로 산다. (중략)

일곱 번째 부분인 Samāsakappa(복합어의 장, KV318-345)에서 'samāsa'에 대한 국문 번역은 국내에서 일반적으로 쓰는 '복합어(複合語)'라는 번역을 따랐다. 이 부분은 단어의 형태학적 절차보다, 합쳐진 단어의 의미와 형태를 살펴보는 것이 중요하다. 그래서 예문 하나씩 국문 번역을 넣어서 원문과 맞추어 볼 수 있도록 구성하였다. 용어 avyayībhāva, kammadhāraya, digu, tappurisa, bahubbīhi, dvanda는 번역하지 않고 용어 그대로 사용하였다.

‖ ***diguss'ekattaṃ*** ‖ **323** ‖

digussa samāsassa ekattaṃ hoti napuṃsakaliṅgattañ ca ‖

tayo lokā tilokaṃ | tayo daṇḍā tidaṇḍaṃ | tīṇi nayanāni tinayanaṃ | tayo siṅgā tisiṅgaṃ | catasso disā catuddisaṃ | dasa disā dasadisaṃ | pañca indriyāni pañcindriyaṃ ‖

문법 규칙 구조에 따른 KV323 원문과 번역문 비교		
규칙	원문	‖ *diguss' ekattaṃ* ‖ 323 ‖
	번역문	‖ *diguss' ekattaṃ* ‖ 323 ‖
해설	원문	digussa samāsassa ekattaṃ hoti napuṃsakaliṅgattañ ca ‖
	번역문	digu 복합어는 단수가 되고 중성이 된다.
예시	원문	tayo lokā tilokaṃ | tayo daṇḍā tidaṇḍaṃ | (중략)
	번역문	[그 예는 다음과 같다.] tayo lokā tilokaṃ. tayo daṇḍā tidaṇḍaṃ. (중략) tilokaṃ : 세 가지 세계, 즉 삼계(tayo lokā) tidaṇḍaṃ : 세 개의 막대기(tayo daṇḍā) (중략)

여덟 번째 부분인 Taddhitakappa(Taddhita의 장, KV346-407)에서, 'taddhita'에 대한 번역어를 단 한 마디로 정해서 쓰기에는 그 뜻이 제대로 전달되지 않아서 taddhita 그대로 쓰기로 한다. 이 부분은 taddhita 접미사가 붙어서 형성되는 taddhita 파생어에 관한 것이므로, 단어의 형태학적 절차뿐만 아니라 파생어의 의미 모두 살펴보는 것이 중요하다. 그래서 각각의 예시에 국문 번역을 넣어서 원문과 맞추어 볼 수 있도록 구성하였고, 필요에 따라 단어분석(원 단어+taddhita접미사+격어미)과 단어 형성과정을 제시하였다.

|| ***dvitīhi tiyo*** || **387** ||
dvi ti icc etehi tiyappaccayo hoti saṅkhyāpūraṇatthe ||
dvinnaṃ pūraṇo dutiyo | tiṇṇaṃ pūraṇo tatiyo ||

문법 규칙 구조에 따른 KV387 원문과 번역문 비교		
규칙	원문	|| *dvitīhi tiyo* || 387 ||
	번역문	|| *dvitīhi tiyo* || 387 ||
해설	원문	*dvi ti* icc etehi *tiya*ppaccayo hoti saṅkhyāpūraṇatthe ||
	번역문	dvi(2)와 ti(3) 뒤에 서수의 의미로 접미사 tiya가 붙는다.
예시	원문	dvinnaṃ pūraṇo dutiyo | tiṇṇaṃ pūraṇo tatiyo ||
	번역문	[그 예는 다음과 같다.] dvinnaṃ pūraṇo dutiyo. tiṇṇaṃ pūraṇo tatiyo. dutiyo : 2의 채움, 즉 두 번째. [단어분석] dvi+tiya+si tatiyo : 3의 채움, 즉 세 번째. [단어분석] ti+tiya+si 〈dutiyo 형성과정〉 dvi+tiya[KV387] → du+tiya[KV388] → dutiya[KV603] → dutiya+si(→o)[KV104] → dutiy+o[KV83] → dutiyo

〈제3장 동사의 장 번역 시 고려 사항〉

동사의 장 특성상, 단어의 형태학적 절차와 의미 모두 살펴보는 것이 중요하다. 그래서 각각의 예시에 국문 번역을 넣어서 원문과 맞추어 볼 수 있도록 구성하였고, 필요에 따라 단어분석(어근+ākhyāta접미사+동사어미)과 단어 형성과정을 제시하였다. 동사의 시제와 법을 나타내는 용어 vattamānā, pañcamī, sattamī, parokkhā, hīyattanī, ajjatanī, bhavissantī, kālātipatti는 번역하지 않고 용어 그대로 사용하였다.

위까라나 접미사는 KV447-454에 제시된 것으로, 동사를 구분하는 바탕이 되는 접미사이다. 이 위까라나(vikaraṇa)라는 용어에 대해 KV는 따로 정의하지 않고 있지만, 다른 문법서의 규칙(Sadd976, MV5.161, MV6.76)에서 이 접미사들을 vikaraṇa라고 부른다. KV는 많은 종류의 접사를 다 paccaya라는 용어로 쓰고 있으므로, 구별하기 쉽도록 KV 국문 번역에는 해당 접미사들에 한해 '위까라나 접미사'라는 용어를 사용하였다.

‖ ***bhuvâdito a*** ‖ **447** ‖
bhū icc *e*vamādito dhātugaṇato *a*ppaccayo hoti kattari ‖
bhavati | paṭhati | pacati | jayati ‖

문법 규칙 구조에 따른 KV447 원문과 번역문 비교		
규칙	원문	‖ *bhuvâdito a* ‖ 447 ‖
	번역문	‖ *bhuvâdito a* ‖ 447 ‖
해설	원문	*bhū* icc *e*vamādito dhātugaṇato *a*ppaccayo hoti kattari ‖
	번역문	능동태(kattu)에서, bhū로 시작하는 어근 무리 뒤에 [위까라나] 접미사 a가 붙는다.
예시	원문	bhavati	paṭhati	pacati	jayati ‖
	번역문	[그 예는 다음과 같다.] bhavati, paṭhati, (중략) bhavati : 존재한다, 있다. [단어분석] bhū+a+ti paṭhati : 읽는다. [단어분석] paṭha+a+ti (중략) 〈bhavati 형성과정〉 bhū[KV459] → bhū+ti[KV416] → bhū+a+ti[KV447] → bho+a+ti[KV487] → bhav+a+ti[KV515] → bhavati

〈제4장 Kita의 장 번역 시 고려 사항〉

Kita의 장에서, 'kita'에 대한 번역어를 단 한 마디로 정해서 쓰기에는 그 뜻이 제대로 전달되지 않아서 kita 그대로 쓰기로 한다.

첫 번째~다섯 번째 부분인 Kibbidhānakappa(Kita의 장, KV526-625)에서는 Kita의 장의 특성상, 단어의 형태학적 절차뿐만 아니라 파생어의 의미 모두 살펴보는 것이 중요하다. 그래서 각각의 예시에 한글 번역을 넣어서 원문과 맞추어 볼 수 있도록 구성하였고, 필요에 따라 단어분석('앞 단어+어근+kita접미사' 또는 '어근+kita접미사')과 단어 형성과정을 제시하였다.

‖ ***jito ina sabbattha*** ‖ **560** ‖
ji icc etāya dhātuyā *ina*ppaccayo hoti sabbakāle kattari ‖
pāpake akusale dhamme jināti ajini jinissatī ti Jino ‖

문법 규칙 구조에 따른 KV560 원문과 번역문 비교		
규칙	원문	‖ *jito ina sabbattha* ‖ 560 ‖
	번역문	‖ *jito ina sabbattha* ‖ 560 ‖
해설	원문	*ji* icc etāya dhātuyā *ina*ppaccayo hoti sabbakāle kattari ‖
	번역문	능동의 의미와 모든 시간에, 어근 ji 뒤에 접미사 ina가 붙는다.
예시	원문	pāpake akusale dhamme jināti ajini jinissatī ti Jino ‖
	번역문	[그 예는 다음과 같다.] pāpake akusale dhamme jināti ajini jinissatī ti Jino. Jino : 악하고 불건전한 상태를 정복하고, 정복했고, 정복할 분, 정복자. [단어분석] ji+ina

여섯 번째 부분인 Uṇādikappa(Uṇādi의 장, KV626–675)에서는 일부의 예시에 국문 번역을 넣어서 원문과 맞추어 볼 수 있도록 구성하였고, 필요에 따라 단어분석(어근+uṇādi접미사)을 제시하였다.

‖ ***gahass' upadhass' e vā*** ‖ **631** ‖
gaha icc etassa dhātussa upadhassa *e*ttaṃ hoti vā ‖
dabbasambhāraṃ gaṇhātī ti gehaṃ · gahaṃ ‖

문법 규칙 구조에 따른 KV631 원문과 번역문 비교		
규칙	원문	‖ *gahass' upadhass' e vā* ‖ 631 ‖
	번역문	‖ *gahass' upadhass' e vā* ‖ 631 ‖
해설	원문	*gaha* icc etassa dhātussa upadhassa *e*ttaṃ hoti vā ‖
	번역문	어근 gaha의 끝에서 두 번째 음은 선택에 따라 e가 된다.
예시	원문	dabbasambhāraṃ gaṇhātī ti gehaṃ · gahaṃ ‖
	번역문	[그 예는 다음과 같다.] dabbasambhāraṃ gaṇhātī ti gehaṃ · gahaṃ. gehaṃ : 건축 자재를 사용한 것, 집. [단어분석] gaha+a (a→e). *gahaṃ

일러두기

1. 빠알리어 원문

- 본서는 '깟짜야나 문법'(이하 KV)의 국문 번역서로, Pali Text Society (이하 PTS)에서 2013년에 출판된 *Kaccāyana and Kaccāyanavutti* 를 저본으로 삼았다. 이 PTS본은 1871년 파리에서 출판된 Emile Sénart의 초판을 바탕으로 한 것으로, 빠알리어 대학자인 Ole Holten Pind가 새로 편집한 개정본이다. 본서는 PTS본의 KV 원문에 대한 번역서이다.
- PTS본을 저본으로 삼되, 원어를 그대로 옮긴 '규칙'이나 '예시'의 오탈자는 A. Thitzana가 편집한 *Kaccāyana Pāli Vyākaraṇaṃ*(Vol.I)과 Helmer Smith가 편집한 Saddanīti(Vol.III Suttamāla)를 참고하여 바로잡고 각주에 언급하였다.
- PTS본에 â, î, û, ê, ô와 같은 모음 위의 삿갓표는 '모음+모음'의 형태학적 절차를 거친 결과인 긴 모음(ā, ī, ū, e, o)에 사용된다. (예: tatrâyaṃ은 tatra+ayaṃ → tatr+āyaṃ의 결과임)
- PTS본에 자음 앞/뒤의 닫는 작은따옴표(')는 '모음+모음'의 형태학적 절차를 거친 결과인 탈락한 모음의 자리에 표시된다. (예: h' etaṃ은 hi+etaṃ → h+etaṃ의 결과임)

2. 국문 번역

■ KV 원문 번역 시, 필자의 원문 이해도를 점검하기 위해 가장 많이 참고했던 영역본은 ① Phramaha Thiab Malai의 Kaccāyana-Vyākaraṇa: A Critical Study, ② A. Thitzana의 Kaccāyana Pāli Vyākaraṇaṃ(Vol.II), ③ U Nandisena의 Kaccāyanabyākaraṇaṃ이다.

〈규칙〉

■ 규칙 특성상 번역하지 않고 원문을 그대로 실었다.

〈해설〉

■ 해설의 번역은 최대한 해설 원문의 단어 순으로 옮기되, 규칙의 핵심 단어 순서와 우리말 어법 및 가독성을 고려하여 단어를 배치하였다.

■ 해설 원문에는 같은 문법 기능이 다양하게 표현되지만, 번역어는 통일하였다. (예: lopaṃ āpajjate/ lopo hoti는 모두 "탈락한다"로 번역)

■ 번역어를 한 마디로 정해서 쓰기에는 그 뜻이 제대로 전달되지 않는 일부 용어들은 빠알리어 용어를 그대로 옮겼다.

〈예시〉

■ 제1장과 제2장 다섯 번째 부분까지는 예의 국문 번역 대신 이 부분이 강조해야 하는 예의 연성과정이나 형성과정을 제시하였고, 본격적인 예의 국문 번역은 KV273부터 넣었다.

■ 규칙이 적용된 예시 단어가 예문 속에 있으면, 해당 예시 단어를 밑줄(__)로 표시하여 찾기 쉽게 하였다. (예: 원문 "gāmā apenti munayo"에 대한 번역문은 "gāmā apenti munayo : 성자들은 마을에서 떠난다."임.)

■ 규칙이 적용된 예시 단어가 어원적 정의와 함께 제시되면, 어원적 정의를 해당 예시 단어의 국문 번역으로 넣었다. (예: 원문 "Vasiṭṭhassa apaccaṃ Vāsiṭṭho"에 대한 번역문은 "Vāsiṭṭho : 와싯타의 남성 자손"임.)

■ 예의 단어분석이나 형성과정은 독자의 이해를 돕기 위해 역자가 넣었다.

〈문답〉

■ 문답의 원문 패턴은 간략하지만, 문답이 가진 함의를 풀어내야 하므로 문맥상 필요한 내용은 '[ ]'에 써넣었다.

※ 번역 시 장별 고려 사항과 번역 방식은 '해제'에서 확인할 수 있다.

3. 각주

■ 본문 하단의 각주는 역자가 붙였고, 독자의 이해를 돕기 위해 되풀이해서 실은 내용도 있다.

4. 부호

본서(원문 제외)에 사용된 부호는 아래와 같고, 역자가 붙인 것이다.

■ [ ] : 원문에 없지만 번역문에 문맥상 필요한 내용을 넣을 때 사용함. (예: [규칙에])

■ [KV] : KV 뒤에 규칙번호를 넣어 규칙을 나타낼 때 사용함. (예: [KV31])

■ * : 선택적 대안을 뜻하는 'vā'의 예시 단어 앞에 사용함. (예: *tayā)

■ → : 다음 과정으로의 이동을 표시함. (예: ta+yo → ta+e)

■ + : 단어(접두사 제외)의 결합을 표시함. (예: dā+tuṃ)

■ – : 접두사와 어근의 결합을 표시함. (예: ā–vu+ṇu+ti)

■ — : 탈락한 음(음절)이나 단어의 중앙에 표시함. (예: yassa, si)

■ × : 작용하지 않는 절차 뒤에 표시함. (예: mhā(×))

■ __ : 주요 기능에 해당하는 음(음절)이나 단어 밑에 표시함. (예: atta)

■ ...... : 조건이나 보조적인 것에 해당하는 음(음절)이나 단어 밑에 표시함. 또는 예시 단어가 속한 예문 원문의 예시 단어 밑에 표시함. (예: hi 또는 mamaṃ dīyate)

■ • : 예시 단어의 연성과정, 형성과정, 분석, 번역 등의 앞에 사용함.

■ ❖ : 예시 단어의 자세한 형성과정 앞에 사용함.

5. 약어

본서는 아래의 약어를 사용하였다.

■ KV : Kaccāyana–vyākaraṇa

■ MV : Moggallāna–vyākaraṇa

■ PTS : Pali Text Society

■ Sadd : Saddanīti

깟짜야나 문법

- 하 -

II. Nāmakappa[1]

제2장 : 명사의 장

1 Nāmakappa는 명사의 장(章)으로, 8부분(kaṇḍa)으로 나뉘고 총 356개의 규칙(KV52-407)으로 구성된다. nāma의 글자 그대로의 의미는 '이름'이지만, 문법과 관련된 맥락에서 nāma는 일반적으로 '명사'를 의미한다. 이 명사의 장은 세부적 주제에 따라, 첫 번째~다섯 번째 부분인 Namakappa(명사의 장, KV52-272), 여섯 번째 부분인 Kārakakappa(Kāraka의 장, KV273-317), 일곱 번째 부분인 Samāsakappa(복합어의 장, KV318-345), 여덟 번째 부분인 Taddhitakappa(Taddhita의 장, KV346-407)로 세분할 수도 있다. 첫 번째~다섯 번째 부분인 Namakappa(KV52-272)에서는 규칙이 적용되어 단어가 완성되는 과정을 보여 주기 위해, 제시된 예 가운데 몇 개만 선택하여 단어의 형성과정을 제시하였는데 규칙 번호도 함께 넣었다. 그리고 이 단어의 형성과정 끝에 별표(*)와 함께 있는 단어는 선택적 대안으로서의 'vā(선택에 따라)'에 맞는 예로, 규칙이 적용된 예와 구별하기 위해 vā의 예 앞에는 별표(*)를 써넣은 것이다. 예의 국문 번역은 국문 번역이 필요한 제2장의 여섯 번째 부분부터 넣었다.

II.7
제2장의 일곱 번째 부분

Samāsakappa[2]

복합어의 장[3]

2 제2장의 일곱 번째 부분은 Samāsakappa(복합어의 장)로, 총 28개의 규칙(KV318-345)으로 구성된다. samāsa의 글자 그대로의 의미는 '합침, 결합'이지만, 문법과 관련된 맥락에서 samāsa는 일반적으로 '복합어'를 의미한다. samāsa의 정의에 대해 KV318은 "단어와 의미가 있는 그 명사들이 합쳐질 때, 그 합쳐진 의미[와 단어]는 'samāsa'라고 한다."라고 제시한다. Sadd692는 samāsa에 대해 "samāsa는 '합침' 즉 단어의 축약을 의미한다. 또는 격어미의 탈락이 있건 없건 단어나 의미가 합쳐져서 하나의 단어로 축약된 것이 samāsa, 즉 합쳐진 단어이다.(tattha samāso ti samasanaṃ samāso · padasaṃkhepo, atha vā samasīyati saddavasena vā atthavasena vā vibhattilopaṃ katvā vā akatvā vā ekapadattakaraṇena saṃkhipīyatī ti samāso · samassitapadaṃ.)"라고 정의하고, "samāsa는 많은 단어들이 하나의 단어로 합쳐지는 것이 특징이다.(nānāpadānam ekapadattūpagamanaṃ samāsalakkhaṇaṃ.)"라고 설명하고 있다. samāsa에 대한 국문 번역은 국내에서 일반적으로 쓰는 '복합어(複合語)'라는 번역을 따르겠다. KV는 여섯 종류의 복합어, 즉 avyayībhāva(KV321), kammadhāraya(KV326), digu(KV327), tappurisa(KV329), bahubbīhi(KV330), dvanda(KV331)의 정의를 내리고, KV318-345에 걸쳐 이 복합어와 관련된 규칙들을 제시하고 있다. 이 복합어들의 용어는 번역하지 않고 용어 그대로 사용하겠다.

3 이 복합어의 장은 단어의 형태학적 절차보다, 합쳐진 단어의 의미와 형태를 살펴보는 것이 중요하다. 그래서 예문 하나씩 국문 번역을 넣어서 원문과 맞추어

|| *nāmānaṃ samāso yuttattho* || 318 || [4]

단어와 의미가 있는 그 명사들이 합쳐질 때, 그 합쳐진 의미[와 단어는] '복합어(samāsa)'라고 불린다.

[그 예는 다음과 같다.] kaṭhinadussaṃ. āgantukabhattaṃ. jīvitindriyaṃ. samaṇabrāhmaṇā. SāriputtaMoggallānā. brāhmaṇagahapatikā.

- kaṭhinadussaṃ : 까티나[5]를 위한 옷감. kaṭhina+dussa
- āgantukabhattaṃ : 손님을 위한 음식. āgantuka+bhatta
- jīvitindriyaṃ : 생명의 기능. jīvita+indriya
- samaṇabrāhmaṇā : 사문과 브라만. samaṇa+brāhmaṇa
- SāriputtaMoggallānā : 사리뿟따와 목갈라나. Sāriputta+Moggallāna
- brāhmaṇagahapatikā : 브라만 장자들. brāhmaṇa+gahapatika

|| *tesaṃ vibhattiyo lopā ca* || 319 || [6]

복합어의 의미가 합쳐지는 [과정에서 각 구성 단어 뒤에 붙은] 격어미

볼 수 있도록 구성하였다.

4 KV318–320은 모든 복합어에 공통적인 규칙들이다. KV318은 samāsa의 정의를 제시하고 있다.

5 까티나(kaṭhina)는 법의를 만들기 위해 재가 신도들이 매년 공급하는 옷감을 가리킨다.

6 이 규칙의 ca는 해설, 예시 다음에 제시된, 규칙 기능의 적용 범위에 관한 내용

는 탈락한다.

[그 예는 다음과 같다.] kaṭhinadussaṃ. āgantukabhattaṃ.

• kaṭhinadussaṃ : 까티나를 위한 옷감. kaṭhinassa+dussaṃ[7]

• āgantukabhattaṃ : 손님을 위한 음식. āgantukassa+bhattaṃ

[규칙에 있는] tesaṃ을 취함으로써, 복합어 · taddhita 파생어 · 동사 · kita 파생어에 있는 접미사, 단어, 음/음절, 삽입어도 [필요에 따라] 탈락한다. [그 예는 다음과 같다.] Vāsiṭṭho. Venateyyo.

• Vāsiṭṭho : 와싯타(Vasiṭṭha)의 자손. vāsiṭṭhassa+ṇa+apaccaṃ

• Venateyyo : 위나따(Vinatā)의 자손. vinatāya+ṇeyya+apaccaṃ

[규칙에] 단어 ca가 있는 것은 [다음의 예와 같은 단어에 규칙의 기능이 제한됨을] 강조하기 위해서이다. [그 예는 다음과 같다.]

• pabhaṃkaro. amataṃdado. Medhaṃkaro.[8]

• pabhaṃkaro : 빛을 만드는 자(태양). pabhaṃ+kara

• amataṃdado : 불멸을 주는 자(부처님). amataṃ+dada

• Medhaṃkaro : 지혜를 만드는 자(부처님). medhaṃ+kara

❖〈Vāsiṭṭho 형성과정〉[9] vasiṭṭha+apacca → vasiṭṭha+sa(속격),

을 가리킨다.

7 KV319에 따라, kaṭhinassa의 격어미와 dussaṃ의 격어미가 탈락하여 kaṭhina+dussa가 된다. 이 두 단어가 합쳐져 복합어가 되면 그 복합어에 격어미 aṃ이 붙는다.

8 이 예들에는 격어미 aṃ이 탈락하지 않고 그대로 있다.

9 이 규칙의 이해를 돕고자 예시 단어 vāsiṭṭho의 형태학적 절차를 규칙 번호와 함

apacca+si(주격) → vasiṭṭhassa[KV61], apaccaṃ[KV219, KV83] → vasiṭṭhassa+ṇa+apaccaṃ[KV346] → vasiṭṭha+ṇa[KV319, KV319-tesaṃ] → vāsiṭṭha+ṇa[KV402] → vāsiṭṭha+a[KV398, KV320] → vāsiṭṭha[KV603] → vāsiṭṭha+si(→o)[KV104] → vāsiṭṭh+o[KV83] → vāsiṭṭho

‖ *pakati c'assa sarantassa* ‖ 320 ‖

[복합어가 만들어지는 과정에서] 격어미들이 탈락하였을 때, 모음으로 끝나는 명사 바탕은 [더 이상의 형태학적 변화가 없는] 이 형태로 있다.

[그 예는 다음과 같다.] cakkhuñ ca sotañ ca cakkhusotaṃ. mukhañ ca nāsikañ ca mukhanāsikaṃ. rañño putto rājaputto. rañño puriso rājapuriso.

- cakkhusotaṃ : 눈과 귀(cakkhuñ ca sotañ ca)[10]
- mukhanāsikaṃ : 입과 코(mukhañ ca nāsikañ ca)
- rājaputto : 왕의 아들/왕자(rañño putto)

께 제시하였다. 형성과정을 살펴보면, KV319에 의해 격어미 sa(→ssa)가 탈락하고, KV319-tesaṃ에 의해 단어 apaccaṃ이 탈락한다. KV398에 의해 접미사 ṇa의 ṇ가 탈락하고, KV83에 의해 vāsiṭṭha의 끝모음 a가 탈락한다.

10 여기서 규칙이 제시하는 복합어는 'cakkhusotaṃ'이고, 국문 번역 '눈과 귀'는 cakkhusotaṃ의 어원적 의미로 제시된 'cakkhuñ ca sotañ ca'를 옮긴 것이다. 다른 예시들도 마찬가지이다.

• rājapuriso : 왕의 사람/왕실 직원(rañño puriso)

❖〈rājaputto 형성과정〉 rāja+putta → rāja+sa(속격), putta+si(주격) → rañño[KV135], putto[KV104, KV83] → rañño putto(왕의 아들) → rāja+putta[KV319, KV320] → rājaputta[KV603] → rājaputta+si(→o)[KV104] → rājaputt+o[KV83] → rājaputto

‖ *upasagganipātapubbako abyayībhāvo* ‖ 321 ‖ [11]

접두사나 불변화사가 앞에 오는 복합어는 'abyayībhāva'라고 불린다. [그 예는 다음과 같다.] nagarassa samīpe kathā vattatī ti upanagaraṃ. darathānaṃ abhāvo niddarathaṃ. makasānaṃ abhāvo nimmakasaṃ. vuḍḍhānaṃ paṭipāṭi yathāvuḍḍhaṃ. ye ye vuḍḍhā vā yathāvuḍḍhaṃ. jīvassa yattako paricchedo yāvajīvaṃ. cittaṃ adhikicca dhammā vattantī ti adhicittaṃ. pabbatassa tiro tiropabbataṃ. sotassa paṭi vattatī ti paṭisotaṃ. pāsādassa anto antopāsādaṃ.

• upanagaraṃ : 도시 근처에서 생기는 이야기(nagarassa samīpe kathā vattati)

11 이 규칙은 abyayībhāva 복합어의 정의를 제시하고 있다. abyayībhāva 복합어의 이해를 위해 관련 규칙들인 KV322, 343, 344, 345를 함께 참고하라.

• niddaratham̩ : 걱정 없이(darathānam̩ abhāvo)[12]

• nimmakasam̩ : 모기 없이(makasānam̩ abhāvo)

• yathāvuḍḍham̩ : 나이순으로(vuḍḍhānam̩ paṭipāṭi)

• yathāvuḍḍham̩ : 연장자가 누구든(ye ye vuḍḍhā)

• yāvajīvam̩ : 수명의 한계가 무엇이든, 즉 평생(jīvassa yattako paricchedo)

• adhicittam̩ : 마음 때문에 일어나는 현상(cittam̩ adhikicca dhammā vattanti)

• tiropabbatam̩ : 산을 가로질러서(pabbatassa tiro)

• paṭisotam̩ : 흐름의 반대로 가는 것(sotassa paṭi vattati)

• antopāsādam̩ : 저택 안에서(pāsādassa anto)

'abyayībhāva'에 대해 말하는 목적이 무엇인가? [이 규칙을 참고하여] 규칙 "am̩ vibhattīnam̩ akārantâbyayībhāvā"(KV343)에 [언급되는 용어 abyayībhāva를 정확히 이해할 수 있게 하기 위함이다.]

❖〈tiropabbatam̩ 형성과정〉 tiro+pabbata→ tiro, pabbata+sa(속격) → tiro, pabbatassa[KV61] → tiro pabbatassa(산을 가로질러서) → tiro+pabbata[KV319, KV320] → tiropabbata[KV603, KV322] → tiropabbata+격어미 → tiropabbata+am̩[KV343] → tiropabbat+am̩[KV83] → tiropabbatam̩

12 여기서 규칙이 제시하는 복합어는 'niddaratham̩'이고, 국문 번역 '걱정 없이'는 niddaratham̩의 어원적 의미로 제시된 'darathānam̩ abhāvo'를 옮긴 것이다. 다른 예시들도 마찬가지이다.

abyayībhāva 복합어[14]는 중성으로 간주되어야 한다.

[그 예는 다음과 같다.] kumāriṃ adhikicca kathā vattatī ti adhikumāri. vadhuyā samīpe vattatī ti upavadhu. Gaṅgāya samīpe vattatī ti upaGaṅgaṃ. maṇikāya samīpe vattatī ti upamaṇikaṃ.

- adhikumāri[15] : 소녀에 관해 생기는 이야기(kumāriṃ adhikicca kathā vattati)
- upavadhu : 며느리 근처에서 생기는 것(vadhuyā samīpe vattati)
- upaGaṅgaṃ : 갠지스강 근처에서 생기는 것(Gaṅgāya samīpe vattati)
- upamaṇikaṃ : 물항아리 근처에서 생기는 것(maṇikāya samīpe vattati)

❖〈adhikumāri 형성과정〉 adhi+kumārī → adhi, kumārī+aṃ(대격) → adhi, kumāri+aṃ[KV84] → adhi, kumāri+ṃ[KV82] → adhi kumāriṃ(소녀에 관해 [생기는 이야기]) → adhi+kumārī[KV319, KV320] → adhikumārī[KV603] → adhikumāri[KV322, KV344] → adhikumāri+격어미 → adhikumāri+격어미 탈락[KV345] → adhikumāri

---

13 이 규칙에서 so가 지시하는 것은 KV321에서 제시된 abyayībhāvo이다.

14 abyayībhāva 복합어는 중성으로 간주하기 때문에, KV344처럼 "중성인 abyayībhāva 복합어의 끝모음은 짧아진다."와 같은 문법 작용이 있다. 따라서 kumārī의 ī가 i로, vadhū의 ū가 u로, gaṅgā의 ā가 a로, manikā의 ā가 a로 된다.

15 a를 제외한 다른 모음으로 끝나는 abyayībhāva 복합어에 붙는 격어미의 탈락 기능은 KV345에 제시된다.

‖ *diguss' ekattaṃ* ‖ 323 ‖

digu 복합어[16]는 단수가 되고 중성이 된다.

[그 예는 다음과 같다.] tayo lokā tilokaṃ. tayo daṇḍā tidaṇḍaṃ. tīṇi nayanāni tinayanaṃ. tayo siṅgā tisiṅgaṃ. catasso disā catuddisaṃ. dasa disā dasadisaṃ. pañca indriyāni pañcindriyaṃ.[17]

- tilokaṃ : 세 가지 세계, 즉 삼계(tayo lokā)
- tidaṇḍaṃ : 세 개의 막대기(tayo daṇḍā)
- tinayanaṃ : 세 개의 눈(tīṇi nayanāni)
- tisiṅgaṃ : 세 개의 뿔(tayo siṅgā)
- catuddisaṃ : 네 개의 방향, 즉 사방(catasso disā)
- dasadisaṃ : 열 개의 방향, 즉 시방(dasa disā)
- pañcindriyaṃ : 다섯 가지 기능(pañca indriyāni)

‖ *tathā dvande pāṇituriyayoggasenaṅgakhuddajantukavividhavir uddhavisabhāgatthâdīnañ ca* ‖ 324 ‖[18]

마찬가지로, dvanda 복합어[19]에 손[과 같은 신체 부위](pāṇi), 악기

16 digu 복합어의 정의는 KV327에 제시된다.

17 모든 예들은 중성 주격 단수 격어미 aṃ(KV219 참고)으로 끝나는 단어들이다.

18 이 규칙의 ca는 이전 규칙의 단어를 끌어와 문맥을 맞추는 용도로, KV322의 napuṃsakaliṅgo와 KV323의 ekattaṃ을 의미한다.

(turiya), 농기구(yogga), 군대의 일부(senaṅga), 작은 생물(khuddajantuka), 다양한 적(vividhaviruddha), 특별한 덕목(visabhāga) 등등이 표현될 때, [이것들은] 단수가 되고, 중성이 된다. 그것은 이와 같다.

1) cakkhu ca sotañ ca cakkhusotaṃ. mukhañ ca nāsikā ca mukhanāsikaṃ. chavi ca maṃsañ ca lohitañ ca chavimaṃsalohitaṃ.

- cakkhusotaṃ : 눈과 귀(cakkhu ca sotañ ca)
- mukhanāsikaṃ : 입과 코(mukhañ ca nāsikā ca)
- chavimaṃsalohitaṃ : 피부와 살과 피(chavi ca maṃsañ ca lohitañ ca)

이처럼 손[과 같은 신체] 부위가 표현될 때 [단수이고 중성이다.]

2) saṅkho ca paṇavo ca saṅkhapaṇavaṃ. gītañ ca vāditañ ca gītavāditaṃ. daddarī ca deṇḍimañ ca daddarideṇḍimaṃ.

- saṅkhapaṇavaṃ : 소라(나팔)와 작은 북(saṅkho ca paṇavo ca)
- gītavāditaṃ : 노래와 악기연주(gītañ ca vāditañ ca)
- daddarideṇḍimaṃ : daddari 북과 deṇḍima 북(daddarī ca deṇḍimañ ca)

이처럼 악기가 표현될 때 [단수이고 중성이다.]

3) phālañ ca pācanañ ca phālapācanaṃ. yugañ ca naṅgalañ ca yuganaṅgalaṃ.

- phālapācanaṃ : 쟁기와 몰이 막대기(phālañ ca pācanañ ca)

---

19 dvanda 복합어의 정의는 KV331에 제시된다.

• yuganaṅgalaṃ : 멍에와 쟁기(yugañ ca naṅgalañ ca)

이처럼 농기구가 표현될 때 [단수이고 중성이다.]

4) asiñ ca cammañ ca asicammaṃ. dhanu ca kalāpañ ca dhanukalāpaṃ. hatthī ca asso ca ratho ca pattiko ca hatthiassarathapattikaṃ.

• asicammaṃ : 검과 방패(asiñ ca cammañ ca)
• dhanukalāpaṃ : 활과 화살통(dhanu ca kalāpañ ca)
• hatthiassarathapattikaṃ : 코끼리, 말, 전차, 보병(hatthī ca asso ca ratho ca pattiko ca)

이처럼 군대 일부가 표현될 때 [단수이고 중성이다.]

5) ḍaṃsañ ca makasañ ca ḍaṃsamakasaṃ. kunthañ ca kipillikañ ca kunthakipillikaṃ. kīṭañ ca siriṃsapañ[20] ca kīṭasirisapaṃ.

• ḍaṃsamakasaṃ : 등에와 모기(ḍaṃsañ ca makasañ ca)
• kunthakipillikaṃ : 개미와 흰개미(kunthañ ca kipillikañ ca)
• kīṭasirisapaṃ : 곤충과 기어다니는 작은 동물(kīṭañ ca siriṃsapañ ca)

이처럼 작은 생물이 표현될 때 [단수이고 중성이다.]

6) ahi ca nakulo ca ahinakulaṃ. biḷāro ca mūsiko ca biḷāramūsikaṃ. kāko ca ulūko ca kākôlūkaṃ.

---

20 siriṃsapaṃ에서 PTS본은 siriñ ca sapañ라고 표기되어 있는데 siriṃsapaṃ이나 sarisapaṃ이 올바르기에 siriṃsapaṃ으로 고쳐 넣었다.

• ahinakulaṃ : 뱀과 몽구스(ahi ca nakulo ca)
• biḷāramūsikaṃ : 고양이와 쥐(biḷāro ca mūsiko ca)
• kākôlūkaṃ : 까마귀와 부엉이(kāko ca ulūko ca)

이처럼 다양한 적이 표현될 때 [단수이고 중성이다.]

7) sīlañ ca paññāṇaṃ ca sīlapaññāṇaṃ. samatho ca vipassano ca samathavipassanaṃ. vijjā ca caraṇañ ca vijjācaraṇaṃ.

• sīlapaññāṇaṃ : 계와 지혜(sīlañ ca paññāṇaṃ ca)
• samathavipassanaṃ : 사마타와 위빳사나(samatho ca vipassano ca)
• vijjācaraṇaṃ : 앎과 행동(vijjā ca caraṇañ ca)

이처럼 특별한 덕목이 표현될 때 [단수이고 중성이다.]

‖ *vibhāsā rukkhatiṇapasudhanadhaññajanapadâdīnañ ca* ‖

‖ 325 ‖ [21]

dvanda 복합어에 나무(rukkha), 풀(tiṇa), 동물(pasu), 부(dhana), 곡식(dhañña), 지방(janapada) 등등은 선택에 따라[22] 단수가 되고 중성이 된다. [그 예는 다음과 같다.] Assattho ca Kapitthano ca

21 이 규칙의 ca는 이전 규칙의 단어를 끌어와 문맥을 맞추는 용도로, KV322의 napuṃsakaliṅgo와 KV323의 ekattaṃ을 의미한다.

22 여기서 '선택에 따라'는 vibhāsa의 번역어인데, vā와 같은 기능으로 사용되었다. 규칙은 단수를 제시하지만, vibhāsa에 의해 달리 택할 여지가 있으므로 '복수'도 가능함을 예를 통해 보여 주고 있다.

AssatthaKapitthanaṃ. AssatthaKapitthanā vā. usīrañ ca bīraṇañ ca usīrabīraṇaṃ. usīrabīraṇā vā. ajo ca eḷako ca ajeḷakaṃ. ajeḷakā vā. hiraññañ ca suvaṇṇañ ca hiraññasuvaṇṇaṃ. hiraññasuvaṇṇā vā. sāli ca yavo ca sāliyavaṃ. sāliyavā vā. Kāsi ca Kosalo ca= Kāsi-Kosalaṃ. Kāsi-Kosalā vā.

- AssatthaKapitthanaṃ : 보리수와 까삣타나 나무(Assattho ca Kapitthano ca). *AssatthaKapitthanā[23]
- usīrabīraṇaṃ : 우시라 풀과 비라나 풀(usīrañ ca bīraṇañ ca). *usīrabīraṇā
- ajeḷakaṃ : 염소와 야생 염소(ajo ca eḷako ca). *ajeḷakā
- hiraññasuvaṇṇaṃ : 은과 금(hiraññañ ca suvaṇṇañ ca). *hiraññasuvaṇṇā
- sāliyavaṃ : 쌀과 보리(sāli ca yavo ca). *sāliyavā
- Kāsi-Kosalaṃ : 까시 지방과 꼬살라 지방(Kāsi ca Kosalo ca). *Kāsi-Kosalā

‖ *dvipade tulyâdhikaraṇe kammadhārayo* ‖ 326 ‖ [24]

[같은 대상을 나타내는] 동등한 위치의 두 단어가 합쳐질 때, 그 복합

---

23 별표(*)와 함께 있는 단어 assatthakapitthanā는 선택적 대안으로서의 'vibhāsa(선택에 따라)'에 맞는 예로, 중성 단수가 아닌 중성 복수 단어이다. 규칙이 적용된 예(assatthakapitthanaṃ-단수)와 구별하기 위해 vibhāsa의 예 앞에는 별표(*)를 써넣은 것이다. 다른 예들도 마찬가지이다.

24 이 규칙은 kammadhāraya 복합어의 정의를 제시하고 있다. kammadhāraya 복합어의 이해를 위해 관련 규칙들인 KV332, 334를 함께 참고하라.

어는 'kammadhāraya'라고 불린다.

[그 예는 다음과 같다.] mahanto ca so puriso cā ti mahāpuriso. kaṇho ca so sappo cā ti kaṇhasappo. nīlañ ca taṃ uppalañ cā ti nīluppalaṃ. lohitañ ca taṃ candanañ cā ti lohitacandanaṃ. brāhmaṇī ca sā dārikā cā ti brāhmaṇidārikā. khattiyā ca sā kaññā cā ti khattiyakaññā.

- mahāpuriso : 위대한 사람(mahanto ca so puriso ca)
- kaṇhasappo : 검은 뱀(kaṇho ca so sappo ca)
- nīluppalaṃ : 푸른 연꽃(nīlañ ca taṃ uppalañ ca)
- lohitacandanaṃ : 자단향(lohitañ ca taṃ candanañ ca)
- brāhmaṇadārikā : 브라만 소녀(brāhmaṇī ca sā dārikā ca)
- khattiyakaññā : 캇띠야 소녀(khattiyā ca sā kaññā ca)

'kammadhāraya'에 대해 말하는 목적이 무엇인가? [이 규칙을 참고하여] 규칙 "kammadhārayasaññe ca"(KV334)에 [언급되는 용어 kammadhāraya를 정확히 이해할 수 있게 하기 위함이다.]

❖〈mahāpuriso 형성과정〉 mahanta+purisa → mahanta+si(→o) [KV104, KV83], purisa+si(→o)[KV104, KV83] → mahanto puriso(위대한 사람) → mahanta+purisa[KV319, KV320] → mahā+purisa[KV332] → mahāpurisa[KV603] → mahāpurisa+si(→o) [KV104] → mahāpuris+o[KV83] → mahāpuriso

‖ *saṅkhyāpubbo digu* ‖ 327 ‖ [25]

수사가 앞에 있는 kammadhāraya 복합어는 'digu'라고 불린다.[26]
[그 예는 다음과 같다.] tayo lokā tilokaṃ. tīṇi malāni timalaṃ. tīṇi phalāni tiphalaṃ. tayo daṇḍā tidaṇḍaṃ. catasso disā catuddisaṃ. pañca indriyāni pañcindriyaṃ. satta godhāvariyo sattagodhāvaraṃ.

- tilokaṃ : 세 가지 세계, 즉 삼계(tayo lokā)
- timalaṃ : 세 가지 더러움(tīṇi malāni)
- tiphalaṃ : 세 가지 과일(tīṇi phalāni)
- tidaṇḍaṃ : 세 막대기(tayo daṇḍā)
- catuddisaṃ : 네 방향, 즉 사방(catasso disā)
- pañcindriyaṃ : 다섯 가지 기능(pañca indriyāni)
- sattagodhāvaraṃ : 일곱 개의 고다와리 강[의 지류](satta godhāvariyo)

'digu'에 대해 말하는 목적이 무엇인가? [이 규칙을 참고하여] 규칙 "diguss' ekattaṃ"(KV323)에 [언급되는 용어 digu를 정확히 이해할 수 있게 하기 위함이다.]

❖〈tilokaṃ 형성과정〉 ti+loka → ti+yo(주격), loka+yo(주격) → tayo[KV133], lokā[KV107, KV83] → tayo lokā(세 가지 세계, 즉

---

25 이 규칙은 digu 복합어의 정의를 제시하고 있다. digu 복합어의 이해를 위해 관련 규칙들인 KV323을 함께 참고하라.

26 다시 말해서, 같은 대상을 나타내는 동등한 위치의 두 단어가 합쳐질 때, 그 두 단어 중 앞 단어가 수사인 복합어를 'digu 복합어'라고 한다.

삼계) → ti+loka[KV319, KV320] → tiloka[KV603, KV323] → tiloka+si(→aṃ)[KV219] → tilok+aṃ[KV83] → tilokaṃ

‖ *ubhe tappurisā* ‖ **328** ‖

[부정 접두사가 앞에 붙은] digu 복합어와 kammadhāraya 복합어 둘 다 [한 단어가 다른 단어를 수식하므로] 'tappurisa'라고 불린다. [그 예는 다음과 같다.] na brāhmaṇo abrāhmaṇo. avasalo. apañcagavaṃ. asattagodhāvaraṃ. adasagavaṃ. apañcapūlī. apañcagāvī.[27]

- abrāhmaṇo : 브라만이 아닌 자, 즉 가짜 브라만(na brāhmaṇo)
- avasalo : 하층 계급이 아닌 자, 즉 상위 계급
- apañcagavaṃ : 다섯 마리가 안 되는 소
- asattagodhāvaraṃ : 일곱 개가 아닌 고다와리강[의 지류]
- adasagavaṃ : 열 마리가 안 되는 소
- apañcapūlī : 다섯 개가 안 되는 꾸러미
- apañcagāvī : 다섯 마리가 안 되는 젖소

'tappurisa'에 대해 말하는 목적이 무엇인가? [이 규칙을 참고하여] 규칙 "attan tassa tappurise"(KV335)에 [언급되는 용어 tappurisa를 정확히 이해할 수 있게 하기 위함이다.]

---

27 이 예들은 부정을 나타내는 na가 a로 바뀐 단어들이다. 이 기능은 KV335에 제시된다.

‖ *amādayo parapadehi* ‖ 329 ‖ [28]

격어미 aṃ 등등[29]이 [붙은 명사가] 뒤에 오는 명사와 합할 때, 그 복합어는 'tappurisa'라고 불린다.

[그 예는 다음과 같다.] bhūmiṃ gato bhūmigato. sabbarattiṃ sobhano sabbarattisobhano. apāyaṃ gato apāyagato. issarena kataṃ issarakataṃ. sallena viddho sallaviddho. kaṭhinassa dussaṃ kaṭhinadussaṃ. āgantukassa bhattaṃ āgantukabhattaṃ. methunasmā apeto methunâpeto. rājato bhayaṃ rājabhayaṃ. corā bhayaṃ corabhayaṃ. rañño putto rājaputto. dhaññānaṃ rāsi dhaññarāsi. rūpe saññā rūpasaññā. saṃsāre dukkhaṃ saṃsāradukkhaṃ.

[앞 구성 단어에 제2 단수 격어미 aṃ이 붙은 예는 다음과 같다.]

- bhūmigato : 땅으로 간(bhūmiṃ gato)[30]
- sabbarattisobhano : 밤새도록 빛나는(sabbarattiṃ sobhano)

---

28 이 규칙은 tappurisa 복합어의 정의를 제시하고 있다. tappurisa 복합어의 이해를 위해 관련 규칙들인 KV328, 335, 336, 337, 338을 함께 참고하라.

29 '격어미 aṃ 등등'은 제1 격어미(주격과 호격에 사용되는 격어미)를 제외한 격어미를 의미한다.

30 여기서 규칙이 제시하는 tappurisa 복합어인 'bhūmigato'는 bhūmiṃ과 gato를 합한 것이다. bhūmiṃ은 제2 단수 격어미 aṃ이 붙었고, gato는 제1 단수 격어미 si(→o)가 붙었다. 이처럼 tappurisa 복합어의 앞 구성 단어에는 격어미 aṃ 등등 중 하나가 붙고, 뒤 구성 단어에는 주격 단수 격어미가 붙는다. 결국 KV319에 의해 복합어가 되는 과정에서 격어미가 탈락하여 bhūmigato가 되지만, 복합어의 원래 구성 단어들인 'bhūmiṃ gato(땅으로 간)'를 통해 두 단어 간의 관계를 알 수 있어서 의미를 이해하는 데 도움이 된다. 다른 예들도 마찬가지이다.

• apāyagato : 지옥에 떨어진(apāyaṃ gato)

[앞 구성 단어에 제3 단수 격어미 nā(ena)[31]가 붙은 예는 다음과 같다.]

• issarakataṃ : 창조자에 의해 만들어진(issarena kataṃ)

• sallaviddho : 화살에 찔린(sallena viddho)

[앞 구성 단어에 제4 단수 격어미 sa(ssa)[32]가 붙은 예는 다음과 같다.]

• kaṭhinadussaṃ : 까티나를 위한 옷감(kaṭhinassa dussaṃ)

• āgantukabhattaṃ : 손님을 위한 음식(āgantukassa bhattaṃ)

[앞 구성 단어에 제5 단수 격어미 smā(ā)[33]가 붙은 예는 다음과 같다.]

• methunâpeto : 음행으로부터 떠난(methunasmā apeto)

• rājabhayaṃ : 왕에 대한 두려움(rājato bhayaṃ)

• corabhayaṃ : 도둑에 대한 두려움(corā bhayaṃ)

[앞 구성 단어에 제6 단수 격어미 sa와 복수 격어미 naṃ이 붙은 예는 다음과 같다.]

• rājaputto : 왕의 아들/왕자(rañño[34] putto)

• dhaññarāsi : 곡식의 더미(dhaññānaṃ rāsi)

[앞 구성 단어에 제7 단수 격어미 smiṃ(e)[35]이 붙은 예는 다음과 같다.]

---

31 제3 단수 격어미 nā가 ena로 대체되는 기능은 KV103에 제시된다.

32 제4 단수 격어미 sa에 자음 s가 삽입되어 ssa로 되는 기능은 KV61에 제시된다.

33 제5 단수 격어미 smā가 ā로 대체되는 기능은 KV108에 제시되고, 제5 격어미와 같은 용법의 접미사 to는 KV250에 제시된다.

34 제6 단수 격어미 sa가 붙는 단어 rāja가 격어미와 함께 rañño로 대체되는 기능은 KV135에서 제시된다.

35 제7 단수 격어미 smiṃ이 e로 대체되는 기능은 KV108에서 제시된다.

• rūpasaññā : 형상에 대한 인식(rūpe saññā)

• saṃsāradukkhaṃ : 윤회의 괴로움(saṃsāre dukkhaṃ)

❖〈bhūmigato 형성과정〉 bhūmi+gata → bhūmi+aṃ(대격), gata+si(주격) → bhūmiṃ[KV82], gato[KV104, KV83] → bhūmiṃ gato(땅으로 간) → bhūmi+gata[KV319, KV320] → bhūmigata[KV603] → bhūmigata+si(→o)[KV104] → bhūmigat+o[KV83] → bhūmigato

‖ ***aññapadatthesu bahubbīhi*** ‖ **330** ‖ [36]

명사들이 결합하는 과정에서, [복합어를 구성하는 단어가 아닌 ya, ta, eta, ima 등등의] 다른 단어의 의미가 [지배적일 때], 그 복합어는 'bahubbīhi'라고 불린다.

[그 예는 다음과 같다.] āgatā samaṇā imaṃ saṅghârāmaṃ so 'yaṃ āgatasamaṇo saṅghârāmo. jitāni indriyāni anena samaṇena so 'yaṃ jitindriyo samaṇo. dinno suṅko yassa rañño so 'yaṃ dinnasuṅko rājā. niggatā janā yasmā gāmā so 'yaṃ niggatajano gāmo. chinnā hatthā yassa so 'yaṃ chinnahattho puriso. sapannāni sassāni yasmiṃ janapade so 'yaṃ sampannasasso janapado. nigrodhassa parimaṇḍalo nigrodhaparimaṇḍalo. nigrodhaparimaṇḍalo iva

36 이 규칙은 bahubbīhi 복합어의 정의를 제시하고 있다. bahubbīhi 복합어의 이해를 위해 관련 규칙들인 KV333, 340, 342를 함께 참고하라.

parimaṇḍalo yo rājakumāro so 'yaṃ nigrodhaparimaṇḍalo. atha vā nigrodhaparimaṇḍalo iva parimaṇḍalo yassa rājakumārassa so 'yaṃ nigrodhaparimaṇḍalo rājakumāro. cakkhussa bhūto cakkhubhūto. cakkhubhūto iva bhūto yassa Bhagavato so 'yaṃ cakkhubhūto Bhagavā. suvaṇṇassa vaṇṇo suvaṇṇavaṇṇo. suvaṇṇavaṇṇo iva vaṇṇo yassa Bhagavato so 'yaṃ suvaṇṇavaṇṇo Bhagavā. Brahmassa saro Brahmassaro. Brahmassaro iva saro yassa Bhagavato so 'yaṃ Brahmassaro Bhagavā.

- āgatasamaṇo[37] : 사문들이 도착한 곳, 즉 승원. [사문들은(samaṇā) 이 승원에(imaṃ saṅghârāmaṃ) 도착했다(āgatā). 그곳은(so 'yaṃ) 'āgatasamaṇo(사문들이 도착한 곳)'이고, 승원(saṅghârāmo)이다.]
- jitindriyo : 감각기능들을 정복한 자, 즉 사문. [감각기능들은(indriyāni) 이 사문에 의해(anena samaṇena) 정복되었다(jitāni). 그 사문은(so 'yaṃ) 'jitindriyo(감각기능들을 정복한 자)'이고, 사문(samaṇo)이다.]
- dinnasuṅko : 세금을 받는 자, 즉 왕. [세금이(suṅko) 주어지는(dinno) 왕(yassa rañño), 그 사람은(so 'yaṃ) 'dinnasuṅko(세금을 받는 자)'이고, 왕(rājā)이다.]
- niggatajano : 사람들이 나간 곳, 즉 마을. [사람들이(janā) 나간(niggatā) 마을(yasmā gāmā), 그곳은(so 'yaṃ) 'niggatajano(사람들이 나간

37 여기서 babhubbīhi 복합어는 'āgatasamaṇo'이다. āgatasamaṇo(사문들이 도착한 곳, 즉 승원)의 의미는 āgatasamaṇo를 구성하는 단어인 āgatā(도착한)와 samaṇā(사문들이)보다, 복합어를 구성하는 단어가 아닌 imaṃ saṅghārāmaṃ(이 승원에)이 지배적이다. 다른 예시도 이렇게 이해하면 된다.

곳)'이고, 마을(gāmo)이다.]

- chinnahattho : 손이 잘린 자, 즉 [잘린] 사람. [손이(hatthā) 잘린(chinnā) [남자](yassa [purisassa]), 그 사람은(so 'yaṃ) 'chinnahattho(손이 잘린 자)'이고, 남자(puriso)이다.]
- sampannasasso : 풍부한 곡식이 있는 곳, 즉 시골. [풍부한 곡식이(sampannāni sassāni) [있는] 시골(yasmiṃ janapade), 이 장소는(so 'yaṃ) 'sampannasasso(풍부한 곡식이 있는 곳)'이고, 시골(janapado)이다.]
- nigrodhaparimaṇḍalo : 니그로다 나무의 둘레와 같은 몸의 둘레를 가진 왕자. [니그로다 나무 둘레와 같은(nigrodhaparimaṇḍalo iva) 몸의 둘레를(parimaṇḍalo) 가진 왕자(yo rājakumāro)], 그 사람은(so 'yaṃ) 'nigrodhaparimaṇḍalo(니그로다 나무의 둘레와 같은 몸의 둘레를 가진 자)'이다.]
- nigrodhaparimaṇḍalo : 몸의 둘레가 니그로다 나무의 둘레와 같은 자, 즉 왕자. [몸의 둘레가(parimaṇḍalo) 니그로다 나무의 둘레와 같은(nigrodhaparimaṇḍalo iva) 왕자(yassa rājakumārassa), 그 사람은(so 'yaṃ) 'nigrodhaparimaṇḍalo(몸의 둘레가 니그로다 나무의 둘레와 같은 자)'이고, 왕자(rājakumāro)이다.]
- cakkhubhūto : 눈을 가진 분, 즉 세존. [상태가(bhūto) 눈(이해력)을 가진 자와 같은(cakkhubhūto iva) 세존(yassa Bhagavato), 그분은(so 'yaṃ) 'cakkhubhūto(눈을 가진 분)'이고, 세존(Bhagavā)이다.]
- suvaṇṇavaṇṇo : 황금빛 피부색을 가진 분, 즉 세존. [피부색이(vaṇṇo) 황금의 색과 같은(suvaṇṇavaṇṇo iva) 세존(yassa Bhagavato), 그분은(so 'yaṃ) 'suvaṇṇavaṇṇo(황금빛 [피부색을 가진 분])'이고, 세존(Bhagavā)

이다.]

- Brahmassaro : 범천의 목소리를 가진 분, 즉 세존. [목소리가(saro) 범천의 목소리와 같은(Brahmassaro iva) 세존(yassa Bhagavato), 그분은(so 'yaṃ) 'Brahmassaro(범천의 목소리를 가진 분)'이고, 세존(Bhagavā)이다.]

'bahubbīhi'에 대해 말하는 목적이 무엇인가? [이 규칙을 참고하여] 규칙 "bahubbīhimhi ca"(KV167)에 [언급되는 용어 bahubbīhi를 정확히 이해할 수 있게 하기 위함이다.]

❖〈āgatasamaṇo 형성과정〉 āgata+samaṇa → āgata+yo(주격), samaṇa+yo(주격) → āgatā[KV107, KV83], samaṇā[KV107, KV83] → āgatā samaṇā(사문들이 도착한 [곳]) → āgata+samaṇa[KV319, KV320] → āgatasamaṇa[KV603] → āgatasamaṇa+si(→o)[KV104] → āgatasamaṇ+o[KV83] → āgatasamaṇo

‖ *nāmānaṃ samuccayo dvando* ‖ 331 ‖ [38]

같은 격어미를 가진 명사들의 집합은 'dvanda'라고 불린다.

[그 예는 다음과 같다.] candimasuriyā. samaṇabrāhmaṇā. SāriputtaMoggallānā. brāhmaṇagahapatikā. YamaVaruṇā. KuveraVāsavā.

38 이 규칙은 dvanda 복합어의 정의를 제시하고 있다. dvanda 복합어의 이해를 위해 관련 규칙들인 KV324, 325, 341을 함께 참고하라.

• candimasuriyā : 달과 해. candimā+suriyo
• samaṇabrāhmaṇā : 사문과 브라만. samaṇo+brāhmaṇo
• SāriputtaMoggallānā : 사리뿟따와 목갈라나. sāriputto+moggallāno
• brāhmaṇagahapatikā : 브라만(성직자)과 평신도. brāhmaṇo+gahapatiko
• YamaVaruṇā : 야마와 와루나. yamo+varuṇo
• KuveraVāsavā : 꾸웨라와 와사와. kuvero+vāsavo

'dvanda'에 대해 말하는 목적이 무엇인가? [이 규칙을 참고하여] 규칙 "dvandaṭṭhā vā"(KV165)에 [언급되는 용어 dvanda를 정확히 이해할 수 있게 하기 위함이다.]

❖〈samaṇabrāhmaṇā 형성과정〉 samaṇa+brāhmaṇa → samaṇa+si(주격), brāhmaṇa+si(주격) → samaṇo[KV104, KV83], brāhmaṇo[KV104, KV83] → samaṇo brāhmaṇo(사문과 브라만) → samaṇa+brāhmaṇa[KV319, KV320] → samaṇabrāhmaṇa[KV603] → samaṇabrāhmaṇa+yo → samaṇabrāhmaṇa+ā[KV107] → samaṇabrāhmaṇ+ā[KV83] → samaṇabrāhmaṇā

‖ *mahataṃ mahā tulyâdhikaraṇe pade* ‖ 332 ‖

mahanta라는 단어는 [kammadhāraya 복합어에서, 같은 대상을 나타내는] 동등한 위치의 단어가 있을 때 mahā로 대체된다.

[그 예는 다음과 같다.] mahanto ca so puriso cā ti mahāpuriso.

mahādevī. mahābalaṃ. mahāphalaṃ. mahānāgo. mahāyaso. mahāpadumavanaṃ. mahānadī. mahāmaṇi. mahāgahapatiko. mahādhanaṃ. mahāpuñño.

- mahāpuriso : 위대한 사람(mahanto ca so puriso ca). mahanto+puriso[39]
- mahādevī : 위대한 여왕. mahantī+devī
- mahābalaṃ : 대단한 힘. mahantaṃ+balaṃ
- mahāphalaṃ : 엄청난 결과. mahantaṃ+phalaṃ
- mahānāgo : 위대한 성자/코끼리/뱀. mahanto+nāgo
- mahāyaso : 대단한 명성. mahanto+yaso
- mahāpadumavanaṃ : 큰 연꽃밭. mahantaṃ+padumavanaṃ
- mahānadī : 큰 강. mahantī+nadī
- mahāmaṇi : 큰 보석. mahanto+maṇi
- mahāgahapatiko : 위대한 재가자. mahanto+gahapatiko
- mahādhanaṃ : 막대한 재산. mahantaṃ+dhanaṃ
- mahāpuñño : 큰 공덕. mahanto+puñño

‖ *itthiyaṃ bhāsitapumitthī pumā va ce* ‖ 333 ‖

[bahubbīhi 복합어에서] 여성이면서, [같은 대상을 나타내는] 동등한 위치의 단어가 있을 때, 남성으로도 표현되는 여성(bhāsitapumitthī)은

---

39 mahanta는 purisa의 성을 따라 남성인 mahanto가 되었다. 다른 예에서도 앞 구성 단어가 뒤 구성 단어의 성을 따른 것을 확인할 수 있다.

[완성된 복합어에서] 남성으로 간주한다.[40]

[그 예는 다음과 같다.] dīghā jaṅghā yassa so 'yaṃ dīghajaṅgho. kalyāṇā bhariyā yassa so 'yaṃ kalyāṇabhariyo. pahūtā paññā yassa so 'yaṃ pahūtapañño.

- dīghajaṅgho[41] : 긴 다리를 [가진 자]
- kalyāṇabhariyo : 좋은 아내를 [둔 자]
- pahūtapañño : 큰 지혜를 [가진 자]

무슨 목적으로 '남성으로도 표현되는 여성'이 [명시되어 있는가]? [이 규칙에서 명시한 조건에 부합해야만 이 규칙의 기능이 적용된다는 것을 보여 주기 위해서이다. 다음과 같은 예에서는 이 규칙의 기능이 적용되지 않는데, 이것은 '남성으로도 표현되는 여성'이라는 조건에 부합하지 않기 때문이다.] brahmabandhu ca sā bhariyā cā ti brahmabandhubhariyā.

- brahmabandhubhariyā : 브라만의 아내. [이 예에서 brahmabandhu는 남성으로도 표현되는 여성이 아니라, 남성인 단어이다.]

---

40 이 해설의 내용을 정리하면, 단어의 결합 과정에서 수식받는 단어의 성을 따라 수식하는 단어가 여성으로 되어도, 남성으로 성 변형이 가능한 단어라면 완성된 복합어에서 남성으로 간주한다는 것이다.

41 이 예를 살펴보면, 단어의 결합 과정에서 수식받는 단어인 jaṅghā(다리)의 성을 따라 수식하는 단어 dīgha(긴)가 여성으로 되어도(dīgha→dīghā), dīgha는 남성으로 성 변형이 가능한 단어(형용사)이므로 완성된 복합어 dīghajaṅgho에는 남성 형태인 dīgha임을 알 수 있다.

용어 kammadhāraya가 적용되는 복합어에서 여성이면서, [같은 대상을 나타내는] 동등한 위치의 단어가 있을 때, 남성으로도 표현되는 여성(bhāsitapumitthī)은 [완성된 복합어에서] 남성으로 간주한다.

[그 예는 다음과 같다.] brāhmaṇadārikā. khattiyakaññā. khattiyakumārikā.

- brāhmaṇadārikā : 브라만 소녀[43]
- khattiyakaññā : 캇띠야 소녀
- khattiyakumārikā : 캇띠야 소녀

무슨 목적으로 '남성으로도 표현되는 여성'이 [명시되어 있는가]? [이 규칙에서 명시한 조건에 부합해야만 이 규칙의 기능이 적용된다는 것을 보여 주기 위해서이다. 다음과 같은 예에서는 이 규칙의 기능이 적용되지 않는데, 이것은 '남성으로도 표현되는 여성'이라는 조건에 부합하지 않기 때문이다.] khattiyabandhudārikā. brāhmaṇabandhudārikā. paññāratanaṃ. [이 예들에서 khattiyabandhu, brāhmaṇabandhu는 남성으로도 표현되는 여성이 아니라, 남성인 단어이며, paññā는 여성인

---

42 이 규칙의 ca는 이전 규칙의 단어를 끌어와 문맥을 맞추는 용도로, KV333의 bhāsitapumitthī, pumā, ce를 의미한다.

43 이 예를 살펴보면, 단어의 결합 과정에서 수식받는 단어인 dārikā(소녀)의 성을 따라 수식하는 단어 brāhmaṇa(브라만)가 여성으로 되어도(brāhmaṇa→brāhmaṇī), brāhmaṇa는 남성으로 성 변형이 가능한 단어이므로 완성된 복합어 brāhmaṇadārikā에는 남성 형태인 brāhmaṇa임을 알 수 있다.

단어이다.]

‖ *attaṃ nassa tappurise* ‖ 335 ‖

tappurisa 복합어에서 뒤따르는 부분[44]이 있을 때, [앞에 있는] 단어 na는 a가 된다.

[그 예는 다음과 같다.] abrāhmaṇo. avasalo. abhikkhu. apañcavasso. apañcagavaṃ.

- a̲brāhmaṇo : 브라만이 아닌 자, 즉 상위 계급. na+brāhmaṇo
- a̲vasalo : 하층 계급이 아닌 자, 즉 귀족. na+vasalo
- a̲bhikkhu : 비구가 아닌 자, 즉 가짜 비구. na+bhikkhu
- a̲pañcavasso : 5년이 안 되는 해. na+pañcavasso
- a̲pañcagavaṃ : 다섯 마리가 안 되는 소. na+pañcagavaṃ

‖ *sare an* ‖ 336 ‖

tappurisa 복합어에서 뒤따르는 부분이 있을 때, [앞에 있는] na 전체는 모음 앞에서[45] an으로 대체된다.

---

44 '뒤따르는 부분'은 uttarapada를 옮긴 것인데, uttarapada는 복합어의 뒷부분을 의미한다. 단어 na를 뒤따르는 부분이 있다는 것은, 단어 na가 복합어의 앞부분 이라는 뜻이다.

45 '모음 앞에서'는 sare pare(모음이 뒤에 올 때)를 가독성을 위해 의역한 것이다. 이 해설의 내용을 정리하면, tappurisa 복합어에서 복합어의 뒷부분이 모음으로 시

[그 예는 다음과 같다.] anasso. anissaro. anariyo. aniṭṭho.

- anasso : 말이 아닌 것. na+asso
- anissaro : 주인/신이 아닌 것. na+issaro
- anariyo : 고귀하지 않은 자. na+ariyo
- aniṭṭho : 달갑지 않은. na+iṭṭho

‖ *kadaṃ kussa* ‖ 337 ‖

tappurisa 복합어에서 ku는 모음[으로 시작하는 단어가] 뒤에 올 때 kad가 된다.

[그 예는 다음과 같다.] kucchitaṃ annaṃ kadannaṃ. kucchitaṃ asanaṃ kadasanaṃ.

- kadannaṃ : 상한 음식(kucchitaṃ annaṃ)
- kadasanaṃ : 상한 음식(kucchitaṃ asanaṃ)

무슨 목적으로 '모음[으로 시작하는 단어가] 뒤에 올 때'가 [명시되어 있는가]? [이 규칙에서 명시한 조건에 부합해야만 이 규칙의 기능이 적용된다는 것을 보여 주기 위해서이다. 다음과 같은 예에서는 이 규칙의 기능이 적용되지 않는데, 이것은 '모음[으로 시작하는 단어가] 뒤에 올 때'라는 조건에 부합하지 않기 때문이다. 다음의 예는 모음으로 시작하는 단어가 뒤에 오지 않고 각각 자음 d, j, p, g, v, d로 시

작하는 단어일 때, 복합어의 앞부분에 있는 단어 na는 an으로 대체된다는 것이다.

작하는 단어가 뒤에 온다. 다음의 예들은 모두 bahubbīhi 복합어들이다.] kucchitā dārā yesaṃ apuññakārānaṃ te honti kudārā. kujanā. kuputtā. kugehā. kuvatthā. kudāsā.

- kudārā : 부도덕한 행위(apuññakārānaṃ)를 하여 나쁜 아내(kucchitā dārā)를 가진 자들
- kujanā : 나쁜 사람(친구)을 [가진 자들]
- kuputtā : 나쁜 아들을 [가진 자들]
- kugehā : 나쁜 집들을 [가진 자들]
- kuvatthā : 나쁜 옷들을 [가진 자들]
- kudāsā : 나쁜 노예를 [가진 자들]

‖ *kâppatthesu ca* ‖ 338 ‖ [46]

'적은(또는 작은)'을 의미하는 ku는 kā가 된다.

[그 예는 다음과 같다.] kālavaṇaṃ. kāpupphaṃ.

- kālavaṇaṃ : 적은 소금
- kāpupphaṃ : 작은 꽃

[규칙에 kâppatthesu는 제7 복수 격어미 su가 붙어 있는데] 무슨 목적으로 '복수형'이 [명시되어 있는가]? ku는 '적은(또는 작은)' 이외의 다른 의미에도 때때로 kā가 되므로 [의미하는 것이 둘 이상이기 때문이다.]

---

46 이 규칙의 ca는 이전 규칙의 단어를 끌어와 문맥을 맞추는 용도로, KV337의 kussa를 의미한다.

[그 예는 다음과 같다.] kucchito puriso kāpuriso · kupuriso.

• kāpuriso 또는 kupuriso : 나쁜 남자(kucchito puriso)

|| *kvaci samāsantagatānaṃ akāranto* || 339 ||

복합어의 끝에 있는 명사의 끝모음은 때때로 모음 a가 된다.[47]

[그 예는 다음과 같다.] devānaṃ rājā devarājo · devarājā. devānaṃ sakhā devasakho · devasakhā. pañca ahāni pañcâhaṃ. pañca gāvo pañcagavaṃ. chattañ ca upāhanā ca chattupāhanaṃ. saradassa samīpe vattatī ti upasaradaṃ. visālāni akkhīni yassa so 'yaṃ visālakkho. vimukhaṃ mukhaṃ yassa so 'yaṃ vimukho.

• devarājo 또는 devarājā : 신들의 왕 [tappurisa]
• devasakho 또는 devasakhā : 신들의 친구 [tappurisa]
• pañcâhaṃ : 다섯 날 [digu]
• pañcagavaṃ : 다섯 마리 소 [digu]
• chattupāhanaṃ : 우산과 샌들 [dvanda]
• upasaradaṃ : 가을 가까이에 생기는 것 [abyayībhāva]
• visālakkho : 큰 눈을 [가진 자] (akkhi의 i가 a로 됨) [bahubbīhi]
• vimukho : 미운 얼굴을 [가진 자] [bahubbīhi]

무슨 목적으로 '알파벳 모음(kāra)'이 [명시되어 있는가]? [복합어 끝에

47 다시 말해서, 복합어에서 뒤에 오는 구성 단어의 끝모음이 a인 것은 그대로 두고, akkhi와 같은 단어처럼 끝모음이 i인 것은 a로 바꾼다는 뜻이다.

있는 명사의] 끝이 모음 ā나 모음 i로도 [될 수 있음을 보여 주기 위해서이다. 그 예는 다음과 같다.]

- paccakkhadhammā : 법을 깨달은 [자] [bahubbīhi]
- surabhigandhi : 향기로운 냄새를 [가진 것] [tappurisa]
- sugandhi : 좋은 냄새 [kammadhāraya]
- duggandhi : 나쁜 냄새 [kammadhāraya]
- kugandhi : 고약한 냄새 [kammadhāraya]
- pūtigandhi : 썩은 냄새 [kammadhāraya]

복합어 끝에 [있는 단어] nadī와 kattu의 끝에 접미사 ka가 붙는다. [그 예는 다음과 같다.]

- bahunadiko : 많은 강이 [있는 곳], 즉 시골(janapado) [bahubbīhi]
- bahukattuko : 많은 근로자를 [둔 자] [bahubbīhi]

‖ *nadimhā ca* ‖ 340 ‖ [48]

nadī[와 같은 단어]가 복합어의 끝에 [있을 때,] 그 뒤에 접미사 ka가 붙는다.

[그 예는 다음과 같다.] bahū kantiyo yassa so 'yaṃ bahukantiko. bahū nadiyo yassa so 'yaṃ bahunadiko. bahū nāriyo yassa so 'yaṃ

48 이 규칙의 ca는 이전 규칙의 단어를 끌어와 문맥을 맞추는 용도로, KV339의 마지막 문단의 kappaccayo를 의미한다. 이 규칙의 기능은 이미 KV339의 마지막 문단에서 제시되었는데 KV340에서 반복하여 제시하고 있다.

bahunāriko.

- bahukantiko : 많은 즐거움을 [가진 자] [bahubbīhi]
- bahunadiko : 많은 강이 [있는 곳] [bahubbīhi]
- bahunāriko : 많은 여자를 [가진 자] [bahubbīhi]

‖ *jāyāya tu daṃ jāni patimhi* ‖ 341 ‖

[아내를 의미하는 단어] jāyā는 [남편을 의미하는 단어] pati가 뒤에 올 때 tudaṃ과 jāni로 대체된다.

[그 예는 다음과 같다.] tudampati. jānipati.

- tudampati : 아내와 남편. jāyā+pati [dvanda]
- jānipati : 아내와 남편. jāyā+pati [dvanda]

‖ *dhanumh'â ca* ‖ 342 ‖ [49]

dhanu가 복합어의 끝에 [있을 때,] 그 뒤에 접미사 ā가 붙는다.

[그 예는 다음과 같다.] gaṇḍīvo dhanu yassa so 'yaṃ gaṇḍīvadhanvā.

- gaṇḍīvadhanvā : gaṇḍīva-활을 [가진 자] [bahubbīhi]

---

49 이 규칙의 ca는 이전 규칙의 단어를 끌어와 문맥을 맞추는 용도로, KV339의 samāsanta를 의미한다.

‖ *aṃ vibhattīnaṃ akārantā abyayībhāvā* ‖ 343 ‖

모음 a로 끝나는 abyayībhāva 복합어의 뒤에 오는 격어미는 때때로 aṃ이 된다.

[그 예는 다음과 같다.] adhicittaṃ. yathāvuḍḍhaṃ. upakumbhaṃ. yāvajīvaṃ. tiropabbataṃ. tiropākāraṃ. tirokuḍḍaṃ. antopāsādaṃ.

- adhicittaṃ : 마음 때문에 생기는 상태
- yathāvuḍḍhaṃ : 나이순으로
- upakumbhaṃ : 물 주전자 근처에서 생기는 것
- yāvajīvaṃ : 수명의 한계가 무엇이든, 즉 평생
- tiropabbataṃ : 산을 가로질러서
- tiropākāraṃ : 성벽을 넘어서
- tirokuḍḍaṃ : 벽을 넘어서
- antopāsādaṃ : 저택 안에서

무슨 목적으로 '때때로(kvaci)'가 [명시되어 있는가]? ['때때로'에 내포된 바와 같이 이 규칙의 기능이 모든 곳에 다 적용되는 것은 아님을 보여 주기 위해서이다. 다음과 같은 예에서는 이 규칙의 기능이 적용되지 않는데, 이것은 '때때로'라는 조건에 의한 것이다.] adhicittassa. bhikkhuno.

‖ *saro rasso napuṃsake* ‖ 344 ‖

중성인 abyayībhāva 복합어의 [끝]모음은 짧아진다.

[그 예는 다음과 같다.] itthīsu adhikicca kathā vattatī ti adhitthi. kumāriṃ adhikicca kathā vattatī ti adhikumāri. upavadhu.

- adhitthi : 여성에 관해 생기는 이야기. (adhitthī의 ī→i)
- adhikumāri : 소녀에 관해 생기는 이야기. (adhikumārī의 ī→i)
- upavadhu : 며느리 근처에서 생기는 것. (upavadhū의 ū→u)

|| *aññasmā lopo ca* || 345 ||[50]

a가 아닌 다른 모음으로 끝나는 abyayībhāva 복합어의 뒤에 오는 격어미는 탈락한다.

[그 예는 다음과 같다.] adhitthi. adhikumāri. upavadhu.

- adhitthi : 여성에 관해 생기는 이야기
- adhikumāri : 소녀에 관해 생기는 이야기
- upavadhu : 며느리 근처에서 생기는 것

여기까지 명사의 장의 일곱 번째 부분인 복합어의 장이다.

복합어의 장이 끝났다.

---

50 이 규칙의 ca는 이전 규칙의 단어를 끌어와 문맥을 맞추는 용도로, KV343의 abyayībhāvā를 의미한다.

II.8
제2장의 여덟 번째 부분

Taddhitakappa[51]
Taddhita의 장[52]

---

51 제2장의 여덟 번째 부분은 Taddhitakappa(Taddhita의 장)로, 총 62개의 규칙(KV346–407)으로 구성된다. taddhita는 tassa(그것에)와 hita(도움이 되는, 유용한)가 합한 단어(ta+hita)이다. hita의 h가 dh로 대체되고(ta+dhita) dh 앞에 d가 삽입되어(ta+ddhita) taddhita가 만들어진다. taddhita의 글자 그대로의 의미는 '그것에 도움이 되는 것, 그것에 유용한 것'이지만, 문법과 관련된 맥락에서 taddhita의 의미는 설명이 더 필요하다. 국문 번역에도 단 한 마디의 번역어를 정해서 쓰기에는 제대로 그 뜻이 전달되지 않아서 국문 번역 없이 taddhita 그대로 쓰기로 한다. 이제 taddhita가 지칭하는 것이 무엇인지 살펴보자. Sadd751 규칙 앞에 제시된 설명에, "taddhita는 apacca(누군가의 아들 또는 자손) 등등의 의미를 나타내는, ṇa로 시작하는 접미사들 무리의 이름이다.(taddhitan ti apaccādiatthesu pavattānaṃ ṇādipaccayānaṃ nāmaṃ.)"라고 한다. 그렇다면 taddhita는 접미사를 나타내는 것인데, 앞에서 언급한 내용인 '그것에 도움이 되는 것'과는 어떻게 관련될까? Sadd751 규칙 앞에 제시된 설명을 더 보면, "접미사에 의해 단어의 의미가 이해되므로, apacca 등등의 의미를 나타낼 때 [이 접미사들이] 도움이 되고 유익하다. 그러므로 [이러한 접미사를] taddhita라고 한다.(paccayāyattattā saddatthādhigamassa tesaṃ apaccādiatthānaṃ hitaṃ anukūlan ti taddhitaṃ.)"라고 한다. 예를 들어서, KV346에 제시된 접미사 ṇa는 누군가의 아들 또는 자손(apacca)을 나타낼 때 사용되므로, A라는 사람 이름 뒤에 접미사 ṇa가 붙으면 'A의 아들 또는 자손'이라는 의미가 생긴다. 이렇게 이 장에서 제시되는 접미사 ṇa 등등은 그

‖ *vā ṇ'apacce* ‖ 346 ‖

접미사 ṇa[53]는 누군가의 자손의 의미로 선택에 따라 붙는다.

[그 예는 다음과 같다.] Vasiṭṭhassa apaccaṃ Vāsiṭṭho. Vasiṭṭhass' apaccaṃ vā. Vasiṭṭhass' apaccaṃ Vāsiṭṭhī. Vasiṭṭhass' apaccaṃ Vāsiṭṭhaṃ.

- Vāsiṭṭho : 와싯타의 남성 자손.[54] [단어분석] vasiṭṭha+ṇa+si.[55]

것에, 즉 특정한 의미를 나타내는 것에 도움이 되므로 'taddhita(그것에 도움이 되는 것)'라고 한다. 이 taddhita는 이러한 접미사를 의미하지만, 이러한 접미사가 붙어서 만들어진 단어를 지칭하기도 한다. 이 접미사들은 어근에 직접 붙지 않고 명사 또는 어근에서 파생된 단어 뒤에 붙어 의미를 더한다.

52 이 Taddhita의 장에서 다루는 접미사를 편의상 'taddhita 접미사'라고 부르고, 이런 접미사가 붙어서 만들어진 파생어를 'taddhita 파생어'라고 부르겠다. 이 장은 taddhita 접미사가 붙어서 형성되는 taddhita 파생어에 관한 것이므로, 단어의 형태학적 절차뿐만 아니라 파생어의 의미 모두 살펴보는 것이 중요하다. 그래서 각각의 예시에 국문 번역을 넣어서 원문과 맞추어 볼 수 있도록 구성하였고, 필요에 따라 단어분석(원 단어+taddhita접미사+격어미)을 제시하였다.

53 접미사 ṇa의 ṇ는 탈락하고 실제로 붙는 접미사는 a이다. ṇ의 탈락 기능은 KV398에 제시된다. KV402에 따르면, ṇ가 표시된 접미사가 뒤에 올 때 앞 단어의 첫 모음 또는 첫 단일자음에 속하는 모음에 모음 강화(vuddhi)가 일어난다. 모음 강화란 모음 a는 ā로, 모음 i와 ī는 e로, 모음 u와 ū는 o로 되는 것이다. 모음 강화(vuddhi) 기능은 KV407을 참고하라.

54 여기서 규칙이 적용된 예시 단어는 'vāsiṭṭho'이고, 국문 번역 '와싯타의 남성 자손'은 vāsiṭṭho의 어원적 의미로 제시된 'vasiṭṭhassa apaccaṃ'을 옮긴 것이다. 다른 예시들도 마찬가지이다.

55 vāsiṭṭho의 단어분석으로, "vasiṭṭha+ṇa+si"라고 제시했는데, 순서대로 "원 단어+taddhita접미사+격어미"를 제시한 것이다.

*Vasiṭṭhass' apaccaṃ

• Vāsiṭṭhī : 와싯타의 여성 자손. [단어분석] vasiṭṭha+ṇa+ī[56]+si

• Vāsiṭṭhaṃ : 와싯타의 자손. [단어분석] vasiṭṭha+ṇa+si

이처럼 Bharadvājassa apaccaṃ Bhāradvājo, Bharadvājassa apaccaṃ vā, Bhāradvājī, Bhāradvājaṃ[에도 동일하게 적용된다.]

• Bhāradvājo : 바라드와자의 남성 자손. [단어분석] bharadvāja+ṇa+si. *Bharadvājassa apaccaṃ

• Bhāradvājī : 바라드와자의 여성 자손. [단어분석] bharadvāja+ṇa+ī+si

• Bhāradvājaṃ : 바라드와자의 자손. [단어분석] bharadvāja+ṇa+si

Gotamassa apaccaṃ Gotamo, Gotamassa apaccaṃ vā, Gotamī, Gotamaṃ[에도 동일하게 적용된다.]

• Gotamo : 고따마의 남성 자손. *Gotamassa apaccaṃ

• Gotamī : 고따마의 여성 자손

• Gotamaṃ : 고따마의 자손

Vasudevassa apaccaṃ Vāsudevo, Vasudevassa apaccaṃ vā, Vāsudevī, Vāsudevaṃ[에도 동일하게 적용된다.]

• Vāsudevo : 와수데와의 남성 자손. *Vasudevassa apaccaṃ

• Vāsudevī : 와수데와의 여성 자손

• Vāsudevaṃ : 와수데와의 자손

이처럼 Bāladevo, Vessāmitto, Svālapako, Cittako, Paṇḍuvāsavo에

56 여성을 나타내는 접미사 ī에 대해서는 KV239를 참고하라.

도 [동일하게 적용된다.]

❖〈Vāsiṭṭho 형성과정〉[57] vasiṭṭha+apacca → vasiṭṭhasa(속격), apaccasi(주격) → vasiṭṭhassa[KV61], apaccaṃ[KV219, KV83] → vasiṭṭhassa+ṇa+apaccaṃ[KV346] → vasiṭṭha+ṇa[KV319, KV319-tesaṃ] → vāsiṭṭha+ṇa[KV402] → vāsiṭṭha+a[KV398, KV320] → vāsiṭṭha[KV603] → vāsiṭṭha+si(→o)[KV104] → vāsiṭṭh+o[KV83] → vāsiṭṭho

❖〈Vāsiṭṭhī 형성과정〉 vāsiṭṭho의 형성과정과 KV603까지 동일. (……) vāsiṭṭha[KV603] → vāsiṭṭha+si → vāsiṭṭha+ī+si[KV239] → vāsiṭṭha+ī+~~si~~[KV220] → vāsiṭṭh+ī[KV83] → vāsiṭṭhī

❖〈Vāsiṭṭhaṃ 형성과정〉 vāsiṭṭho의 형성과정과 KV603까지 동일. (……) vāsiṭṭha[KV603] → vāsiṭṭha+si(→aṃ)[KV219] → vāsiṭṭh+aṃ[KV83] → vāsiṭṭhaṃ

‖ *ṇāyanaṇāna Vacchâdito* ‖ 347 ‖

Vaccha 등등의 혈통/가문/씨족의 무리 뒤에 접미사 ṇāyana와 ṇāna[58]는 누군가의 자손의 의미로 선택에 따라 붙는다.

---

57 단어 형성과정의 이해를 돕고자 이 규칙의 첫 예시 단어의 형태학적 절차를 규칙 번호와 함께 제시하였다. 앞으로의 규칙에도 단어의 형성과정을 필요에 따라 종종 제시하겠다.

58 접미사 ṇāyana와 ṇāna의 ṇ는 탈락하고 āyana와 āna가 붙는다.

[그 예는 다음과 같다.] Vacchassa apaccaṃ Vacchāyano. Vacchassa apaccaṃ Vacchāno vā.

- Vacchāyano : 왓차의 남성 자손. [단어분석] vaccha+ṇāyana+si
- Vacchāno : 왓차의 남성 자손. [단어분석] vaccha+ṇāna+si

이처럼 Sākaṭāyano · Sākaṭāno, Kaṇhāyano · Kaṇhāno, Aggivessāyano · Aggivessāno, Kaccāyano · Kaccāno Moggallāyano · Moggallāno, Muñjāyano · Muñjāno, Kuñjāyano · Kuñjāno에도 [동일하게 적용된다.]

❖〈Kaccāyano 형성과정〉 kacca+apacca → kacca+sa(속격), apacca +si(주격) → kaccassa[KV61], apaccaṃ[KV219, KV83] → kaccassa +ṇāyana+apaccaṃ[KV347] → kacca+ṇāyana[KV319, KV319-tesaṃ] → kacca+āyana[KV398, KV320] → kacc+āyana[KV83] → kaccāyana[KV603] → kaccāyana+si(→o)[KV104] → kaccāyan +o[KV83] → kaccāyano

‖ *ṇeyyo Kattikâdīhi* ‖ **348** ‖

Kattikā 등등[과 같은 여성 단어] 뒤에 접미사 ṇeyya[59]는 누군가의 자손의 의미로 선택에 따라 붙는다.

[그 예는 다음과 같다.] Kattikāya apaccaṃ Kattikeyyo. Kattikāya

59 접미사 ṇeyya의 ṇ는 탈락하고 eyya가 붙는다.

apaccaṃ vā.

• Kattikeyyo : 깟띠까[라는 여인]의 남성 자손. [단어분석] kattikā+ṇeyya+si. *Kattikāya apaccaṃ

이처럼 Venateyyo, Rohiṇeyyo, Gaṅgeyyo, Kaddameyyo, Nādeyyo, Atteyyo, Āheyyo, Kāpeyyo, Soceyyo, Gāveyyo, Bāleyyo, Moleyyo, Kāleyyo[60]에도 [동일하게 적용된다.]

‖ *ato ṇi vā* ‖ 349 ‖

모음 a로 끝나는 단어 뒤에 접미사 ṇi[61]는 누군가의 자손의 의미로 선택에 따라 붙는다.

[그 예는 다음과 같다.] Dakkhassa apaccaṃ Dakkhi. Dakkhassa apaccaṃ vā.

• Dakkhi : 닥카의 아들 또는 자손. [단어분석] dakkha+ṇi+si. *Dakkhassa apaccaṃ

이처럼 Doṇi, Vāsavi, Sakyaputti, Nāthaputti, Dāsaputti, Vāruṇi, Kaṇhi, Bāladevi, Pāvaki, Jenadatti, Buddhi, Dhammi, Saṅghi, Kappi, Ānuruddhi에도 [동일하게 적용된다.]

vā는 '정해지지 않음'을 의미하므로, 누군가의 자손을 나타낼 때 접미

60 kāleyyo의 단어에 대해 PTS본은 koleyyo라고 표기하고 있지만, kāleyyo가 올바르기에 다른 텍스트와 사전을 참고하여 kāleyyo로 고쳐 넣었다.

61 접미사 ṇi의 ṇ는 탈락하고 i가 붙는다.

사 ṇika(실제로 붙는 접미사는 ika)가 붙기도 한다. [그 예는 다음과 같다.]

- Sākyaputtiko : 사꺄뿟따의 아들 또는 자손. [단어분석] sakyaputta +ṇika+si. *Sākyaputtassa apaccaṃ

이처럼 Nāthaputtiko, Jenadattiko에도 [동일하게 적용된다.]

‖ *ṇavôpagvādīhi* ‖ 350 ‖

Upagu 등등[과 같은 단어] 뒤에 접미사 ṇava[62]는 누군가의 자손의 의미로 선택에 따라 붙는다.

[그 예는 다음과 같다.] Upagussa apaccaṃ Opagavo. Upagussa apaccaṃ vā.

- Opagavo : 우빠구의 아들 또는 자손. [단어분석] upagu+ṇava+si. *Upagussa apaccaṃ

〈이처럼 Mānavo, Gaggavo, Paṇḍavo, Bhaggavo, Opakaccāyavo, Opavindavo에도 [동일하게 적용된다.]〉

‖ *ṇero vidhavâdito* ‖ 351 ‖

'vidhavā-과부' 등등[과 같은 단어] 뒤에 접미사 ṇera[63]는 누군가의 자손의 의미로 선택에 따라 붙는다.

62 접미사 ṇava의 ṇ는 탈락하고 ava가 붙는다.

63 접미사 ṇera의 ṇ는 탈락하고 era가 붙는다.

[그 예는 다음과 같다.] vidhavāya apaccaṃ vedhavero. vidhavāya apaccaṃ vā.

• vedhavero : 과부의 아들 또는 자손. [단어분석] vidhavā+ṇera+si. *vidhavāya apaccaṃ

이처럼 bandhakero, sāmaṇero, nālikero에도 [동일하게 적용된다.]

‖ *yena vā saṃsaṭṭhaṃ tarati carati vahati ṇiko* ‖ 352 ‖

'[재료로] 섞은 것', '[강 등을] 건너는 [방식]', '다니는/수행하는 [방식]', '운반하는 [방식]'의 의미로 선택에 따라 접미사 ṇika[64]가 붙는다.

1) [섞은 것에 대한 예는 다음과 같다.] tilena saṃsaṭṭhaṃ bhojanaṃ telikaṃ. tilena saṃsaṭṭhaṃ vā.

• telikaṃ : 참깨를 섞은 음식. [단어분석] tila+ṇika+si. *tilena saṃsaṭṭhaṃ

이처럼 goḷikaṃ, ghāṭikaṃ에도 [동일하게 적용된다.]

2) [건너는 방식에 대한 예는 다음과 같다.] nāvāya taratī ti nāviko. nāvāya taratī ti vā.

• nāviko : 배로 건너는 [자]. [단어분석] ṇāvā+ṇika+si. *nāvāya tarati

이처럼 oḷumpiko에도 [동일하게 적용된다.]

64 접미사 ṇika의 ṇ는 탈락하고 ika가 붙는다.

3) [다니는 방식에 대한 예는 다음과 같다.] sakaṭena caratī ti sākaṭiko. sakaṭena caratī ti vā.

• sākaṭiko : 수레를 몰고 가는 [자]. [단어분석] sakaṭa+ṇika+si. *sakaṭena carati

이처럼 pādiko, daṇḍiko, dhammiko에도 [동일하게 적용된다.]

4) [운반하는 방식에 대한 예는 다음과 같다.] sīsena vahatī ti sīsiko. sīsena vahatī ti vā.

• sīsiko : [무언가를] 머리로 이고 운반하는 [자]. [단어분석] sīsa+ṇika+si. *sīsena vahati

이처럼 aṃsiko, khandhiko, hatthiko, aṅguliko에도 [동일하게 적용된다.]

vā는 '정해지지 않음'을 의미하므로, 다른 의미에도 접미사 ṇika(실제로 붙는 접미사는 ika)가 붙기도 한다. [그 예는 다음과 같다.] Rājagahe vasatī ti Rājagahiko. Rājagahe jāto Rājagahiko.

• Rājagahiko : 라자가하에 거주하는 [자]. [단어분석] rājagaha+ṇika+si

• Rājagahiko : 라자가하에서 태어난 [자]. [단어분석] rājagaha+ṇika+si

이처럼 Māgadhiko, Sāvatthiko, Kāpilavatthiko, Pāṭaliputtiko, Vesāliko에도 [동일하게 적용된다.]

‖ taṃ adhīte tena katâdisannidhānaniyogasippabhaṇḍajīvikatthesu ‖353‖

배움의 주체, 어떤 일이 행해지는 방식/수단, 그 속에 있는 것, 종사하는 곳, 기술/기예, 상품, 생계의 의미로 선택에 따라 접미사 ṇika[65]가 붙는다.

1) [배움의 주체에 대한 예는 다음과 같다.] vinayaṃ adhīte ti venayiko, vinayaṃ adhīte vā.

• venayiko : 위나야를 배우는 자. [단어분석] vinaya+ṇika+si. *vinayaṃ adhīte

이처럼 suttantiko, ābhidhammiko, veyyākaraṇiko에도 [동일하게 적용된다.]

2) [어떤 일이 행해지는 방식/수단에 대한 예는 다음과 같다.] kāyena kataṃ kammaṃ kāyikaṃ, kāyena kataṃ kammaṃ vā.

• kāyikaṃ : 몸으로 행해진 일. [단어분석] kāya+ṇika+si. *kāyena kataṃ kammaṃ

이처럼 vācasikaṃ, mānasikaṃ에도 [동일하게 적용된다.]

3) [그 속에 있는 것에 대한 예는 다음과 같다.] sarīre sannidhānā

65 접미사 ṇika의 ṇ는 탈락하고 ika가 붙는다.

vedanā sārīrikā, sarīre sannidhānā vedanā vā.

• sārīrikā : 몸에 존재하는 느낌/신체적 느낌. [단어분석] sarīra+ṇika+si. *sarīre sannidhānā vedanā

이처럼 mānasikā에도 [동일하게 적용된다.]

4) [종사하는 곳에 대한 예는 다음과 같다.] dvāre niyutto dovāriko, dvāre niyutto vā.

• dovāriko : 문지기. [단어분석] dvāra+ṇika+si. *dvāre niyutto

이처럼 bhaṇḍāgāriko, nāgariko, nāvakammiko에도 [동일하게 적용된다.]

5) [기술/기예에 대한 예는 다음과 같다.] vīṇā assa sippan ti veṇiko, vīṇā assa sippaṃ vā.

• veṇiko : 위나(vīṇā, 인도의 현악기) 연주자. [단어분석] vīṇā+ṇika+si. *vīṇā assa sippaṃ

이처럼 pāṇaviko, modaṅgiko, vaṃsiko에도 [동일하게 적용된다.]

6) [상품에 대한 예는 다음과 같다.] gandho assa bhaṇḍaṃ gandhiko, gandho assa bhaṇḍaṃ vā.

• gandhiko : 향수 상인. [단어분석] gandha+ṇika+si. *gandho assa bhaṇḍaṃ

이처럼 teliko, goḷiko에도 [동일하게 적용된다.]

7) [생계에 대한 예는 다음과 같다.] urabbhaṃ hantvā jīvatī ti orabbhiko, urabbhaṃ hantvā jīvatī ti vā.

• orabbhiko : 양을 죽여 살아가는 것(양 죽이는 것으로 생계를 잇는 것), 양 사냥꾼/ 양 도살자. [단어분석] urabbha+ṇika+si. *urabbhaṃ hantvā jīvati

이처럼 māgaviko, sūkariko, sākuṇiko에도 [동일하게 적용된다.]

‖ *ṇa rāgā tassêdamaññatthesu ca* ‖ 354 ‖[66]

접미사 ṇa[67]는 색을 [뜻하는 단어 뒤에] 염색한 것의 의미로 선택에 따라 붙고, 속하는 것의 의미와 그 외의 다른 의미에도 [붙는다.]

1) [염색한 것에 대한 예는 다음과 같다.] kasāvena rattaṃ vatthaṃ kāsāvaṃ, kasāvena rattaṃ vatthaṃ vā.

• kāsāvaṃ : 황색으로 염색한 옷. [단어분석] kasāva+ṇa+si. *kasāvena rattaṃ vatthaṃ

이처럼 kosumbhaṃ, hāliddaṃ, pattaṅgaṃ, mañjeṭṭhaṃ, kuṅkumaṃ에도 [동일하게 적용된다.]

---

66 이 규칙의 ca는 추가적인 조건이 있음을 의미하는데, 그것은 tassedamaññatthesu이다. tassedamaññatthesu는 tassa+idaṃ+aññatthesu로, "속하는 것의 의미와 그 외의 다른 의미에"를 뜻한다.

67 접미사 ṇa의 ṇ는 탈락하고 a가 붙는다.

2) [속하는 것에 대한 예는 다음과 같다.] sūkarassa idaṃ maṃsaṃ sokaraṃ, sūkarassa idaṃ maṃsaṃ vā. mahisassa idaṃ maṃsaṃ māhisaṃ, mahisassa idaṃ maṃsaṃ vā.

- sokaraṃ : 돼지고기. [단어분석] sūkara+ṇa+si. *sūkarassa idaṃ maṃsaṃ
- māhisaṃ : 물소 고기. [단어분석] mahiṃsa+ṇa+si. *mahisassa idaṃ maṃsaṃ

3) [여러 다른 의미로 쓰인 예는 다음과 같다.]

udumbarassa avidūre vimānaṃ odumbaraṃ, udumbarassa avidūre vimānaṃ vā. Vidisāya avidūre nivāso Vediso, Vidisāya avidūre nivāso vā.

- odumbaraṃ : 우둠바라 나무 근처에 있는 집. [단어분석] udumbara +ṇa+si. *udumbarassa avidūre vimānaṃ
- Vediso : 위디사라는 도시 근처에 있는 집. [단어분석] vidisa+ṇa +si. *Vidisāya avidūre nivāso

Madhurāya jāto Mādhuro, Madhurāya jāto vā.

Madhurāya āgato Mādhuro, Madhurāya āgato vā.

- Mādhuro : 마두라라는 도시에서 태어난 사람. [단어분석] madhurā +ṇa+si. *Madhurāya jāto
- Mādhuro : 마두라라는 도시에서 온 사람. [단어분석] madhurā +ṇa+si. *Madhurāya āgato

Kattikâdīhi niyutto māso Kattiko.

• Kattiko : 깟띠까라는 별자리와 관련되는 달. [단어분석] kattikā+ṇa+si

이처럼 Māgasiro, Phusso, Māgho, Phagguno, Citto, 〈Vesākho, Jeḷho, Āsāḷho, Sāvaṇo, Bhaddo, Assayujo〉에도 [동일하게 적용된다.]

sikkhānaṃ samūho sikkho. bhikkhānaṃ samūho bhikkho.

• sikkho : 규율의 모음. [단어분석] sikkhā+ṇa+si

• bhikkho : 음식의 모음/탁발 음식. [단어분석] bhikkhā+ṇa+si

이처럼 kāpoto, māyūro, kokilo에도 [동일하게 적용된다.]

Buddho assa devatā Buddho.

• Buddho : 부처님을 신처럼 [모시는] 자. [단어분석] buddha+ṇa+si

이처럼 Bhaddo, Māro, Māhindo, Vessavaṇo, Yāmo, Somo, Nārāyaṇo에도 [동일하게 적용된다.]

saṃvaccharaṃ avecca adhīte saṃvaccharo.

• saṃvaccharo : 확실하게 1년을 배운 자. [단어분석] saṃvacchara+ṇa+si

이처럼 mohutto, nimittaṃ avecca adhīte nemitto, aṅgavijjo, veyyākaraṇo, chandaso, cando, bhasso에도 [동일하게 적용된다.]

Vasātīnaṃ visayo deso Vāsāto.

• Vāsāto : 와사띠[68]의 지역. [단어분석] vasāti+ṇa+si

이처럼 Kumbho, 〈Sākunto〉, Ātisāro, udumbarā asmiṃ padese santi odumbaro에도 [동일하게 적용된다.]

Sagarehi nibbatto Sāgaro.

• Sāgaro : 사가라에 의해 만들어진 것, 바다. [단어분석] sagara+ṇa+si

Sakalaṃ assa nivāso Sākalo. Madhurā assa nivāso Mādhuro.

• Sākalo : 거주지가 사깔라라는 도시인 자/사깔라의 거주자. [단어분석] sakala+ṇa+si

• Mādhuro : 거주지가 마두라라는 도시인 자/마두라의 거주자. [단어분석] madhurā+ṇa+si

Madhurāya issaro Mādhuro.

• Mādhuro : 마두라라는 도시의 통치자. [단어분석] madhurā+ṇa+si

이처럼 다른 예에서도 적용되어야 한다.

68 vasāti에 대한 정확한 번역이 불확실하여 번역문에 '와사띠'로 두었다.

|| *jātâdīnaṃ imiyā ca* || 355 ||[69]

일어남(발생함) 또는 태어남 등등의 의미로, 접미사 ima, iya가 붙는다.

[그 예는 다음과 같다.] pacchā jāto pacchimo.

• pacchimo : 나중에 일어나는 일. [단어분석] pacchā+ima+si

이처럼 antimo, majjhimo, purimo, uparimo, heṭṭhimo, gopphimo에도 [동일하게 적용된다.]

• antimo : 마지막에 일어나는 일. [단어분석] anta+ima+si

• majjhimo : 중간에 일어나는 일. [단어분석] majja+ima+si

• purimo : 처음에 일어나는 일. [단어분석] pura+ima+si

• uparimo : 위에서 일어나는 일. [단어분석] upari+ima+si

• heṭṭhimo : 아래에서 일어나는 일. [단어분석] heṭṭhā+ima+si

• gopphimo : 발목에서 일어나는 일. [단어분석] goppha+ima+si

bodhisattassa jātiyā jāto bodhisattajātiyo.

• bodhisattajātiyo : 보살로 태어난 자. [단어분석] bodhisattajāti+iya+si

이처럼 assajātiyo, hatthijātiyo, manussajātiyo에도 [동일하게 적용된다.]

• assajātiyo : 말로 태어난 것. [단어분석] assajāti+iya+si

69 이 규칙의 ca는 해설, 예시 다음에 제시된, 추가 정보를 가리킨다. 추가 정보는 국문 번역에 "규칙에 있는 단어 ca를 취함으로써"의 뒤에 이어진 내용으로, 기존 규칙의 기능에 형태학적 변화의 예를 더 보탠 것이다.

• hatthijātiyo : 코끼리로 태어난 것. [단어분석] hatthijāti+iya+si

• manussajātiyo : 인간으로 태어난 것. [단어분석] manussajāti+iya+si

[규칙에 있는] ādi를 취함으로써, '~와 관련된', '그에게(또는 그것에) 무언가가 있음'을 나타내는 단어 뒤에 접미사 ima, iya, ika[70]가 붙는다. [그 예는 다음과 같다.] ante niyutto antimo. 이처럼 antiyo · antiko에도 [동일하게 적용된다.]

• antimo : 끝과 관련된 것. [단어분석] anta+ima+si

• antiyo : 끝과 관련된 것. [단어분석] anta+iya+si

• antiko : 끝과 관련된 것. [단어분석] anta+ika+si

putto yassa atthi tasmiṃ vā vijjatī ti puttimo. 이처럼 puttiyo · puttiko, kappimo · kappiyo · kappiko에도 [동일하게 적용된다.]

• puttimo : 아들이 있는 사람(아들이 그 사람에게 있거나 그의 안에 존재하므로) [단어분석] putta+ima+si

• puttiyo : 아들이 있는 사람(아들이 그 사람에게 있거나 그의 안에 존재하므로) [단어분석] putta+iya+si

• puttiko : 아들이 있는 사람(아들이 그 사람에게 있거나 그의 안에 존재하므로) [단어분석] putta+ika+si

[규칙에 있는] 단어 'ca(또한)'를 취함으로써, '~와 관련된'의 의미로 접미사 kiya가 붙는다. [그 예는 다음과 같다.] jātiyā niyutto jātikiyo. andhe niyutto andhakiyo. jātiyā andho jaccandho. jaccandhe niyutto

---

70 이 접미사들이 나타내고자 하는 의미는 KV366–373의 것과 비슷하다.

jaccandhakiyo.

- jātikiyo : 출생과 관련된, 선천적인. [단어분석] jāti+kiya+si
- andhakiyo : 눈이 먼 것과 관련된. [단어분석] andha+kiya+si
- jaccandho : 선천적으로 눈이 먼. (다음 예를 위한 단어임.)
- jaccandhakiyo : 선천적으로 눈이 먼 것과 관련된. [단어분석] jaccandha+kiya+si

‖ *samūhatthe kaṇṇā ca* ‖ 356 ‖

집단/다수의 의미로, 접미사 kaṇ과 ṇa[71]가 붙는다.

[그 예는 다음과 같다.] rājaputtānaṃ samūho rājaputtako rājaputto vā. manussānaṃ samūho mānussako mānusso vā. mayūrānaṃ samūho māyūrako māyūro vā. mahisānaṃ samūho māhisako māhiso vā.

- rājaputtako : 왕자들의 집단. [단어분석] rājaputta+kaṇ+si
- rājaputto : 왕자들의 집단. [단어분석] rājaputta+ṇa+si
- mānussako : 사람들의 집단. [단어분석] manussa+kaṇ+si
- mānusso : 사람들의 집단. [단어분석] manussa+ṇa+si
- māyūrako : 공작새의 집단. [단어분석] mayūra+kaṇ+si
- māyūro : 공작새의 집단. [단어분석] mayūra+ṇa+si
- māhisako : 물소들의 집단. [단어분석] mahisa+kaṇ+si

71 접미사 kaṇ의 aṇ는 탈락하고 k가 붙으며, 접미사 ṇa의 ṇ는 탈락하고 a가 붙는다.

• māhiso : 물소들의 집단. [단어분석] mahisa+ṇa+si.

‖ *gāmajanabandhusahāyâdīhi tā* ‖ 357 ‖

gāma, jana, bandhu, sahāya 등등의 뒤에 접미사 tā는 집단/다수의 의미로 붙는다.

[그 예는 다음과 같다.] gāmānaṃ samūho gāmatā. janānaṃ samūho janatā. bandhūnaṃ samūho bandhutā. sahāyānaṃ samūho sahāyatā. nāgarānaṃ samūho nāgaratā.

• gāmatā : 마을들의 집단. [단어분석] gāma+tā+si
• janatā : 사람들의 집단. [단어분석] jana+tā+si
• bandhutā : 친척들의 집단. [단어분석] bandhu+tā+si
• sahāyatā : 친구들의 집단. [단어분석] sahāya+tā+si
• nāgaratā : 도시들의 집단. [단어분석] nagara+tā+si

‖ *tad assa ṭṭhānaṃ īyo ca* ‖ 358 ‖

'그것의 원인인 것'의 의미로 접미사 īya가 붙는다.

[그 예는 다음과 같다.] madanassa ṭhānaṃ madanīyaṃ. bandhanassa ṭhānaṃ bandhanīyaṃ. mucchanassa ṭhānaṃ mucchanīyaṃ.

• madanīyaṃ : 취하게 함의 원인. [단어분석] madana+īya+si
• bandhanīyaṃ : 얽매임의 원인. [단어분석] bandhana+īya+si
• mucchanīyaṃ : 미혹의 원인. [단어분석] mucchana+īya+si

이처럼 rajanīyaṃ, kamanīyaṃ에도 [동일하게 적용된다.]

‖ *upamatth'āyitattaṃ* ‖ 359 ‖

비유의 의미로 접미사 āyitatta가 붙는다.

[그 예는 다음과 같다.] dhūmo viya dissati tad idaṃ dhūmāyitattaṃ. timiraṃ viya dissati aduṃ ṭhānaṃ tad idaṃ timirāyitattaṃ.

- dhūmāyitattaṃ : 연기처럼 보이는 것. [단어분석] dhūma+āyitatta+si
- timirāyitattaṃ : 어둠처럼 보이는 곳. [단어분석] timira+āyitatta+si

‖ *taṃnissitatthe lo* ‖ 360 ‖

'그것에 의한 것'과 '그것의 원인인 것'의 의미로 접미사 la가 붙는다.

[그 예는 다음과 같다.] duṭṭhuṃ nissitaṃ duṭṭhullaṃ. vedaṃ nissitaṃ vedallaṃ.

- duṭṭhullaṃ : 나쁜 것에 의한 것. [단어분석] duṭṭhu+la+si
- vedallaṃ : 지식에 의한 것. [단어분석] veda+la+si

‖ *ālu tabbahulatthe* ‖ 361 ‖

접미사 ālu는 많거나 빈도가 높은 것의 의미로 붙는다.

[그 예는 다음과 같다.] abhijjhā assa pakati abhijjhālu. abhijjhā assa bahulā vā abhijjhālu

- abhijjhālu : 천성이 탐욕스러운 [자]. [단어분석] abhijjhā+ālu+si
- abhijjhālu : 평소에 욕심이 많은 [자]. [단어분석] abhijjhā+ālu+si

이처럼 sītālu, dhajālu, dayālu에도 [동일하게 적용된다.]

‖ *ṇyattatā bhāve tu* ‖ 362 ‖ [72]

접미사 ṇya,[73] tta, tā는 상태의 의미로 붙는다.

[그 예는 다음과 같다.] alasassa bhāvo ālasyaṃ. arogassa bhāvo ārogyaṃ. paṃsukūlikassa bhāvo paṃsukūlikattaṃ. anodarikassa bhāvo anodarikattaṃ. saṅgaṇikârāmassa bhāvo saṅgaṇikârāmatā. niddârāmassa bhāvo niddârāmatā.

- ālasyaṃ : 게으름. [단어분석] alasa+ṇya+si
- ārogyaṃ : 병 없음, 건강. [단어분석] aroga+ṇya+si
- paṃsukūlikattaṃ : 누더기 입고 수행함. [단어분석] paṃsukūlika (paṃsukūla+ika)+tta+si
- anodarikattaṃ : 먹는 것에 욕심 없음. [단어분석] anodarika(an+udara+ika)+tta+si
- saṅgaṇikārāmatā : 사교를 즐김. [단어분석] saṅgaṇikārāma(saṅgaṇikā

72 이 규칙의 tu는 해설, 예시 다음에 제시된, 추가 정보를 가리킨다.

73 접미사 ṇya의 ṇ는 탈락하고 ya가 붙는다.

+ārāma)+tā+si

• niddārāmatā : 잠을 즐김. [단어분석] niddārāma(niddā+ārāma)+tā+si

[규칙에 있는] 단어 tu를 취함으로써, [상태를 나타낼 때] 접미사 ttana가 붙기도 한다. [그 예는 다음과 같다.] puthujjanassa bhāvo puthujjanattanaṃ. vedanassa bhāvo vedanattanaṃ.

• puthujjanattanaṃ : [번뇌에 얽매인] 범부의 상태. [단어분석] puthujjana+ttana+si
• vedanattanaṃ : 느낌의 상태. [단어분석] vedana+ttana+si

‖ *ṇa visamâdīhi* ‖ 363 ‖

visama 등등의 뒤에 접미사 ṇa[74]는 상태의 의미로 붙는다.

[그 예는 다음과 같다.] visamassa bhāvo vesamaṃ. sucissa bhāvo socaṃ.

• vesamaṃ : 고르지 못함. [단어분석] visama+ṇa+si
• socaṃ : 순수함. [단어분석] suci+ṇa+si

‖ *ramaṇīyâdito kaṇ* ‖ 364 ‖

ramaṇīya 등등의 뒤에 접미사 kaṇ[75]은 상태의 의미로 붙는다.

74 접미사 ṇa의 ṇ는 탈락하고 a가 붙는다.

75 접미사 kaṇ의 aṇ는 탈락하고 k가 붙는다.

[그 예는 다음과 같다.] ramaṇīyassa bhāvo rāmaṇīyakaṃ. manuññassa bhāvo mānuññakaṃ. ⟨aggisomassa bhāvo aggisomakaṃ⟩.

• rāmaṇīyakaṃ : 즐거움. [단어분석] ramaṇīya+kaṇ+si

• mānuññakaṃ : 즐거움. [단어분석] manuñña+kaṅ+si

‖ *visese taratamissikiyiṭṭhā* ‖ **365** ‖

구별의 의미로 접미사 tara, tama, issika, iya, iṭṭha가 붙는다.

[그 예는 다음과 같다.] sabbe ime pāpā. ayaṃ imesaṃ visesena pāpo ti pāpataro.

• pāpataro : 더 나쁜(이 모든 악한 자 중 이 자는 특히 나쁘므로). [단어분석] pāpa+tara+si

이처럼 pāpatamo, pāpissiko, pāpiyo, pāpiṭṭho에도 [동일하게 적용된다.]

‖ *tad ass' atthī ti vī ca* ‖ **366** ‖[76]

'그에게(또는 그것에) 무언가가 있음'의 의미로 접미사 vī가 붙는다.

---

76 이 규칙의 ca는 해설, 예시 다음에 제시된, 추가 정보를 가리킨다. 추가 정보는 국문 번역에 "규칙에 있는 단어 ca를 취함으로써"의 뒤에 이어진 내용으로, 기존 규칙의 기능에 형태학적 변화의 예를 더 보탠 것이다. KV366-372는 "그에게 또는 그것에 무언가가 있음(tad ass' atthi)"이 지속되며, 이 의미와 관련된 접미사들이 제시된다.

[그 예는 다음과 같다.] medhā assa atthi tasmiṃ vā vijjatī ti medhāvī.

• medhāvī : 지혜로운 자(지혜가 그에게 있거나 그의 안에 존재하므로). [단어분석] medhā+vī+si

이처럼 māyāvī에도 [동일하게 적용된다.]

[규칙에 있는] 단어 'ca(또한)'를 취함으로써, [그에게 (또는 그것에) 무언가가 있음을 나타낼 때,] 접미사 so가 붙기도 한다. [그 예는 다음과 같다.] sumedhā assa atthi tasmiṃ vā vijjatī ti sumedhaso.

• sumedhaso : 지혜로운 자(지혜가 그에게 있거나 그의 안에 존재하므로). [단어분석] sumedhā+so+si

❖〈medhāvī 형성과정〉 medhā+vī[KV366] → medhāvī[KV603] → medhāvī+si(→si 탈락)[KV220] → medhāvī

‖ *tapâdito sī* ‖ 367 ‖

tapa 등등의 뒤에 접미사 sī는 '그에게(또는 그것에) 무언가가 있음'의 의미로 붙는다.

[그 예는 다음과 같다.] tapo assa atthi tasmiṃ vā vijjatī ti tapassī.

• tapassī : 고행자(고행이 그에게 있거나 그의 안에 존재하므로). [단어분석] tapa+sī+si

이처럼 tejassī, yasassī, manassī에도 [동일하게 적용된다.]

‖ *daṇḍâdito ikaī* ‖ 368 ‖

daṇḍa 등등의 뒤에 접미사 ika와 ī는 '그에게(또는 그것에) 무언가가 있음'의 의미로 붙는다.

[그 예는 다음과 같다.] daṇḍo yass' atthi tasmiṃ vā vijjatī ti daṇḍiko, daṇḍī.

- daṇḍiko : 막대기를 가진 자(막대기가 그에게 있거나 그의 안에 존재하므로). [단어분석] daṇḍa+ika+si
- daṇḍī : 막대기를 가진 자(막대기가 그에게 있거나 그의 안에 존재하므로). [단어분석] daṇḍa+ī+si

이처럼 māliko, mālī에도 [동일하게 적용된다.]

‖ *madhvādito ro* ‖ 369 ‖

madhu 등등의 뒤에 접미사 ra는 '그에게(또는 그것에) 무언가가 있음'의 의미로 붙는다.

[그 예는 다음과 같다.] madhu yass' atthi tasmiṃ vā vijjatī ti madhuro.

- madhuro : 단맛 나는 것(꿀이나 단맛이 그것에 있거나 그것 안에 존재하므로). [단어분석] madhu+ra+si

이처럼 kuñjaro, muggaro, mukharo, susiro, subharo, suciro에도 [동일하게 적용된다.]

‖ *guṇâdito vantu* ‖ 370 ‖

guṇa 등등의 뒤에 접미사 vantu[77]는 '그에게(또는 그것에) 무언가가 있음'의 의미로 붙는다.

[그 예는 다음과 같다.] guṇo yassa atthi tasmiṃ vā vijjatī ti guṇavā.

- guṇavā : 덕이 있는 자(덕이 그에게 있거나 그의 안에 존재하므로). [단어분석] guṇa+vantu+si

이처럼 yasavā, dhanavā, balavā, paññavā에도 [동일하게 적용된다.]

❖〈guṇavā 형성과정〉 guṇa+vantu[KV370] → guṇavantu[KV603]+si → guṇava+ā[KV124] → guṇav+ā[KV83] → guṇavā

‖ *satyādīhi mantu* ‖ 371 ‖

sati 등등의 뒤에 접미사 mantu[78]는 '그에게(또는 그것에) 무언가가 있음'의 의미로 붙는다.

[그 예는 다음과 같다.] sati yassa atthi tasmiṃ vā vijjatī ti satimā.

- satimā : 알아차림이 있는 자(알아차림이 그에게 있거나 그의 안에 존재하므로). [단어분석] sati+mantu+si

---

77 접미사 vantu는 형태학적 절차에 의해 결과적으로 vā가 된다. KV124를 참고하라.

78 접미사 mantu는 형태학적 절차에 의해 결과적으로 mā가 된다. KV124를 참고하라.

이처럼 jutimā, sutimā, sucimā, thutimā, matimā, kittimā, mutimā, bhānumā에도 [동일하게 적용된다.]

❖〈satimā 형성과정〉 sati+mantu[KV371] → satimantu[KV603]+si → satima+ā[KV124] → satim+ā[KV83] → satimā

|| ***saddhādito ṇa*** || **372** ||

saddhā 등등의 뒤에 접미사 ṇa[79]는 '그에게(또는 그것에) 무언가가 있음'의 의미로 붙는다.

[그 예는 다음과 같다.] saddhā yassa atthi tasmiṃ vā vijjatī ti saddho.

• saddho : 신심 있는 자(신심이 그에게 있거나 그의 안에 존재하므로). [단어분석] saddhā+ṇa+si

이처럼 pañño, maccharo에도 [동일하게 적용된다.]

|| ***āyuss'ukār'as mantumhi*** || **373** ||

āyu의 모음 u는 접미사 mantu가 뒤에 올 때 as로 대체된다.

[그 예는 다음과 같다.] āyu yassa atthi tasmiṃ vā vijjatī ti āyasmā.

• āyasmā : 긴 수명 있는 자(수명이 그에게 있거나 그의 안에 존재하므로).

79 접미사 ṇa의 ṇ는 탈락하고 a가 붙는다.

[단어분석] āyu+mantu+si

❖〈āyasmā 형성과정〉 āyu+mantu[KV371] → āyas+mantu[KV373] → āyasmantu[KV603]+si → āyasma+ā[KV124] → āyasm+ā [KV83] → āyasmā

‖ *tappakativacane mayo* ‖ 374 ‖

'그것으로 만들어짐'의 의미로 접미사 maya가 붙는다.

[그 예는 다음과 같다.] suvaṇṇena pakataṃ kammaṃ sovaṇṇamayaṃ.

• sovaṇṇamayaṃ : 금으로 만든 것. [단어분석] suvaṇṇa+maya+si

이처럼 rūpiyamayaṃ, jatumayaṃ, rajatamayaṃ, ayomayaṃ, mattikāmayaṃ, iṭṭhakamayaṃ, kaṭṭhamayaṃ, gomayaṃ에도 [동일하게 적용된다.]

‖ *saṅkhyāpūraṇe mo* ‖ 375 ‖[80]

서수(saṅkhyāpūraṇa)의 의미로 접미사 ma가 붙는다.

[그 예는 다음과 같다.] pañcannaṃ pūraṇo pañcamo.

• pañcamo : 5의 채움, 즉 다섯 번째. [단어분석] pañca+ma+si

80 KV375-397은 수사에 관한 규칙들이다.

이처럼 sattamo, aṭṭhamo, navamo, dasamo에도 [동일하게 적용된다.]

• sattamo : 7의 채움, 즉 일곱 번째. [단어분석] satta+ma+si
• aṭṭhamo : 8의 채움, 즉 여덟 번째. [단어분석] aṭṭha+ma+si
• navamo : 9의 채움, 즉 아홉 번째. [단어분석] nava+ma+si
• dasamo : 10의 채움, 즉 열 번째. [단어분석] dasa+ma+si

‖ *sa chassa vā* ‖ **376** ‖

서수에서 cha(6)는 선택에 따라 sa가 된다.

[그 예는 다음과 같다.] channaṃ pūraṇo <u>saṭṭho</u> · chaṭṭho vā.

• saṭṭho : 6의 채움, 즉 여섯 번째. [단어분석] cha+ṭha+si. *chaṭṭho

❖〈saṭṭho 형성과정〉 cha+ṭha[KV386] → sa+ṭha[KV376] → sa+ṭṭha[KV29] → saṭṭha[KV603] → saṭṭha+si(→o)[KV104] → saṭṭh+o[KV83] → saṭṭho

‖ *ekâdito dasass'ī* ‖ **377** ‖

eka(1) 등등의 뒤에 오는 dasa(10) 끝에 접미사 ī는 여성과 서수의 의미로 붙는다.

[그 예는 다음과 같다.] ekādasannaṃ pūraṇī <u>ekādasī</u>. pañcadasannaṃ pūraṇī <u>pañcadasī</u>. catuddasannaṃ pūraṇī <u>cātuddasī</u>.

• ekādasī : [1과 10을 더한] 11의 채움, 즉 11번째. [단어분석] ekādasa

+ī+si

• pañcadasī : [5와 10을 더한] 15의 채움, 즉 15번째. [단어분석] pañcadasa+ī+si

• cātuddasī : [4와 10을 더한] 14의 채움, 즉 14번째. [단어분석] catudasa+ī+si

무슨 목적으로 '서수의 의미로'가 [명시되어 있는가]? [이 규칙에서 명시한 조건에 부합해야만 이 규칙의 기능이 적용된다는 것을 보여 주기 위해서이다. 다음과 같은 예에서는 이 규칙의 기능이 적용되지 않는데, 이것은 '서수의 의미로'라는 조건에 부합하지 않기 때문이다.] ekādasa. pañcadasa. [이 예는 서수가 아니라 기수 11, 15이다.]

‖ *dase so niccañ ca* ‖ **378** ‖ [81]

dasa가 뒤에 올 때, 항상 cha(6)는 so가 된다.

[그 예는 다음과 같다.] soḷasa.

• soḷasa : [6과 10을 더한] 16. [단어분석] cha+dasa

❖〈soḷasa 형성과정〉 cha+dasa → so+dasa[KV378] → so+lasa [KV381] → solasa/soḷasa

81 이 규칙의 ca는 이전 규칙의 단어를 끌어와 문맥을 맞추는 용도로, KV376의 chassa를 의미한다.

‖ *ante niggahītañ ca* ‖ **379** ‖

[예와 같은] 이 수사들의 끝에 닉가히따(ṃ)가 삽입된다.

[그 예는 다음과 같다.] cātuddasiṃ pañcadasiṃ.

- cātuddasiṃ pañcadasiṃ : 14번째와 15번째 [날]

‖ *ti ca* ‖ **380** ‖ [82]

[예와 같은] 이 수사들 끝에 음절 ti가 삽입된다.

[그 예는 다음과 같다.] vīsati. tiṃsati.

- vīsati : 20
- tiṃsati : 30

‖ *la darāṇaṃ* ‖ **381** ‖

수사들의 자음 d와 r는 자음 l로 대체된다.

[그 예는 다음과 같다.] soḷasa. cattālīsaṃ.

- soḷasa : [6과 10을 더한] 16. [단어분석] cha+dasa
- cattālīsaṃ : [10을 4번 곱한] 40

---

82 이 규칙의 ca는 이전 규칙의 단어를 끌어와 문맥을 맞추는 용도로, KV379의 ante를 의미한다.

❖〈cattālīsaṃ 형성과정〉 dasa(×4)+yo[KV390] → cattāra+īsaṃ [KV391] → cattār+īsaṃ[KV83] → cattāl+īsaṃ[KV381] → cattālīsaṃ

‖ *vīsatidasesu bā dvissa tu* ‖ 382 ‖ [83]

vīsati(20)와 dasa(10)가 뒤에 올 때, dvi는 bā가 된다.

[그 예는 다음과 같다.] bāvīsat' indriyāni. bārasa manussā.

- bāvīsati indriyāni : 22가지 기능. [단어분석] dvi+vīsati
- bārasa manussā : 12명의 사람. [단어분석] dvi+dasa

[규칙에 있는] 단어 tu를 취함으로써, dvi는 du, di, do로 되기도 한다.

[그 예는 다음과 같다.] durattaṃ, dirattaṃ, diguṇaṃ, dohaḷinī.

‖ *ekâdito dasa ra saṅkhyāne* ‖ 383 ‖

eka(1) 등등의 뒤에 오는 dasa(10)의 자음 d는 수사에서 선택에 따라 자음 r가 된다.

[그 예는 다음과 같다.] ekārasa · ekādasa. bārasa · dvādasa.

- ekārasa : 11. [단어분석] eka+dasa. *ekādasa
- bārasa : 12. [단어분석] dvi+dasa. *dvādasa

무슨 목적으로 '수사에서'가 [명시되어 있는가]? [이 규칙에서 명시

---

83 이 규칙의 tu는 해설, 예시 다음에 제시된, 추가 정보를 가리킨다.

한 조건에 부합해야만 이 규칙의 기능이 적용된다는 것을 보여 주기 위해서이다. 다음과 같은 예에서는 이 규칙의 기능이 적용되지 않는데, 이것은 '수사에서'라는 조건에 부합하지 않기 때문이다.] dvādasāyatanāni. [이 예는 순수한 수가 아니라 수 한정사(형용사)이다.]

• dvādasāyatanāni : 12가지 감각 장소. [단어분석] dvādasa+āyatanāni

❖ 〈bārasa 형성과정〉 dvi+dasa → bā+dasa[KV382] → bā+rasa [KV383] → bārasa

‖ *aṭṭhâdito ca* ‖ **384** ‖ [84]

aṭṭha(8) 등등의 뒤에 오는 단어 dasa(10)의 자음 d는 수사에서 선택에 따라 자음 r로 대체된다.

[그 예는 다음과 같다.] aṭṭhārasa · aṭṭhādasa.

• aṭṭhārasa : 18. [단어분석] aṭṭha+dasa. *aṭṭhādasa

무슨 목적으로 'aṭṭha(8) 등등'이 [명시되어 있는가]? [이 규칙에서 명시한 조건에 부합해야만 이 규칙의 기능이 적용된다는 것을 보여 주기 위해서이다. 다음과 같은 예에서는 이 규칙의 기능이 적용되지 않는데, 이것은 'aṭṭha(8) 등등'이라는 조건에 부합하지 않기 때문이다.]

---

84 이 규칙의 ca는 이전 규칙의 단어를 끌어와 문맥을 맞추는 용도로, KV383의 ra를 의미한다.

pañcadasa.

무슨 목적으로 '수사에서'가 [명시되어 있는가]? [이 규칙에서 명시한 조건에 부합해야만 이 규칙의 기능이 적용된다는 것을 보여 주기 위해서이다. 다음과 같은 예에서는 이 규칙의 기능이 적용되지 않는데, 이것은 '수사에서'라는 조건에 부합하지 않기 때문이다.] aṭṭhādasiko [이 예는 순수한 수가 아니라 수 한정사(형용사)이다.]

• aṭṭhādasiko : 18부분이 있는. [단어분석] aṭṭhādasa+ika+si

‖ *dvekaṭṭhānaṃ ākāro vā* ‖ **385** ‖

dvi, eka, aṭṭha의 끝[모음은] 수사에서 선택에 따라 모음 ā로 대체된다.

[그 예는 다음과 같다.] dvādasa. ekādasa. aṭṭhādasa.

• dvādasa : 12. [단어분석] dvi+dasa

• ekādasa : 11. [단어분석] eka+dasa

• aṭṭhādasa : 18. [단어분석] aṭṭha+dasa

무슨 목적으로 '수사에서'가 [명시되어 있는가]? [이 규칙에서 명시한 조건에 부합해야만 이 규칙의 기능이 적용된다는 것을 보여 주기 위해서이다. 다음과 같은 예에서는 이 규칙의 기능이 적용되지 않는데, 이것은 '수사에서'라는 조건에 부합하지 않기 때문이다.] dvidanto 두 개의 엄니. ekadanto 한 개의 엄니. ekachatto 한 개의 우산. aṭṭhatthambho 여덟 개의 기둥. [이 예는 순수한 수가 아니라 수 한정사(형용사)이다.]

‖ *catuchehi thaṭhā* ‖ 386 ‖

catu(4)와 cha(6) 뒤에 서수의 의미로 [각각] 접미사 tha와 ṭha가 붙는다.

[그 예는 다음과 같다.] catunnaṃ pūraṇo catuttho. channaṃ pūraṇo chaṭṭho.

- catuttho : 4의 채움, 즉 네 번째. [단어분석] catu+tha+si
- chaṭṭho : 6의 채움, 즉 여섯 번째. [단어분석] cha+ṭha+si

‖ *dvitīhi tiyo* ‖ 387 ‖

dvi(2)와 ti(3) 뒤에 서수의 의미로 접미사 tiya가 붙는다.

[그 예는 다음과 같다.] dvinnaṃ pūraṇo dutiyo. tiṇṇaṃ pūraṇo tatiyo.

- dutiyo : 2의 채움, 즉 두 번째. [단어분석] dvi+tiya+si
- tatiyo : 3의 채움, 즉 세 번째. [단어분석] ti+tiya+si

❖〈dutiyo 형성과정〉 dvi+tiya[KV387] → du+tiya[KV388] → dutiya [KV603] → dutiya+si(→o)[KV104] → dutiy+o[KV83] → dutiyo

‖ *tiyo dutâ pi ca* ‖ **388** ‖ [85]

dvi(2)와 ti(3)는 접미사 tiya가 뒤에 올 때 [각각] du와 ta로 대체된다.

[그 예는 다음과 같다.] dutiyo 두 번째. tatiyo 세 번째.

[규칙에 있는] api를 취함으로써, 다른 [접미사가] 뒤에 올 때도 du와 ti로 대체되기도 한다. [그 예는 다음과 같다.] durattaṃ 이틀 밤. tirattaṃ 사흘 밤.

[규칙에 있는] 단어 'ca(또한)'를 취함으로써, dvi는 음절 di로 되기도 한다.[86] [그 예는 다음과 같다.] diguṇaṃ saṅghāṭiṃ pārupitvā.

- diguṇaṃ saṅghāṭiṃ pārupitvā : 두 겹의 대가사를 입고. [단어분석] dvi+guṇa+si

‖ *tesaṃ aḍḍhûpapadenaḍḍhuḍḍhadivaḍḍhadiyaḍḍhaḍḍhatiyā* ‖ ‖ **389** ‖

가까이에 있는 단어 aḍḍha(반, 0.5)의 [뒤에 오는] catuttha(넷째), dutiya(둘째), tatiya(셋째)는 가까이에 있는 단어 aḍḍha와 함께 [각각] aḍḍhuḍḍha, divaḍḍha · diyaḍḍha, aḍḍhatiya로 대체된다.

[그 예는 다음과 같다.] aḍḍhena catuttho aḍḍhuḍḍho. aḍḍhena dutiyo

---

85 이 규칙의 ca와 api는 해설, 예시 다음에 제시된, 추가 정보를 가리키는 것으로, 기존 규칙의 기능에 형태학적 변화의 예를 더 보탠 것이다.

86 KV382-tu에 같은 내용이 있다.

divaḍḍho · aḍḍhena dutiyo diyaḍḍho. aḍḍhena tatiyo aḍḍhatiyo.

• aḍḍhuḍḍho : 0.5가 적은 4, 즉 3개 반(3.5). [단어분석] aḍḍha+catuttha

• divaḍḍho : 0.5가 적은 2, 즉 1개 반(1.5). [단어분석] aḍḍha+dutiya

• diyaḍḍho : 0.5가 적은 2, 즉 1개 반(1.5). [단어분석] aḍḍha+dutiya

• aḍḍhatiyo : 0.5가 적은 3, 즉 2개 반(2.5). [단어분석] aḍḍha+tatiya

‖ *sarūpānaṃ ekasesv asakiṃ* ‖ 390 ‖

같은 형태의 단어가 한 번보다 많이 [반복될 때, 그 모든 단어를 하나로 만들고] 한 단어만 유지(ekasesa)한다.

[그 예는 다음과 같다.] puriso ca puriso ca purisā.

• purisā : 남자와 남자, 즉 남자들

무슨 목적으로 '같은 형태'가 [명시되어 있는가]? [이 규칙에서 명시한 조건에 부합해야만 이 규칙의 기능이 적용된다는 것을 보여 주기 위해서이다. 다음과 같은 예에서는 이 규칙의 기능이 적용되지 않는데, 이것은 '같은 형태'라는 조건에 부합하지 않기 때문이다.] hatthī ca asso ca ratho ca pattiko ca hatthiassarathapattikā. [이 예는 같은 형태를 가진 단어들이 아니다.]

• hatthiassarathapattikā : 코끼리와 말과 전차와 보병

무슨 목적으로 '한 번보다 많이'가 [명시되어 있는가]? [이 규칙에서 명시한 조건에 부합해야만 이 규칙의 기능이 적용된다는 것을 보여 주기 위해서이다. 다음과 같은 예에서는 이 규칙의 기능이 적용되지 않는데, 이것은 '한 번보다 많이'라는 조건에 부합하지 않기 때문이

다.] puriso 남자. [이 예는 한 번보다 많이 반복되는 단어가 아니다.]

‖ *gaṇane dasassa dviticatupañcachasattaaṭṭhanavakānaṃ vīticattārapaññāsasattasanavā yosu yonañ c'īsaṃ āsaṃ ṭhī ri t'īt' ûti* ‖ 391 ‖

수를 세는 데 있어서, [제1 복수 격어미] yo가 뒤에 올 때 dasa(10)를 두 번(dvika), 세 번(tika), 네 번(catukka), 다섯 번(pañcaka), 여섯 번(chakka), 일곱 번(sattaka), 여덟 번(aṭṭhaka), 아홉 번(navaka) 세는 것은, 한 번보다 많이 [반복되던] 같은 형태의 단어가 한 단어로 만들어지는 [단계를 거친 dasa가 되어] 각각 vī, ti, cattāra, paññā, cha, satta, asa, nava로 대체된다. 그리고 yo는 īsaṃ, āsaṃ, ṭhī, ri, ti, īti, uti로 대체되는 다음 절차가 이어진다.

[그 예는 다음과 같다.] vīsaṃ. tiṃsaṃ. cattālīsaṃ. paññāsaṃ. saṭṭhi. sattari. sattati. asīti. navuti.

- vīsaṃ : 20. dasa×2 → dasa+yo[KV390] → vī+īsaṃ[KV391] → v+īsaṃ[KV83] → vīsaṃ
- tiṃsaṃ : 30. dasa×3 → dasa+yo[KV390] → ti+īsaṃ[KV391] → t+īsaṃ[KV83] → t+īṃsaṃ[KV379] → t+iṃsaṃ[KV393] → tiṃsaṃ
- cattālīsaṃ : 40. dasa×4 → dasa+yo[KV390] → cattāra+īsaṃ[KV391] → cattār+īsaṃ[KV83] → cattāl+īsaṃ[KV381] → cattālīsaṃ

• paññāsaṃ : 50. dasa×5 → dasa+yo[KV390] → paññā+āsaṃ [KV391] → paññ+āsaṃ[KV83] → paññāsaṃ
• saṭṭhi : 60. dasa×6 → dasa+yo[KV390] → cha+ṭhi[KV391] → sa+ṭhi[KV378] → sa+ṭṭhi
• sattari : 70. dasa×7 → dasa+yo[KV390] → satta+ri[KV391] → sattari
• sattati : 70. dasa+yo[KV390] → satta+ti[KV391] → sattati
• asīti : 80. dasa+yo[KV390] → asa+īti[KV391] → as+īti[KV83] → asīti
• navuti : 90. dasa+yo[KV390] → nava+uti[KV391] → nav+uti [KV83] → navuti

무슨 목적으로 '한 번보다 많이'가 [명시되어 있는가]? [이 규칙에서 명시한 조건에 부합해야만 이 규칙의 기능이 적용된다는 것을 보여 주기 위해서이다. 다음과 같은 예에서는 이 규칙의 기능이 적용되지 않는데, 이것은 '한 번보다 많이'라는 조건에 부합하지 않기 때문이다.] dasa. [이 예는 한 번보다 많이 반복되는 단어가 아니다.]

무슨 목적으로 '수를 세는 데 있어서'가 [명시되어 있는가]? [이 규칙에서 명시한 조건에 부합해야만 이 규칙의 기능이 적용된다는 것을 보여 주기 위해서이다. 다음과 같은 예에서는 이 규칙의 기능이 적용되지 않는데, 이것은 '수를 세는 데 있어서'라는 조건에 부합하지 않기 때문이다.] dasadasako puriso 10에 10을 곱한 수, 즉 100명의 사람. [이 예는 순수하게 수를 세는 것이 아니다.]

‖ *catûpapadassa lopo t' uttarapadâdicassa cu co pi na vā* ‖ 392 ‖

수를 세는 데 있어서, [앞에서] 가까이에 있는 단어인 catu에 포함된 음절 tu는 탈락하고, 뒤따르는 단어의 앞에 있는 음절 ca는 드물게 cu와 co가 되는데, 선택에 따라 안 되기도 한다.

[그 예는 다음과 같다.] catūhi adhikā dasa cuddasa · coddasa · catuddasa.

- cuddasa : 4에 10을 더한 14. [단어분석] catu+dasa (tu 탈락, ca→cu)
- coddasa : 4에 10을 더한 14. [단어분석] catu+dasa (tu 탈락, ca→co)
- *catuddasa : 4에 10을 더한 14. [단어분석] catu+dasa (tu 탈락)

[규칙에 있는] api를 취함으로써, [앞에서] 가까이에 있는 단어가 아니더라도, 뒤따르는 단어의 앞에 있는 ca는 드물게 탈락한다. 그리고 [탈락하지 않은 경우라면] ca는 cu와 co가 된다. [그 예는 다음과 같다.] tālīsaṃ · cattālīsaṃ · cuttālīsaṃ · cottālīsaṃ.

- [ca 탈락한 예] tālīsaṃ : 40. *cattālīsaṃ.
- [cu가 된 예] cuttālīsaṃ : 40
- [co가 된 예] cottālīsaṃ : 40

‖ *yadanupapannā nipātanā sijjhanti* ‖ 393 ‖

[기존 규칙을 적용하여도] 설명되지 않는 단어, 즉 음절(akkhara) · 단어(pada) · 자음(byañjana)으로도, 여성(itthi) · 남성(puma) · 중성(napuṃsakaliṅga)으로도, 명사(nāma) · 접두사(upasagga) · 불변화사(nipāta)로

도, abyayībhāva 복합어(abyayībhāvasamāsa) · taddhita 파생어(taddhita) · 동사(ākhyāta)로도, 계산(gaṇanā) · 수(saṅkhyā) · 시간/시제(kāla) · 까라까(kāraka) · 예(payoga) · [문법]용어(saññā)로도, 연성(sandhi) · 더 이상의 형태학적 변화 없이 본래 상태로 유지하는 것(pakati) · 모음 강화(vuḍḍhi) · 탈락(lopa) · 삽입(āgama) · [부분적] 변형(vikāra) · 뒤바뀜(viparīta) · 대체(ādesa)로도, 명사 격어미와 동사 어미의 구분(vibhattivibhajana)으로도 [설명되지 않는 단어는, 넓게 아우르는 이 규칙인] nipātanā[87]에 의해 완성된다.

‖ *dvâdito ko nekatthe ca* ‖ 394 ‖

dvi 등등의 뒤에 접미사 ka는 많다는 의미로 붙는다.

[그 예는 다음과 같다.] satassa dvikaṃ dvisataṃ. satassa tikaṃ tisataṃ. satassa catukkaṃ catusataṃ. satassa pañcakaṃ pañcasataṃ.

---

87 nipātana의 글자 그대로의 의미는 '아래로 떨어짐, 내던짐' 또는 '한데 모은 것'인데, 문법과 관련된 맥락에서 nipātana는 '불규칙하거나 예외적인 형태의 단어(또는 그것을 모은 것)'라고 볼 수 있다. KV393에 따르면, 기존 규칙으로 설명되지 않는 단어의 형태는 이 nipātana에 의해 완성된다. 다르게 말하면, 기존 규칙에서 문법적 절차가 언급되지 않은 다양한 단어들이 있는데, 이 단어들의 완성에 형태학적 절차를 제공하는 역할을 하는 것이 nipātana이다. 따라서 이 nipātana는 불규칙하거나 예외적인 형태의 단어들도 문법 규칙에서 배제되지 않도록, 한데 모아서 설명한 규칙이라고 이해할 수 있다. 이 nipātana라는 용어가 언급되는 규칙은 KV393, 573이다. 그 외의 규칙 중에서 nipātana라는 명시는 없지만 유사한 역할을 하는 규칙으로는 KV406, KV519와 KV640이다. KV519와 640은 단어의 파생 과정을 보여 주지 않고 이미 만들어진 단어를 제시하고 있다.

satassa chakkaṃ chasataṃ. satassa sattakaṃ sattasataṃ. satassa aṭṭhakaṃ aṭṭhasataṃ. satassa navakaṃ navasataṃ. satassa dasakaṃ dasasataṃ sahassaṃ hoti.

- 100(sata)의 2배(dvika)는 200(dvisataṃ)이다. [단어분석] dvi+ka+si
- 100(sata)의 3배(tika)는 300(tisataṃ)이다. [단어분석] ti+ka+si
- 100(sata)의 4배(catukka)는 400(catusataṃ)이다. [단어분석] catu+ka+si
- 100(sata)의 5배(pañcaka)는 500(pañcasataṃ)이다. [단어분석] pañca+ka+si
- 100(sata)의 6배(chakka)는 600(chasataṃ)이다. [단어분석] cha+ka+si
- 100(sata)의 7배(sattaka)는 700(sattasataṃ)이다. [단어분석] satta+ka+si
- 100(sata)의 8배(aṭṭhaka)는 800(aṭṭhasataṃ)이다. [단어분석] aṭṭha+ka+si
- 100(sata)의 9배(navaka)는 900(navasataṃ)이다. [단어분석] nava+ka+si
- 100의 ***10***배(dasaka)는 1000(dasasataṃ/sahassaṃ)이다. [단어분석] dasa+ka+si

|| *dasadasakaṃ sataṃ dasakānaṃ sataṃ sahassañ ca yomhi* ||

|| 395 ||

수를 세는 데 있어서, yo가 뒤에 올 때 10(dasa)의 10배(dasaka)는 100(sataṃ)이 되고, 100(sata)의 10배(dasaka)는 1000(sahassaṃ)이 된다. [그 예는 다음과 같다.]

- sataṃ : 100

• sahassaṃ : 1000

dvika(2배) 등등 [점진적인 곱셈을 통해 sataṃ과 sahassaṃ을] 뒤따르는 단어, 즉 상향 숫자도 적절하게 만들어진다. 100(sata)의 2배(dvika), 그것은 200(dvisataṃ)이라 한다. 100(sata)의 3배(tika), 그것은 300(tisataṃ)이라 한다.

• dvisataṃ : 200

• tisataṃ : 300

이처럼 catusataṃ, pañcasataṃ, chasataṃ, sattasataṃ, aṭṭhasataṃ, navasataṃ, dasasataṃ · sahassaṃ에도 [동일하게 적용된다.]

• catusataṃ : 400

• pañcasataṃ : 500

• chasataṃ : 600

• sattasataṃ : 700

• aṭṭhasataṃ : 800

• navasataṃ : 900

• dasasataṃ 또는 sahassaṃ : 1000

|| yāvataduttariṃ dasaguṇitañ ca || **396** ||

[100] 이상의 수는 10을 곱해야 한다.

[그 예는 다음과 같다.] dasassa dasaguṇitaṃ katvā sataṃ hoti. satassa dasaguṇitaṃ katvā sahassaṃ hoti. sahassassa dasaguṇitaṃ katvā dasasahassaṃ hoti. dasasahassassa dasaguṇitaṃ katvā satasahassaṃ hoti. satasahassassa dasaguṇitaṃ katvā dasasatasahassaṃ hoti. dasasatasahassassa dasaguṇitaṃ katvā koṭi hoti. koṭisatasahassānaṃ sataṃ pakoṭi hoti.

- 10에 10을 곱하면 100(sataṃ)이 된다.
- 100에 10을 곱하면 1000(sahassaṃ)이 된다.
- 1000에 10을 곱하면 10,000(dasasahassaṃ)이 된다.
- 10,000에 10을 곱하면 100,000(satasahassaṃ)이 된다.
- 100,000에 10을 곱하면 1,000,000(dasasatasahassaṃ)이 된다.
- 1,000,000에 10을 곱하면 10,000,000(1 koṭi)이 된다.
- 100,000 koṭi(1,000,000,000,000)가 100개이면 100,000,000,000,000(1 pakoṭi)가 된다.

이러한 방식으로 나머지도 이루어져야 한다.

‖ *sakanāmehi* ‖ 397 ‖

이름이 아직 설명되지 않은 수는 그들 자신의 이름으로 만들어진다. [그 예는 다음과 같다.] satasahassānaṃ sataṃ koṭi. koṭisatasahassānaṃ sataṃ pakoṭi. pakoṭisatasahassānaṃ sataṃ koṭippakoṭi. koṭippakoṭisatasahassānaṃ sataṃ nahutaṃ. nahutasatasahassānaṃ sataṃ ninnahutaṃ. ninnahutasatasahassānaṃ sataṃ akkhobhinī.

- 100,000이 100개이면 10,000,000(1 koṭi)이다.
- 100,000 koṭi가 100개이면 1014(1 pakoṭi)이다.

• 100,000 pakoṭi가 100개이면 10^{21}(1 koṭippakoṭi)이다.

• 100,000 koṭippakoṭi가 100개이면 10^{28}(1 nahuta)이다.

• 100,000 nahuta가 100개이면 10^{35}(1 ninnahuta)이다.

• 100,000 ninnahuta가 100개이면 10^{42}(1 akkhobhinī)이다.

이런 식으로 곱해서 [다음의 용어들도 만들어진다.] bindu, abbudaṃ, nirabbudaṃ, ahahaṃ, ababaṃ, aṭaṭaṃ, sogandhikaṃ, uppalaṃ, kumudaṃ, puṇḍarīkaṃ, padumaṃ, kathānaṃ, mahākathānaṃ, asaṅkheyyaṃ,

‖ *tesaṃ ṇo lopaṃ* ‖ 398 ‖

그 접미사들[88]의 ṇ는 탈락한다.

[그 예는 다음과 같다.] Gotamassa apaccaṃ Gotamo.

• Gotamo : 고따마의 남성 자손. [단어분석] gotama+ṇa+si

이처럼 Vāsiṭṭho, Venateyyo, ālasyaṃ, ārogyaṃ에도 [동일하게 적용된다.]

❖〈Gotamo 형성과정〉 gotama+apacca → gotama+sa(속격), apacca+si(주격) → gotamassa[KV61], apaccaṃ[KV219, KV83] → gotamassa

---

88 ṇ가 붙은 이 접미사들은 ṇa, ṇāyana, ṇāna, ṇeyya, ṇi, ṇika, ṇava, ṇera, ṇya이고, ṇ 탈락 후 실제로 단어에 붙는 접미사들은 각각 a, āyana, āna, eyya, i, ika, ava, era, ya이다.

+ṇa+apaccaṃ[KV346] → gotama+ṇa[KV319, KV319−tesaṃ] → gotama+a[KV398, KV320] → gotam+a[KV83] → gotama[KV603] → gotama+si(→o)[KV104] → gotam+o[KV83] → gotamo

‖ *vibhāge dhā ca* ‖ 399 ‖ [89]

분류·구분의 의미로 접미사 dhā가 붙는다.

[그 예는 다음과 같다.] ekena vibhāgena ekadhā.

- ekadhā : 하나로 나눈, 하나씩. [단어분석] eka+dhā

이처럼 dvidhā(둘씩), tidhā(셋씩), catudhā(넷씩), pañcadhā(다섯씩)에도 [동일하게 적용된다.]

무슨 목적으로 ca가 [명시되어 있는가]? [규칙에서 ca를 취함으로써] 접미사 so도 붙을 수 있다는 것을 [보여 주기 위해서이다. 그 예는 다음과 같다.] suttaso. byañjanaso. padaso.

- suttaso : 경(經)으로. [단어분석] sutta+so
- byañjanaso : 글자로, 한 글자씩. [단어분석] byañjana+so
- padaso : 단어로, 한 마디씩. [단어분석] pada+so

---

89 이 규칙의 ca는 해설, 예시 다음에 문답으로 제시된, 추가 정보를 가리킨다. 추가 정보는 국문 번역에 "무슨 목적으로 ca가 명시되어 있는가?"의 뒤에 이어진 내용으로, 기존 규칙의 기능에 형태학적 변화의 예를 더 보탠 것이다.

|| *sabbanāmehi pakāravacane tu thā* || 400 || [90]

대명사들 뒤에 방법/방식을 표현하기 위해 접미사 thā가 붙는다. [그 예는 다음과 같다.] so pakāro thatā. taṃ pakāraṃ thatā. tena pakārena tathā. tassa pakārassa thatā. tasmiṃ pakāre tathā.

- tathā : 그런 방식으로, 그렇게(so pakāro). [단어분석] ta+thā
- tathā : 그런 방식으로, 그렇게(taṃ pakāraṃ). [단어분석] ta+thā
- tathā : 그런 방식으로, 그렇게(tena pakārena). [단어분석] ta+thā
- tathā : 그런 방식으로, 그렇게(tassa pakārassa). [단어분석] ta+thā
- tathā : 그런 방식으로, 그렇게(tasmiṃ pakāre). [단어분석] ta+thā

이처럼 yathā(~ 방식으로), sabbathā(모든 방식으로), aññathā(다른 방식으로), itarathā(다른 방식으로)에도 [동일하게 적용된다.]

무슨 목적으로 단어 tu가 [명시되어 있는가]? [규칙에서 tu를 취함으로써] 접미사 thattā도 붙는다는 것을 [보여 주기 위해서이다. 그 예는 다음과 같다.] so viya pakāro tathattā. yathattā. aññathattā. itarathattā. sabbathattā.

- tathattā : 그런 방식으로(so viya pakāro). [단어분석] ta+thattā
- yathattā : ~ 방식으로. [단어분석] ya+thattā
- aññathattā : 다른 방식으로. [단어분석] añña+thattā
- itarathattā : 다른 방식으로. [단어분석] itara+thattā
- sabbathattā : 모든 방식으로. [단어분석] sabba+thattā

---

90 이 규칙의 tu는 해설, 예시 다음에 제시된, 추가 정보를 가리킨다.

kiṃ과 ima 뒤에 접미사 thaṃ은 방법/방식을 표현하기 위해 붙는다. [그 예는 다음과 같다.] ko pakāro kathaṃ, kaṃ pakāraṃ kathaṃ, kena pakārena kathaṃ, kassa pakārassa kathaṃ, kasmā pakārā kathaṃ, kasmiṃ pakāre kathaṃ. ayaṃ pakāro itthaṃ, imaṃ pakāraṃ itthaṃ, iminā pakārena itthaṃ, anena pakārena itthaṃ, assa pakārassa itthaṃ, asmā pakārā itthaṃ, asmiṃ pakāre itthaṃ.

- kathaṃ : 어떤 방식으로?, 어떻게?(ko pakāro) [단어분석] kiṃ+thaṃ
- kathaṃ : 어떤 방식으로?, 어떻게?(kaṃ pakāraṃ) [단어분석] kiṃ+thaṃ
- kathaṃ : 어떤 방식으로?, 어떻게?(kena pakārena) [단어분석] kiṃ+thaṃ
- kathaṃ : 어떤 방식으로?, 어떻게?(kassa pakārassa) [단어분석] kiṃ+thaṃ
- kathaṃ : 어떤 방식으로?, 어떻게?(kasmā pakārā) [단어분석] kiṃ+thaṃ
- kathaṃ : 어떤 방식으로?, 어떻게?(kasmiṃ pakāre) [단어분석] kiṃ+thaṃ
- itthaṃ : 이런 식으로(ayaṃ pakāro). [단어분석] ima+thaṃ
- itthaṃ : 이런 식으로, 이렇게(imaṃ pakāraṃ). [단어분석] ima+thaṃ
- itthaṃ : 이런 식으로, 이렇게(iminā pakārena). [단어분석] ima+thaṃ
- itthaṃ : 이런 식으로, 이렇게(anena pakārena). [단어분석] ima+thaṃ

• itthaṃ : 이런 식으로, 이렇게(assa pakārassa). [단어분석] ima+thaṃ
• itthaṃ : 이런 식으로, 이렇게(asmā pakārā). [단어분석] ima+thaṃ
• itthaṃ : 이런 식으로, 이렇게(asmiṃ pakāre) [단어분석] ima+thaṃ

‖ *vuddhâdisarassa vâsaṃyogantassa saṇe ca* ‖ 402 ‖

ṇ가 표시된 접미사가 뒤에 올 때, [모음으로 시작하는 단어의] 첫 모음에, 또는 [자음으로 시작하는 단어에서] 결합 자음(saṃyoga)[91]이 뒤따르지 않는 첫 자음에 속한 모음에 모음 강화(vuddhi)[92]가 있다.

[그 예는 다음과 같다.] abhidhammaṃ adhīte ābhidhammiko. Vinatāya apaccaṃ Venateyyo.

• ābhidhammiko : 아비담마를 배우는 사람. [단어분석] abhidhamma+ṇika+si[93] (a→ā)
• Venateyyo : 위나따의 남성 자손. [단어분석] vinatā+ṇeyya+si[94] (i→e)

---

91 saṃyoga의 글자 그대로의 의미는 '합침, 결합'을 의미하는데, 여기서 saṃyoga는 두 개 이상의 자음이 하나의 모음에 기초하여 결합한 것을 의미하므로, '자음 결합' 또는 '결합 자음'이라고 한다.

92 모음 강화를 뜻하는 vuddhi(또는 vuḍḍhi)에 대해서는 KV407을 참고하라.

93 여기서 ṇika가 ṇ가 표시된 접미사이고, 모음으로 시작하는 단어 abhidhamma의 첫 모음 a에 모음 강화가 있다.

94 여기서 ṇeyya가 ṇ가 표시된 접미사이고, 자음으로 시작하는 단어 vinatā에서 결합 자음이 뒤따르지 않는 첫 자음은 v이고, v에 속한 모음은 i이다. 이 모음 i에 모음 강화가 있다.

이처럼 Vāsiṭṭho, ālasyaṃ, ārogyaṃ에도 [동일하게 적용된다.]

〈무슨 목적으로 '결합 자음이 뒤따르지 않는'이 [명시되어 있는가]? [이 규칙에서 명시한 조건에 부합해야만 이 규칙의 기능이 적용된다는 것을 보여 주기 위해서이다. 다음과 같은 예에서는 이 규칙의 기능이 적용되지 않는데, 이것은 '결합 자음이 뒤 따르지 않는'이라는 조건에 부합하지 않기 때문이다.] Bhaggavo. Manteyyo. Kunteyyo [이 예는 gg와 nt와 같은 결합 자음이 있는 단어이므로, ṇ가 표시된 접미사가 뒤에 와도 모음 강화가 일어나지 않는다.]〉

- Bhaggavo : 박구의 남성 자손. [단어분석] Bhaggu+ṇava+si
- Manteyyo : 만띠[라는 여인]의 남성 자손. [단어분석] Mantī+ṇeyya+si
- Kunteyyo : 꾼띠[라는 여인]의 남성 자손. [단어분석] Kuntī+ṇeyya+si

‖ *mā yūnaṃ āgamo ṭhāne* ‖ 403 ‖

[일부 단어의] 첫 모음 i와 u에 모음 강화는 금지된다. 적절한 곳[95]에 모음 강화 [절차로서 e와 o가] 삽입된다.

[그 예는 다음과 같다.] byākaraṇaṃ adhīte veyyākaraṇo. nyāyam adhīte neyyāyiko. Byāvaccassa apaccaṃ Veyyāvacco. dvāre niyutto

95 여기서 e와 o를 삽입하기에 적절한 곳(ṭhāna)이란, i가 y로 대체된 자리 앞과 u가 v로 대체된 자리 앞을 의미한다.

dovāriko.

- veyyākaraṇo : 문법을 배우는 사람. [단어분석] vi−ākaraṇa+ṇika+si (i는 y로 대체. e는 y 앞에 삽입)
- neyyāyiko : 논리를 배우는 사람. [단어분석] ni−āya+ṇika+si (i는 y로 대체. e는 y 앞에 삽입)
- Veyyāvacco : 웨야왓차의 아들 또는 자손. [단어분석] vi−āvaccha+ṇika+si (i는 y로 대체. e는 y 앞에 삽입)
- dovāriko : 문을 지키는 사람. [단어분석] du−āra+ṇika+si (u는 v로 대체. o는 v 앞에 삽입)

‖ *āttañ ca* ‖ **404** ‖ [96]

i와 u는 ā가 되고, [일부 단어의] 적절한 곳에 음절 ri가 삽입된다. [그 예는 다음과 같다.] isissa bhāvo ārissaṃ. iṇassa bhāvo āṇyaṃ. usabhassa bhāvo āsabhaṃ. ujuno bhāvo ājavaṃ.

- ārissaṃ : 성자의 상태/경지. [단어분석] isi+ṇya+si (i→ā. ri 삽입)
- āṇyaṃ : 빚을 지고 있는 상태. [단어분석] iṇa+ṇya+si (i→ā)
- āsabhaṃ : 황소처럼 용맹한 상태. [단어분석] usabha+ṇa+si (u→ā)
- ājavaṃ[97] : 곧은 상태. [단어분석] uju+ṇa+si (u→ā)

---

96 이 규칙의 ca는 해설의 rikārāgamo를 의미한다.

97 ājavaṃ 앞에 어원적 의미인 ujuno bhāvo가 없으면 ājavaṃ이 이 규칙 기능에 맞지만, 어원적 의미에 따르면 ājavaṃ이 아닌 ajjavaṃ이 의미상 맞다.

무슨 목적으로 'i와 u'가 [명시되어 있는가]? [이 규칙에서 명시한 조건에 부합해야만 이 규칙의 기능이 적용된다는 것을 보여 주기 위해서이다. 다음과 같은 예에서는 이 규칙의 기능이 적용되지 않는데, 이것은 'i와 u'라는 조건에 부합하지 않기 때문이다.] apāyesu jāto āpāyiko. [이 예는 i 또는 u가 있는 단어가 아니다.]

• āpāyiko : 지옥에 태어난 자. [단어분석] apāya+ṇika+si

무슨 목적으로 '적절한 곳에(ṭhāne)'가 [명시되어 있는가]? [이 규칙에서 명시한 조건에 부합해야만 이 규칙의 기능이 적용된다는 것을 보여 주기 위해서이다. 다음과 같은 예에서는 이 규칙의 기능이 적용되지 않는데, 이것은 '적절한 곳에'라는 조건에 부합하지 않기 때문이다.] vematiko. opanayiko. opamāyiko. opāyiko. [이 예는 일반적인 모음 강화가 적용된 단어이다.]

• vematiko : 의심스러운. [단어분석] vimati+ṇika+si
• opanayiko : 이끄는. [단어분석] upanaya+ṇika+si
• opamāyiko : 유사한. [단어분석] upamā+ṇika+si
• opāyiko : 적절한. [단어분석] upāya+ṇika+si

‖ *kvac' âdimajjhuttarānaṃ dīgharassâpaccayesu ca* ‖ 405 ‖ [98]

때때로 [단어의] 처음, 중간 또는 끝[에 있는 모음은] 접미사나 접미사

98 이 규칙의 ca는 추가적인 조건을 가리키는데, 해설의 '접미사가 아닌 것이 붙을 때(appaccayesu)'를 의미한다.

아닌 것[99]이 붙을 때 길어지거나 짧아진다.

처음이 길어지는 예는 다음과 같다. pākāro. nīvāro. pāsādo. pākato. pātimokkho. pāṭikaṅkho.

중간이 길어지는 예는 다음과 같다. Aṅga-Māgadhiko. orabbhamāgaviko.

끝이 길어지는 예는 다음과 같다. khantī paramaṃ tapo titikkhā. Añjanāgiri. Koṭarāvanaṃ.

처음이 짧아지는 예는 다음과 같다. pageva.

중간이 짧아지는 예는 다음과 같다. sumedhaso. suvaṇṇadharehi.

끝이 짧아지는 예는 다음과 같다. yathābhāvi guṇena so. bhovādi nāma so hoti.

〈다른 것들도 승리자(부처님)의 말씀에 어긋나지 않는 방식으로 적용되어야 한다.〉

‖ *tesu vuddhilopâgamavikāraviparītâdesā ca* ‖ **406** ‖ [100]

[단어의] 처음, 중간 또는 끝에 승리자(부처님)의 말씀에 어긋나지 않는 방식으로, 때로는 모음 강화(vuddhi)가, 때로는 탈락(lopa)이, 때로는 삽입(āgama)이, 때로는 [부분적] 변형(vikāra)이, 때로는 뒤바뀜(viparīta)이,

---

99 '접미사가 아닌 것'은 예시 단어 pākāro의 pa와 같은 '접두사'나 예시 단어 pageva의 eva와 같은 '불변화사' 등을 말한다.

100 이 규칙의 ca는 이전 규칙의 단어를 끌어와 문맥을 맞추는 용도로, KV405의 kvaci를 의미한다.

때로는 대체(ādesa)가 있다.

1) 처음에 모음 강화가 일어나는 예는 다음과 같다. ābhidhammiko. Venateyyo.

- ābhidhammiko : a가 ā로 강화됨.
- Venateyyo : i가 e로 강화됨.

중간에 모음 강화가 일어나는 예는 다음과 같다. sukhaseyyaṃ. sukhakāridānaṃ. sukhakārisīlaṃ.

- sukhaseyyaṃ : i가 e로 강화됨.
- sukhakāridānaṃ : a가 ā로 강화됨.
- sukhakārisīlaṃ : a가 ā로 강화됨.

끝에 모음 강화가 일어나는 예는 다음과 같다. Kāliṅgo. Māgadho. paccakkhadhammo.

- Kāliṅgo, Māgadho, paccakkhadhammo : 격어미 si가 o로 됨[101]

2) 처음에 탈락이 일어나는 예는 다음과 같다. tālīsaṃ.

- tālīsaṃ : tā 앞의 ca가 탈락함.

중간에 탈락이 일어나는 예는 다음과 같다. kattukāmo. gantukāmo. Dhaniyo kumbhakāraputto. vedallaṃ.

---

101 격어미 si가 o로 되는 것에 대해, 이 규칙에서는 단어 끝에 일어나는 모음 강화의 예로 제시하지만, KV104에서는 모음 강화와 상관 없이 이 기능을 제시한다. 두 규칙 다 적용이 가능하다.

• kattukāmo : kā 앞의 ṃ이 탈락함.

• gantukāmo : kā 앞의 ṃ이 탈락함.

• Dhaniyo kumbhakāraputto : kā 앞의 ṃ이 탈락함.

• vedallaṃ : ll 앞의 ṃ이 탈락함.

끝에 탈락이 일어나는 예는 다음과 같다. bhikkhu. bhikkhunī.

• bhikkhu, bhikkhunī : 제1 단수 격어미 si가 탈락함.

3) 처음에 삽입이 일어나는 예는 다음과 같다. vutto Bhagavatā.

• vutto Bhagavatā : u 앞의 v가 삽입됨.

중간에 삽입이 일어나는 예는 다음과 같다. sa sīlavā sa paññavā.

• sa sīlavā sa paññavā : a가 삽입됨.[102]

끝에 삽입이 일어나는 예는 다음과 같다. vedallaṃ.

• vedallaṃ : aṃ이 삽입됨.[103]

4) 처음에 [부분적] 변형이 일어나는 예는 다음과 같다. ārissaṃ. āsabhaṃ. āṇyaṃ.

• ārissaṃ, āsabhaṃ, āṇyaṃ. : i와 u가 ā로 됨.[104]

중간에 [부분적] 변형이 일어나는 예는 다음과 같다. varārissaṃ.

---

102 이 기능은 KV27을 참고하라.

103 격어미 aṃ이 붙는 것에 대해, 이 규칙에서는 단어 끝에 일어나는 삽입의 예로 제시하지만, KV219에서는 격어미 si가 중성 단어에서 aṃ으로 바뀐 것으로 제시한다. 두 규칙 다 적용이 가능하다.

104 이 기능은 KV404를 참고하라.

parārissaṃ.

• varārissaṃ, parārissaṃ. : i가 ā로 됨.

끝에 [부분적] 변형이 일어나는 예는 다음과 같다. yāni. tāni. sukhāni.

• yāni, tāni, sukhāni : 격어미 yo가 ni로 됨.[105]

5) 처음에 뒤바뀜이 일어나는 예는 다음과 같다. uggate suriye. uggacchati.

uggate suriye, uggacchati : ava가 바뀐 o가 다시 바뀌어 u로 됨.[106]

중간에 뒤바뀜이 일어나는 예는 다음과 같다. samuggacchati. samuggate suriye.

• samuggacchati, samuggate suriye : ava가 바뀐 o가 다시 바뀌어 u로 됨.

끝에 뒤바뀜이 일어나는 예는 다음과 같다. digu. diguṇaṃ

• digu : go의 o가 u로 됨.

• diguṇaṃ : 격어미 si가 aṃ으로 됨.

6) 처음에 대체가 일어나는 예는 다음과 같다. yūnaṃ.

• yūnaṃ : iu의 i가 y로 대체됨. 이후에 제6 복수 격어미 naṃ이 붙고

---

105 이 기능은 KV218을 참고하라.

106 이 기능은 KV79를 참고하라.

u는 ū[107]가 됨.

중간에 대체가 일어나는 예는 다음과 같다. nyāyogo.

• nyāyogo : 본래의 단어 ni+āyogo에서 ni의 i가 y로 대체됨.

끝에 대체가 일어나는 예는 다음과 같다. sabbaseyyo. sabbaseṭṭho.

• sabbaseyyo, sabbaseṭṭho : 격어미 si가 o로 됨.

이처럼 [승리자(부처님)의 말씀에] 어긋나지 않는 방식으로 모든 곳에 적용되어야 한다.

‖ *ayuvaṇṇānañ c'āyo vuddhi* ‖ 407 ‖

a는 알파벳 모음 a이고, 모음 i와 ī는 ivaṇṇa이며, 모음 u와 ū는 uvaṇṇa이다. 모음 a가 ā로, 모음 i와 ī(ivaṇṇa)가 e로, 모음 u와 ū(uvaṇṇa)가 o로 되는 것은 '모음 강화(vuddhi/vuḍḍhi)'이다.

[그 예는 다음과 같다.] ābhidhammiko. Venateyyo. oḷumpiko.

[다음 예에서] a, i, u는 '모음이 강화되지 않음(avuḍḍhi)'이다.

[그 예는 다음과 같다.] abhidhammiko. Vinateyyo. uḷumpiko.

무슨 목적으로 '모음 강화(vuddhi)'[라는 단어를] 다시 제시하는가? 복합어의 뒷부분에 모음 강화를 적용하기 위해서이다. [지금까지 보여 준 대부분의 예시 단어는 단어의 처음이나 중간에 모음 강화가 일어난 것이지만, KV406을 통해 단어의 끝의 격어미의 변화

---

107 u가 ū가 되는 기능은 KV89에 제시된다.

가 모음 강화로도 설명될 수 있음을 보여 주기 위해서이다.[108] 그 예는 다음과 같다.] Aṅga−Magadhehi āgato Aṅga−Māgadhiko. nigamo ca janapado ca nigamajanapadā. nigamajanapadesu jātā negamajānapadā. puri ca janapado ca purijanapadā. purijanapadesu jātā porajānapadā. satta ahāni sattahaṃ. sattahe niyutto sattâhiko. catasso vijjā catuvijjaṃ. catuvijje niyutto cātuvejjiko.

- aṅgamāgadhiko : 앙가와 마가다에서 온 자. [단어분석] aṅgamāgadhika+ṇika+si
- igamajanapadā : 장이 서는 도시와 지방 (다음 예를 위한 단어임.)
- negamajānapadā : 장이 서는 도시와 지방에서 태어난 자들. [단어분석] nigamajanapada+ṇika+yo
- purijanapadā : 도시와 지방 (다음 예를 위한 단어임.)
- porajānapadā : 도시와 지방에서 태어난 자들. [단어분석] purijanapada+ṇika+yo
- sattāhaṃ : 일곱 날 (다음 예를 위한 단어임.)
- sattâhiko : 칠 일과 관련된 자. [단어분석] sattāha+ṇika+si
- catuvijjaṃ : 네 가지 지식 (다음 예를 위한 단어임.)
- cātuvejjiko : 네 가지 지식에 관련된 자. [단어분석] catuvijja+ṇika+si

108 격어미 si가 o로, 격어미 yo가 ā로 되는 것에 대해, KV406과 407에서는 단어 끝에 일어나는 모음 강화의 예로 제시하지만, KV104와 107에서는 이 기능들을 모음 강화와 상관 없이 제시한다. 양쪽의 규칙들 다 적용이 가능하다.

'모음 강화(vuddhi)'에 대해 말하는 목적이 무엇인가? [이 규칙을 참고하여] 규칙 "vuddhâdisarassa vâsaṃyogantassa saṇe ca"(KV402)에 [언급되는 용어 vuddhi를 정확히 이해할 수 있게 하기 위함이다.]

여기까지 명사의 장의 여덟 번째 부분인 taddhita의 장이다.
taddhita의 장이 끝났다.

III. Ākhyātakappa[1]

제3장 : 동사의 장

1 Ākhyātakappa는 동사의 장(章)으로, 4부분(kaṇḍa)으로 나뉘고 총 118개의 규칙(KV408-525)으로 구성된다. ākhyāta는 어근 khyā(말하다, 설명하다)에 접두사 ā가 붙은 동사의 과거분사이다. ākhyāta의 글자 그대로의 의미는 '완전히 말한 것, 충분히 설명한 것'이지만, 문법과 관련된 맥락에서 ākhyāta는 일반적으로 '동사'를 의미한다.

III.1
제3장의 첫 번째 부분[2]

|| ***atha*[3] *pubbāni vibhattīnaṃ cha parassapadāni*** || **408** || [4]

이제, 모든 어미[5] 중에서 앞의 여섯 단어는 'parassapada'라고 불린다.

---

2 제3장의 첫 번째 부분은 총 26개의 규칙(KV408-433)으로 구성된다. 이 부분에서 다루는 것은 pada(parassapada, attanopada), 수(단수, 복수), 인칭, 동사의 시제와 법(vattamānā, pañcamī, sattamī, parokkhā, hīyattanī, ajjatanī, bhavissantī, kālātipatti), 시제와 법을 나타내는 동사 어미 등이다.

3 제3장 첫 규칙의 첫 단어가 atha인데, atha는 많은 의미가 있는 불변화사이다. 여기서는 '이제, 그다음에'라는 의미로 사용되었다. Taddhitakappa가 끝났으니 이제 Ākhyātakappa가 시작된다는 것을 나타낸다.

4 KV408-409에 의하면, 동사 어미는 두 개의 그룹, 즉 parassapada와 attanopada로 나뉘는데, 두 pada의 어미들이 문장에서 어떻게 사용되는지는 KV458, 455, 456 등에서 제시된다.

5 여기서 '모든 어미'는 KV425-432에서 제시되는 8종류의 동사 어미 무리를 의미한다. 각 무리는 12개의 어미로 구성된다. KV408-409에 의하면, 각 무리의 12개 어미 중 앞에 있는 6개의 어미를 'parassapada'라고 하고, 뒤에 있는 6개의 어미를 'attanopada'라고 한다. 이 '(동사)어미'라는 것은 빠알리어 vibhatti를 옮긴 것이다. 명사의 장에서 vibhatti는 명사 뒤에 붙는 격어미를 가리키는 용어였지만, 이 동사의 장에서 vibhatti는 동사 어근 뒤에 붙는 동사 어미를 가리키는 용어이다.

그 예는 이와 같다. ti, anti, si, tha, mi, ma.
'parassapada'에 대해 말하는 목적이 무엇인가? [이 규칙을 참고하여] 규칙 "kattari parassapadaṃ"(KV458)에 [언급되는 용어 parassapada를 정확히 이해할 수 있게 하기 위함이다.]

‖ *parāṇy attanopadāni* ‖ 409 ‖

모든 어미 중에서 뒤의 여섯 단어는 'attanopada'라고 불린다.
그 예는 이와 같다. te, ante, se, vhe, e, mhe.
'attanopada'에 대해 말하는 목적이 무엇인가? [이 규칙을 참고하여] 규칙 "attanopadāni bhāve ca kammaṇi"(KV455)에 [언급되는 용어 attanopada를 정확히 이해할 수 있게 하기 위함이다.]

‖ *dve dve paṭhamamajjhimuttamapurisā* ‖ 410 ‖ [6]

parassapada와 attanopada의 모든 어미 중에서 두 단어씩 [묶은 쌍은 순서대로] '맨 앞 인칭(paṭhamapurisa. 첫 번째 인칭이지만 일반적으로 3인칭)', '중간 인칭(majjhimapurisa. 일반적으로 2인칭)', '맨 끝 인칭(uttamapurisa. 세 번째 인칭이지만 일반적으로 1인칭)'[7]이라고 불린다.

---

6 KV410–414는 인칭에 관한 규칙이다.

7 'purisa'는 문법과 관련된 맥락에서 인칭을 의미한다. 인칭의 용어는 어미가 소개된 순서에 따른 것인데, 예를 들어 ti · anti와 같이 맨 앞에 있는 어미는

[parassapada에서] 그 예는 이와 같다. ti와 anti는 맨 앞 인칭(3인칭)이다. si와 tha는 중간 인칭(2인칭)이다. mi와 ma는 맨 끝 인칭(1인칭)이다. attanopada에서 그 예는 이와 같다. te와 ante는 맨 앞 인칭(3인칭)이다. se와 vhe는 중간 인칭(2인칭)이다. e와 mhe는 맨 끝 인칭(1인칭)이다. 모든 [동사 어미 그룹에] 이렇게 적용된다.

'paṭhamamajjhimuttamapurisa'에 대해 말하는 목적이 무엇인가? [이 규칙을 참고하여] 규칙 "nāmamhi payujjamāne pi tulyâdhikaraṇe paṭhamo"(KV412), "tumhe majjhimo"(KV413), "amhe uttamo"(KV414)에 [각각 언급되는 용어 paṭhama, majjhima, uttama-purisa를 정확히 이해할 수 있게 하기 위함이다.]

‖ *sabbesaṃ ekâbhidhāne paro puriso* ‖ **411** ‖

맨 앞 인칭(3인칭), 중간 인칭(2인칭), 맨 끝 인칭(1인칭)의 [둘 또는] 셋 모두 한 표현에 있을 때, 뒤쪽[8]의 인칭을 취해야 한다.

'맨 앞 인칭(paṭhamapurisa)'이고, si · tha와 같이 가운데에 있는 어미는 '중간 인칭(majjhimapurisa)'이며, mi · ma와 같이 맨 마지막에 있는 어미는 '맨 끝 인칭(uttamapurisa)'이다. 맨 앞 인칭(paṭhamapurisa)은 국내에서 일반적으로 3인칭이라고 부르는 것을 가리키고, '중간 인칭(majjhimapurisa)'은 2인칭, '맨 끝 인칭(uttamapurisa)'은 1인칭이라고 부르는 것을 가리킨다. 국문 번역에는 '맨 앞 인칭(3인칭), 중간 인칭(2인칭), 맨 끝 인칭(1인칭)'과 같이, KV에서 제시하는 용어를 그대로 번역하여 써넣은 뒤 괄호 안에 국내에서 일반적으로 사용하는 인칭을 써넣겠다.

8 여기서 '뒤쪽'이란, KV가 제시한 인칭의 순서에서 뒤쪽을 의미한다. 예를 들어

[그 예는 다음과 같다.] so ca paṭhati, tvañ ca paṭhasi, tumhe paṭhatha. so ca pacati, tvañ ca pacasi, tumhe pacatha.

- so ca paṭhati. tvañ ca paṭhasi. 그도 읽는다. 너도 읽는다. [인칭은 다르지만 동일한 행위의 이 두 문장을 합치면, 뒤쪽의 인칭인 '중간 인칭(2인칭)'을 취하여 다음과 같이 된다.] tumhe paṭhatha. 너희들은 읽는다.
- so ca pacati. tvañ ca pacasi. 그도 요리한다. 너도 요리한다. [인칭은 다르지만 동일한 행위의 이 두 문장을 합치면, 뒤쪽의 인칭인 '중간 인칭(2인칭)'을 취하여 다음과 같이 된다.] tumhe pacatha. 너희들은 요리한다.

이런 식으로 나머지 동사 어미에도 뒤쪽의 인칭이 적용되어야 한다.

|| *nāmamhi payujjamāne pi tulyâdhikaraṇe paṭhamo* || 412 ||

[주어로서의] 명사[9]는 [주어가 문장에] 표시될 때와 표시되지 않을 때 모두 [주어와 동사의 인칭·수가] 일치하는 문장에서 맨 앞 인칭(3인칭)이다.

[주어가 문장에 표시되는 예는 다음과 같다.] so gacchati. te gacchanti.

- so gacchati.[10] 그는 간다.

"ti, anti(맨 앞 인칭); si, tha(중간 인칭); mi, ma(맨 끝 인칭)"의 순서에서 뒤쪽의 인칭을 우선적으로 취한다는 의미이다.

9 여기서 '명사'는 tumha와 amha를 제외한, 주어 역할을 하는 명사를 말한다.

• te gacchanti.[11] 그들은 간다.

[주어가 직접적으로] 표시되지 않은 예는 [다음과 같다.] gacchati. gacchanti.

• gacchati. 간다.[12]

• gacchanti. 간다.[13]

무슨 목적으로 '[주어와 동사의 인칭 · 수가] 일치하는 문장에서'가 [명시되어 있는가]? [이 규칙에서 명시한 조건에 부합해야만 이 규칙의 기능이 적용된다는 것을 보여 주기 위해서이다. 다음과 같은 예에서는 이 규칙의 기능이 적용되지 않는데, 이것은 '[주어와 동사의 인칭 · 수가] 일치하는 문장에서'라는 조건에 부합하지 않기 때문이다.] tena haññase tvaṃ 〈Devadattena〉. 당신은 그 데와닷따에 의해 죽었다(=그 데와닷따는 당신을 죽였다). [이 예문의 논리상의 주어인 tena Devadattena(그 데와닷따에 의해)는 맨 앞 인칭(3인칭)인데, 동사 haññase는 중간 인칭(2인칭) 어미가 있는 동사로, 주어와 동사의 인칭 · 수가 일치하지 않는다. 동사 haññase는 목적어 tvaṃ의 인칭 · 수에 일치한다. 이 예문은 수동태 문장이기 때문에 논리상의 주어와 동사의 인칭 · 수가 일치하지 않는다.]

---

10 주어 so와 동사 gacchati 모두 맨 앞 인칭(3인칭) 단수로, 인칭 · 수가 일치한다.

11 주어 te와 동사 gacchanti 모두 맨 앞 인칭(3인칭) 복수로, 인칭 · 수가 일치한다.

12 주어가 표시되지 않았지만, 동사를 통해 주어가 맨 앞 인칭(3인칭) 단수임을 알 수 있다.

13 주어가 표시되지 않았지만, 동사를 통해 주어가 맨 앞 인칭(3인칭) 복수임을 알 수 있다.

‖ *tumhe majjhimo* ‖ 413 ‖

[주어로서의] tumha는 [주어가 문장에] 표시될 때와 표시되지 않을 때 모두 [주어와 동사의 인칭·수가] 일치하는 문장에서 중간 인칭(2인칭)이다.

[주어가 문장에 표시되는 예는 다음과 같다.] tvaṃ yāsi. tumhe yātha.

- tvaṃ yāsi. 당신은 간다.
- tumhe yātha. 당신들은 간다.

[주어가 직접적으로] 표시되지 않은 예는 [다음과 같다.] yāsi. yātha.

- yāsi.[14] 간다.
- yātha.[15] 간다.

무슨 목적으로 '[주어와 동사의 인칭·수가] 일치하는 문장에서'가 [명시되어 있는가]? [이 규칙에서 명시한 조건에 부합해야만 이 규칙의 기능이 적용된다는 것을 보여 주기 위해서이다. 다음과 같은 예에서는 이 규칙의 기능이 적용되지 않는데, 이것은 '[주어와 동사의 인칭·수가] 일치하는 문장에서'라는 조건에 부합하지 않기 때문이다.] tayā paccate 〈odano〉. 밥은 당신에 의해 요리된다(=당신은 밥을 짓는다). [이 예문의 논리상의 주어인 tayā(당신에 의해)는 중간 인칭(2인칭)인데, 동사 paccate는 맨 앞 인칭(3인칭) 어미가 있는 동사로, 주어와 동사의 인

14 주어가 표시되지 않았지만, 동사를 통해 주어가 중간 인칭(2인칭) 단수임을 알 수 있다.

15 주어가 표시되지 않았지만, 동사를 통해 주어가 중간 인칭(2인칭) 복수임을 알 수 있다.

칭·수가 일치하지 않는다. 동사 paccate는 목적어 odano의 인칭·수에 일치한다. 이 예문은 수동태 문장이기 때문에 논리상의 주어와 동사의 인칭·수가 일치하지 않는다.]

‖ *amhe uttamo* ‖ 414 ‖

[주어로서의] amha는 [주어가 문장에] 표시될 때와 표시되지 않을 때 모두 [주어와 동사의 인칭·수가] 일치하는 문장에서 맨 끝 인칭(1인칭)이다.

[주어가 문장에 표시되는 예는 다음과 같다.] ahaṃ yajāmi. mayaṃ yajāma.

- ahaṃ yajāmi. 나는 제사 지낸다·공양 올린다.
- mayaṃ yajāma. 우리는 제사 지낸다·공양 올린다.

[주어가 직접적으로] 표시되지 않은 예는 [다음과 같다.] yajāmi. yajāma.

- yajāmi.[16] 제사 지낸다·공양 올린다.
- yajāma.[17] 제사 지낸다·공양 올린다.

무슨 목적으로 '[주어와 동사의 인칭·수가] 일치하는 문장에서'가 [명시되어 있는가]? [이 규칙에서 명시한 조건에 부합해야만 이 규칙의

---

16 주어가 표시되지 않았지만, 동사를 통해 주어가 맨 끝 인칭(1인칭) 단수임을 알 수 있다.

17 주어가 표시되지 않았지만, 동사를 통해 주어가 맨 끝 인칭(1인칭) 복수임을 알 수 있다.

기능이 적용된다는 것을 보여 주기 위해서이다. 다음과 같은 예에서는 이 규칙의 기능이 적용되지 않는데, 이것은 '[주어와 동사의 인칭·수가] 일치하는 문장에서'라는 조건에 부합하지 않기 때문이다.] mayā ijjate Buddho. 부처님은 나에 의해 공양받는다(=나는 부처님에게 보시한다). [이 예문의 논리상의 주어인 mayā(나에 의해)는 맨 끝 인칭(1인칭)인데, 동사 ijjate는 맨 앞 인칭(3인칭) 어미가 있는 동사로, 주어와 동사의 인칭·수가 일치하지 않는다. 동사 ijjate는 목적어 Buddho의 인칭·수에 일치한다. 이 예문은 수동태 문장이기 때문에 주어와 동사의 인칭·수가 일치하지 않는다.]

‖ *kāle* ‖ 415 ‖ [18]

"시간·시제에(kāle)", 이것은 단원 또는 특정 부분의 제목[19]으로 이해해야 한다.

‖ *vattamānā paccuppanne* ‖ 416 ‖ [20]

현재 진행 중인 시간에 [일어나는 일에,] vattamānā 어미[21]가 사용

---

18 이 규칙은 동사의 시제와 법에 관한 규칙들인 KV416–424의 주제를 제시하고 있다.

19 '단원 또는 특정 부분의 제목'은 adhikāra를 옮긴 것이다. 이러한 규칙은 주제를 제시하는 규칙으로, 전후 규칙에 영향을 미친다.

20 KV416–424는 8종류의 동사 시제와 법의 어미가 '언제 어떤 조건에서' 사용되는

된다.

[그 예는 다음과 같다.] Pāṭaliputtaṃ gacchati. Sāvatthiṃ pavisati.

- Pāṭaliputtaṃ gacchati. : 빠딸리뿟따에 간다.
- Sāvatthiṃ pavisati. : 사왓티에 들어간다.

‖ *āṇattyāsiṭṭhe 'nuttakāle pañcamī* ‖ **417** ‖

명령의 의미와 기원의 의미로 특정하지 않은 시간에 [일어나는 일에,] pañcamī 어미[22]가 사용된다.

[그 예는 다음과 같다.] karotu kusalaṃ. sukhaṃ te hotu.

- karotu kusalaṃ. : 선을 행하라.
- sukhaṃ te hotu! : 행복이 당신에게 있기를!

‖ *anumatiparikappatthesu sattamī* ‖ **418** ‖

승낙의 의미와 가정·추측의 의미로 특정하지 않은 시간에 [일어나는 일에,] sattamī 어미[23]가 사용된다.

[그 예는 다음과 같다.] tvaṃ gaccheyyāsi. kiṃ ahaṃ kareyyāmi?

지 간략히 보여 주고 있다.

21 vattamānā 어미는 KV425에 제시된다.

22 pañcamī 어미는 KV426에 제시된다.

23 sattamī 어미는 KV427에 제시된다.

• tvaṃ gaccheyyāsi. : 당신은 가도 좋다.

• kiṃ ahaṃ kareyyāmi? : 나는 무엇을 할까?

‖ *apaccakkhe parokkhâtīte* ‖ 419 ‖

[말하는 자가] 보지 못했고 과거의 시간에 [일어난 일에], parokkhā 어미[24]가 사용된다.

[그 예는 다음과 같다.] supine kila-m-āha. evaṃ kila porāṇā āhu.

• supine kila-m-āha. : [그가] 꿈속에서 말했다고 들었다.[25]

• evaṃ kila porāṇā āhu. : 옛날 사람들은 이렇게 말했다고 들었다.

‖ *hīyoppabhuti paccakkhe hīyattanī* ‖ 420 ‖

어제부터 시작된 과거의 시간에 [일어났고, 말하는 자가] 보았거나 보지 못한 [일에,] hīyattanī 어미[26]가 사용된다.

[그 예는 다음과 같다.] so maggaṃ agamā. te maggaṃ agamū.

• so maggaṃ agamā. : 그는 길로 갔다.

• te maggaṃ agamū. : 그들은 길로 갔다.

---

24 parokkhā 어미는 KV428에 제시된다.

25 '들었다'는 kila(또는 kira)를 옮긴 것인데, '사람들이 말한다'라고 표현해도 된다. 말하는 자가 직접 보거나 겪거나 지각하지 못한 일을 말할 때 쓰는 표현이다.

26 hīyattanī 어미는 KV429에 제시된다.

‖ *samīpe 'jjatanī* ‖ 421 ‖

오늘부터 시작된 과거의 시간에 [일어났고, 말하는 자가] 보았거나 보지 못했고 지나간 지 얼마 되지 않은 [일에,] ajjatanī 어미[27]가 사용된다.

[그 예는 다음과 같다.] so maggaṃ agamī. te maggaṃ agamuṃ.

- so maggaṃ agamī. : 그는 [방금] 길로 갔다.
- te maggaṃ agamuṃ. : 그들은 [방금] 길로 갔다.

‖ *māyoge sabbakāle ca* ‖ 422 ‖ [28]

hīyattanī와 ajjatanī 어미는 [금지의 불변화사] mā와 함께 사용될 때, 모든 시간을 나타낸다.

[그 예는 다음과 같다.] mā gamā. mā vacā. mā gamī. mā vacī.

- [hīyattanī] mā gamā. : 가지 마.
- [hīyattanī] mā vacā. : 말하지 마.
- [ajjatanī] mā gamī. : 가지 마.
- [ajjatanī] mā vacī. : 말하지 마.

[규칙에 있는] 단어 'ca(또한)'를 취함으로써, pañcamī 어미도 [mā와

---

27 ajjatanī 어미는 KV430에 제시된다.

28 이 규칙의 ca는 해설, 예시 다음에 제시된, 추가 정보를 가리킨다. 추가 정보는 국문 번역에 "규칙에 있는 단어 ca를 취함으로써"의 뒤에 이어진 내용으로, 기존 규칙의 기능에 형태학적 변화의 예를 더 보탠 것이다.

함께 사용될 때, 모든 시간을] 나타낸다. [그 예는 다음과 같다.] mā gacchāhi 가지 마.

‖ *anāgate bhavissantī* ‖ 423 ‖

아직 오지 않은 시간 [즉 미래에 일어날 일에,] bhavissantī 어미[29]가 사용된다.

[그 예는 다음과 같다.] so gacchissati. karissati. te gacchissanti. karissanti.

- so gacchissati. : 그는 갈 것이다.
- karissati. : [그는] 할 것이다.
- te gacchissanti. : 그들은 갈 것이다.
- karissanti. : [그들은] 할 것이다.

‖ *kiriyâtipanne 'tīte kālâtipatti* ‖ 424 ‖

[조건 부족으로] 사건이 일어나지 않았고 과거의 시간에 [일어난 일에,] kālātipatti 어미[30]가 사용된다.

[그 예는 다음과 같다.] so ce taṃ yānaṃ alabhissā agacchissā. te ce taṃ yānaṃ alabhissaṃsu agacchissaṃsu.

---

29 bhavissantī 어미는 KV431에 제시된다.

30 kālātipatti 어미는 KV432에 제시된다.

• so ce taṃ yānaṃ alabhissā agacchissā. : 만약 그가 그 탈것을 가졌더라면, 이미 갔을지도 모른다. (=그는 탈것을 가지고 있지 않았기 때문에〈조건 부족〉 가지 못했다.) [행위가 일어나지 않음.]

• te ce taṃ yānaṃ alabhissaṃsu agacchissaṃsu. : 만약 그들이 그 탈것을 가졌더라면, 이미 갔을지도 모른다. (=그들은 탈것을 가지고 있지 않았기 때문에〈조건 부족〉 가지 못했다.) [행위가 일어나지 않음.]

‖ *vattamānā ti anti si tha mi ma te ante se vhe e mhe* ‖ 425 ‖[31]

'vattamānā'라는 용어는 ti, anti, si, tha, mi, ma, te, ante, se, vhe, e, mhe, 이 12개의 단어에 해당한다.

'vattamānā'에 대해 말하는 목적이 무엇인가? [이 규칙을 참고하여] 규칙 "vattamānā paccuppanne"(KV416)에 [언급되는 용어 vattamānā를 정확히 이해할 수 있게 하기 위함이다.]

‖ *pañcamī tu antu hi tha mi ma taṃ antaṃ ssu vho e āmase* ‖
‖ 426 ‖

'pañcamī'라는 용어는 tu, antu, hi, tha, mi, ma, taṃ, antaṃ, ssu, vho, e, āmase, 이 12개의 단어에 해당한다.

'pañcamī'에 대해 말하는 목적이 무엇인가? [이 규칙을 참고하여]

---

31 KV425–432는 8종류의 동사 시제와 법의 어미를 제시한다.

규칙 "āṇattyāsiṭṭhe 'nuttakāle pañcamī"(KV417)에 [언급되는 용어 pañcamī를 정확히 이해할 수 있게 하기 위함이다.]

‖ *sattamī eyya eyyuṃ eyyāsi eyyātha eyyāmi eyyāma etha eraṃ etho eyyavho eyyaṃ eyyāmhe* ‖ 427 ‖

'sattamī'라는 용어는 eyya, eyyuṃ, eyyāsi, eyyātha, eyyāmi, eyyāma, etha, eraṃ, etho, eyyavho, eyyaṃ, eyyāmhe, 이 12개의 단어에 해당한다.

'sattamī'에 대해 말하는 목적이 무엇인가? [이 규칙을 참고하여] 규칙 "anumatiparikappatthesu sattamī"(KV418)에 [언급되는 용어 sattamī를 정확히 이해할 수 있게 하기 위함이다.]

‖ *parokkhā a u e ttha a mha ttha re ttho vho i mhe* ‖ 428 ‖

'parokkhā'라는 용어는 a, u, e, ttha, a, mha, ttha, re, ttho, vho, i, mhe, 이 12개의 단어에 해당한다.

'parokkhā'에 대해 말하는 목적이 무엇인가? [이 규칙을 참고하여] 규칙 "apaccakkhe parokkhātīte"(KV419)에 [언급되는 용어 parokkhā를 정확히 이해할 수 있게 하기 위함이다.]

|| *hīyattanī ā ū o ttha a mhā ttha tthuṃ se vhaṃ iṃ mhase* || 429 ||

'hīyattanī'라는 용어는 ā, ū, o, ttha, a, mhā, ttha, tthuṃ, se, vhaṃ, iṃ, mhase, 이 12개의 단어에 해당한다.

'hīyattanī'에 대해 말하는 목적이 무엇인가? [이 규칙을 참고하여] 규칙 "hīyoppabhuti paccakkhe hīyattanī"(KV420)에 [언급되는 용어 hīyattanī를 정확히 이해할 수 있게 하기 위함이다.]

|| *ajjatanī ī uṃ o ttha iṃ mhā ā ū se vhaṃ a mhe* || 430 ||

'ajjatanī'라는 용어는 ī, uṃ, o, ttha, iṃ, mhā, ā, ū, se, vhaṃ, a, mhe, 이 12개의 단어에 해당한다.

'ajjatanī'에 대해 말하는 목적이 무엇인가? [이 규칙을 참고하여] 규칙 "samīpe 'jjatanī"(KV421)에 [언급되는 용어 ajjatanī를 정확히 이해할 수 있게 하기 위함이다.]

|| *bhavissantī ssati ssanti ssasi ssatha ssāmi ssāma ssase ssante ssase ssavhe ssaṃ ssāmhe* || 431 ||

'bhavissantī'라는 용어는 ssati, ssanti, ssasi, ssatha, ssāmi, ssāma, ssase, ssante, ssase, ssavhe, ssaṃ, ssāmhe, 이 12개의 단어에 해당한다.

'bhavissantī'에 대해 말하는 목적이 무엇인가? [이 규칙을 참고하여]

규칙 “anāgate bhavissantī”(KV423)에 [언급되는 용어 bhavissantī를 정확히 이해할 수 있게 하기 위함이다.]

|| *kālâtipatti ssā ssaṃsu sse ssatha ssaṃ ssamhā ssatha ssiṃsu ssase ssavhe ssaṃ ssāmhase* || 432 ||

‘kālātipatti’라는 용어는 ssā, ssaṃsu, sse, ssatha, ssaṃ, ssamhā, ssatha, ssiṃsu, ssase, ssavhe, ssaṃ, ssāmhase, 이 12개의 단어에 해당한다.

‘kālātipatti’에 대해 말하는 목적이 무엇인가? [이 규칙을 참고하여] 규칙 “kiriyâtipanne ’tīte kālâtipatti”(KV424)에 [언급되는 용어 kālâtipatti를 정확히 이해할 수 있게 하기 위함이다.]

|| *hīyattanīsattamīpañcamīvattamānā sabbadhātukaṃ* || 433 ||

hīyattanī로 시작하는 4개의 어미 묶음(hīyattanī, sattamī, pañcamī, vattamānā)은 ‘[위까라나 접미사를] 갖춘 어근에 사용되는 어미들(sabbadhātuka)’[32]이라고 불린다.

---

32 어근과 동사 어미 사이에 위까라나 접미사가 있는 그 동사 어미들은 hīyattanī, sattamī, pañcamī, vattamānā 어미들이고, 이 어미들을 통틀어 ‘sabbadhātuka’라고 한다. 이 sabbadhātuka 어미들을 제외한 어미들은 parokkhā, ajjatanī, bhavissantī, kālātipatti 어미들인데, 이 어미들을 ‘asabbadhātuka’라고 한다. asabbadhātuka 어미들 앞에는 위까라나 접미사가 없는 경우가 많고, 자

[그 예는 다음과 같다.] agamā. gaccheyya. gacchatu. gacchati.

- [hīyattanī] agamā : 갔다. [단어분석] gamu+ā
- [sattamī] gaccheyya : 가야 한다. [단어분석] gamu+eyya
- [pañcamī] gacchatu : 가게 해라. [단어분석] gamu+a+tu
- [vattamānā] gacchati : 간다. [단어분석] gamu+a+ti

'sabbadhātuka'에 대해 말하는 목적이 무엇인가? [이 규칙을 참고하여] 규칙 "ikārāgamo asabbadhātukamhi"(KV518)에 [언급되는 용어 asabbadhātuka를 정확히 이해할 수 있게 하기 위함이다.]

여기까지 동사의 장의 첫 번째 부분이다.

음으로 시작하는 어미 앞에는 모음 i가 삽입된다. KV에서 sabbadhātuka와 asabbadhātuka의 구별은 그 어원적 의미나 위까라나 접미사의 유무에서 찾기보다는, 모음 i의 삽입 여부에 따른 구별로 이해하면 되겠다. 모음 i의 삽입관 관련된 기능은 KV518에 제시된다.

III.2
제3장의 두 번째 부분[33]

‖ ***dhātuliṅgehi parā paccayā*** ‖ **434** ‖

동사의 바탕(dhātu, 어근)과 [성별에 따른] 명사의 바탕(liṅga) 뒤에 접미사(paccaya)[34]가 붙는다.

---

33 제3장의 두 번째 부분은 총 26개의 규칙(KV434–459)으로 구성된다. 이 부분은 동사 바탕(어근)이나 명사 바탕에 붙는 다양한 ākhyāta 접미사에 관한 것으로, 원망법, 명사 유래 동사, 사역형, 비인칭 행동, 수동태, 능동태 등을 만드는 접미사와 위까라나(vikaraṇa) 접미사 등을 다룬다. 이 부분의 이러한 특성상, 단어의 형태학적 절차와 의미 모두 살펴보는 것이 중요하다. 그래서 각각의 예시에 국문 번역을 넣어서 원문과 맞추어 볼 수 있도록 구성하였고, 필요에 따라 단어분석(어근+ākhyāta접미사+동사어미)과 단어 형성과정을 제시하였다. 이 부분을 시작하기 전에 한 가지 언급해야 할 사항이 있다. 위까라나 접미사는 KV447–454에 제시된 것으로, 동사를 구분하는 바탕이 되는 접미사이다. 이 위까라나(vikaraṇa)라는 용어에 대해 KV는 따로 정의하지 않고 있지만, 다른 문법서의 규칙(Sadd976, MV5.161, MV6.76)에서 이 접미사들을 vikaraṇa라고 부르고 있다. KV는 많은 종류의 접사를 다 paccaya라는 용어로 쓰고 있으므로, 구별하기 쉽도록 KV 국문 번역에는 해당 접미사들에 한해 '위까라나 접미사'라는 용어를 사용하겠다.

34 'paccaya'는 문법과 관련된 맥락에서 일반적으로 '접미사'를 의미한다. KV434에 따르면, paccaya는 dhātu(동사의 바탕, 즉 어근)와 liṅga(명사의 바탕)에 붙는 것이다.

[어근 뒤에 접미사가 붙은 예는 다음과 같다.] karoti. gacchati. kāreti.

- karoti : 한다. [단어분석] kara+o+ti[35]
- gacchati : 간다. [단어분석] gamu+a+ti[36]
- kāreti : 하게 만든다. [단어분석] kara+ṇe+ti[37]

[명사 바탕 뒤에 접미사가 붙은 예는 다음과 같다.] pabbatāyati. Vāsiṭṭho.

- pabbatāyati : 산처럼 행동한다(명사 유래 동사). [단어분석] pabbata+āya+ti[38]
- Vāsiṭṭho : 와싯타(Vasiṭṭha)의 남성 자손. [단어분석] vasiṭṭha+ṇa+si[39]

이처럼 다른 예에서도 적용되어야 한다.

여기서 liṅga는 단순히 명사의 '성'을 나타내는 것이 아니라, 아직 어형 변화가 일어나지 않은, 성은 구분되는 명사의 기본 또는 바탕을 의미한다.

35 karoti의 단어분석에서 kara는 동사 어근, o는 위까라나 접미사, ti는 동사 어미이다.

36 gacchati의 단어분석에서 gamu는 동사 어근, a는 위까라나 접미사, ti는 동사 어미이다.

37 kāreti의 단어분석에서 kara는 동사 어근, ṇe는 사역 접미사, ti는 동사 어미이다.

38 pabbatāyati의 단어분석에서 pabbata는 '산'을 의미하는 명사, āya는 접미사, ti는 동사 어미이다. 접미사 āya는 명사에 붙어 동사를 만드는 접미사로 KV437에 제시된다.

39 vāsiṭṭho의 단어분석에서 vasiṭṭha는 고유명사 와싯타이고, ṇa는 접미사, si는 격어미이다. 접미사 ṇa는 누군가의 자손을 나타내는 접미사로 KV346에 제시된다.

‖ *tijagupakitamānehi khachasā vā* ‖ 435 ‖ [40]

어근 tija, gupa, kita, māna 뒤에 접미사 kha, cha, sa[41]가 선택에 따라 붙는다.

[그 예는 다음과 같다.] titikkhati. jigucchati. tikicchati. vīmaṃsati.

- titikkhati : 참는다. [단어분석] tija+kha+ti
- jigucchati : 싫어한다. [단어분석] gupa+cha+ti
- tikicchati : 치료한다. [단어분석] kita+cha+ti
- vīmaṃsati : 조사한다. [단어분석] māna+sa+ti

무슨 목적으로 '선택에 따라(vā)'가 [명시되어 있는가]? ['선택에 따라'에 내포된 바와 같이 이 규칙의 기능이 모든 곳에 다 적용되는 것은 아님을 보여 주기 위해서이다. 다음과 같은 예에서는 이 규칙의 기능이 적용되지 않는데, 이것은 '선택에 따라'라는 조건에 의한 것이다.] tejati. gopati. māneti. [이 예는 어근 tija, gupa, māna에 접미사 kha, cha, sa가 붙지 않았고, 각각 위까라나 접미사 a, a, ṇe가 붙었다.]

- tejati : 날카롭게 한다. [단어분석] tija+a+ti

---

40 KV435-441에 제시되는 접미사는 어근에 붙어서 어근의 의미를 나타내는 접미사로, 어근의 의미를 바꾸거나 원한다는 것을 나타내는 접미사(kha, cha, sa), 명사에서 유래한 동사를 만드는 접미사(āya, īya), 남에게 어떤 동작을 하게 하는 것(사역)을 나타내는 접미사(ṇe, ṇaya, ṇāpe, ṇāpaya)이다. KV457에 따르면, 이런 접미사가 어근에 적용되어 어근의 의미를 나타내고 난 다음에 동사 어미(vibhatti)가 붙는다.

41 접미사 kha, cha, sa가 특정 어근에 붙으면 동사의 의미가 달라진다. 비교를 위해 선택적 대안(vā)의 예들을 참조하라.

• gopati : 수호한다. [단어분석] gupa+a+ti

• māneti : 존경한다. [단어분석] māna+ṇe+ti

❖〈titikkhati 형성과정〉 tija[KV459] → tij[KV523] → tij+kha [KV435] → titij+kha[KV460] → titik+kha[KV475] → titikkha+ti [KV416] → titikkhati

❖〈jigucchati 형성과정〉 gupa[KV459] → gup[KV523] → gup+cha [KV435] → gugup+cha[KV460] → jugup+cha[KV464] → jigup+cha[KV467] → jiguc+cha[KV474] → jiguccha+ti[KV416] → jigucchati

❖〈tikicchati 형성과정〉 kita[KV459] → kit[KV523] → kit+cha [KV435] → kikit+cha[KV460] → tikit+cha[KV465] → tikic+cha[KV474] → tikiccha+ti[KV416] → tikicchati

❖〈vīmaṃsati 형성과정〉 māna[KV459] → mān[KV523] → mān+sa [KV436] → māmān+sa[KV460] → vāmān+sa[KV465] → vīmān +sa[KV467] → vīmaṃ+sa[KV469] → vīmaṃsa+ti[KV416] → vīmaṃsati

‖ *bhujaghasaharasupâdīhi tumicchatthesu* ‖ 436 ‖

어근 bhuja, ghasa, hara, su, pā 뒤에 원한다는 의미로[42] 선택에 따라

42 여기서 '원한다는 의미로'는 tumicchatthesu를 옮긴 것이다. 풀어서 말하면, '접

접미사 kha, cha, sa가 붙는다.

[그 예는 다음과 같다.] bhottuṃ icchati bubhukkhati. ghasituṃ icchati jighacchati. harituṃ icchati jigiṃsati. sotuṃ icchati sussūsati. pātuṃ icchati pivāsati.

- bubhukkhati : 먹고 싶다.[43] [단어분석] bhuja+kha+ti
- jighacchati : 먹고 싶다. [단어분석] ghasa+cha+ti
- jigiṃsati : 갖고 싶다. [단어분석] hara+sa+ti
- sussūsati : 듣고 싶다. [단어분석] su+sa+ti
- pivāsati : 마시고 싶다. [단어분석] pā+sa+ti

무슨 목적으로 '선택에 따라(vā)'가 [명시되어 있는가]? ['선택에 따라'에 내포된 바와 같이 이 규칙의 기능이 모든 곳에 다 적용되는 것은 아님을 보여 주기 위해서이다. 다음과 같은 예에서는 이 규칙의 기능이 적용되지 않는데, 이것은 '선택에 따라'라는 조건에 의한 것이다.] bhottuṃ icchati 먹고 싶다. [이 예는 원한다는 의미를 나타내는 접미사 kha, cha, sa가 붙지 않았고, 동사 icchati(원한다)가 사용되었다.]

무슨 목적으로 '원한다는 의미로'가 [명시되어 있는가]? [이 규칙에서 명시한 조건에 부합해야만 이 규칙의 기능이 적용된다는 것을 보여 주기 위해서이다. 다음과 같은 예에서는 이 규칙의 기능이 적용되

미사 tuṃ이 붙는 조건과 같이 원한다는 것을 나타낼 때'를 말한다. 접미사 tuṃ에 대해서는 KV563을 참고하라.

43 여기서 bubhukkhati가 이 규칙이 적용된 예시 단어이고, 국문 번역 '먹고 싶다'는 bubhukkhati의 어원적 의미로 제시된 'bhottuṃ icchati'를 옮긴 것이다. 다른 예시들도 마찬가지이다.

지 않는데, 이것은 '원한다는 의미로'라는 조건에 부합하지 않기 때문이다.] bhuñjati 먹는다. [이 예는 원한다는 의미가 없으므로 접미사 kha, cha, sa가 붙지 않는다.]

❖〈bubhukkhati 형성과정〉 bhuja[KV459] → bhuj[KV523] → bhuj+kha[44][KV436] → bhubhuj+kha[KV460] → bubhuj+kha[KV463] → bubhuk+kha[KV475] → bubhukkha+ti[KV416] → bubhukkhati

❖〈jighacchati 형성과정〉 ghasa[KV459] → ghas[KV523] → ghas+cha[KV436] → ghaghas+cha[KV460] → jaghas+cha[KV464] → jighas+cha[KV467] → jighac+cha[KV474] → jighaccha+ti[KV416] → jighacchati

❖〈jigiṃsati 형성과정〉 hara[KV459] → har[KV523] → har+sa[KV436] → giṃ+sa[KV476] → gigiṃ+sa[KV460] → jigiṃ+sa[KV464] → jigiṃsa+ti[KV416] → jigiṃsati

❖〈pivāsati 형성과정〉 pā[KV459] → pā+sa[KV436] → pāpā+sa[KV460] → pipā+sa[KV467] → pivā+sa[KV469] → pivāsa+ti[KV416] → pivāsati

---

44 접미사 kha 등등(kha, cha, sa, āya, īya)과 사역 접미사(ṇe, ṇaya, ṇāpe, ṇāpaya)는 어근에 동사 어미가 붙기 전에 먼저 어근에 붙는다. 관련 규칙인 KV457을 참조하라.

|| *āya nāmato kattupamānād ācāre* || 437 || [45]

행위자에 비유되는 명사[46] 뒤에 태도(행실)의 의미로 접미사 āya가 붙는다.

[그 예는 다음과 같다.] saṅgho pabbatam iva attānam ācarati pabbatāyati. saddo cicciṭaṃ iva attānam ācarati cicciṭāyati.

- pabbatāyati : [승가는] 산처럼 행동한다. [단어분석] pabbata[47]+āya+ti
- cicciṭāyati : [소리는] 칫-칫과 같이 난다. [단어분석] cicciṭa[48]+āya+ti

이처럼 다른 예에서도 적용되어야 한다.

|| *īy'upamānā ca* || 438 || [49]

비유되는 명사 뒤에 태도(행실)의 의미로 접미사 īya가 붙는다.

[그 예는 다음과 같다.] achattaṃ chattaṃ iva ācarati chattīyati.

---

45 KV437-439, 441은 명사 뒤에 붙어서 동사를 만드는 접미사 āya, īya, ṇaya에 관한 규칙이다.

46 여기서 '명사'는 동사의 어근 역할을 하는 명사이다.

47 pabbata(산)는 행위자에 비유되는 명사이다.

48 cicciṭa(칫-칫 소리)는 행위자에 비유되는 명사이다.

49 이 규칙의 ca는 이전 규칙의 단어를 끌어와 문맥을 맞추는 용도로, KV438의 ācāre를 의미한다.

aputtaṃ puttaṃ iva ācarati puttīyati.

- chattīyati : [우산 아닌 것을] 우산처럼 대한다. [단어분석] chatta[50] +īya+ti
- puttīyati : [아들 아닌 사람을] 아들처럼 대한다. [단어분석] putta[51] +īya+ti

무슨 목적으로 '비유되는'이 [명시되어 있는가]? [이 규칙에서 명시한 조건에 부합해야만 이 규칙의 기능이 적용된다는 것을 보여 주기 위해서이다. 다음과 같은 예에서는 이 규칙의 기능이 적용되지 않는데, 이것은 '비유되는'이라는 조건에 부합하지 않기 때문이다.] dhammaṃ ācarati 법을 행한다. [이 예는 비유적인 표현이 아니다.]

무슨 목적으로 '태도(행실)의 의미로'가 [명시되어 있는가]? [이 규칙에서 명시한 조건에 부합해야만 이 규칙의 기능이 적용된다는 것을 보여 주기 위해서이다. 다음과 같은 예에서는 이 규칙의 기능이 적용되지 않는데, 이것은 '태도(행실)의 의미로'라는 조건에 부합하지 않기 때문이다.] achattaṃ chattaṃ iva rakkhati 우산 아닌 것을 우산처럼 보호한다. [이 예는 비유되는 그 대상처럼 대한다는 태도(행실)의 의미가 없으므로 접미사 īya가 붙지 않는다.] 이처럼 다른 예에서도 적용되어야 한다.

---

50 chatta(우산)는 비유되는 명사이다.

51 putta(아들)는 비유되는 명사이다.

‖ *nāmamhā 'tticchatthe* ‖ 439 ‖

명사 뒤에 자신을 위해 [무언가를] 원한다는 의미로 접미사 īya가 붙는다.

[그 예는 다음과 같다.] attano pattaṃ icchatī ti pattīyati.

• pattīyati : [자신을 위한] 그릇을 원한다. [단어분석] patta[52]+īya+ti

이처럼 vatthīyati, parikkhārīyati, cīvarīyati, dhanīyati, paṭīyati에도 [동일하게 적용된다.]

무슨 목적으로 '자신을 위해 [무언가를] 원한다는 의미로'가 [명시되어 있는가]? [이 규칙에서 명시한 조건에 부합해야만 이 규칙의 기능이 적용된다는 것을 보여 주기 위해서이다. 다음과 같은 예에서는 이 규칙의 기능이 적용되지 않는데, 이것은 '자신을 위해 [무언가를] 원한다는 의미로'라는 조건에 부합하지 않기 때문이다.] aññassa pattaṃ icchati 다른 사람을 위한 그릇을 원한다. [이 예는 자신을 위해서 무언가를 원한다는 의미가 아니다.] 이처럼 다른 예에서도 적용되어야 한다.

‖ *dhātūhi ṇeṇayaṇāpeṇāpayā kāritāni hetvatthe* ‖ 440 ‖[53]

모든 어근 뒤에 접미사 ṇe, ṇaya, ṇāpe, ṇāpaya[54]는 '사역 접미사

52 patta(그릇)는 명사이다.

53 KV440은 사역 접미사(kārita)에 관한 규칙으로, 접미사 ṇe, ṇaya, ṇāpe, ṇāpaya

(kārita)'라고 불리고, [남에게 어떤 동작을 하게 하는] 원인의 의미로 붙는다.

[그 예는 다음과 같다.]

yo koci karoti taṃ añño karohi karohi icc evaṃ bravīti. athavā karontaṃ payojayati kāreti. kārayati. kārāpeti. kārāpayati. 누군가가 [무언가를] 하고 있다고 [가정할 때,] 그에게 다른 사람이 "해! 해!"라고 말하거나, [그것을] 하도록 재촉할 때, kāreti, kārayati, kārāpeti, kārāpayati(하게 만든다)로 표현된다.

- kāreti : 하게 만든다. [단어분석] kara+ṇe+ti
- kārayati : 하게 만든다. [단어분석] kara+ṇaya+ti
- kārāpeti : 하게 만든다. [단어분석] kara+ṇāpe+ti
- kārāpayati : 하게 만든다. [단어분석] kara+ṇāpaya+ti.

ye keci karonti te kubbante aññe karotha karotha icc evaṃ bruvanti kārenti. kārayanti. kārāpenti. kārāpayanti. 어떤 사람들이 [무언가를] 하고 있다고 [가정할 때,] 하고 있는 그들에게 다른 사람들이 "해! 해!"

를 제시한다. 이 접미사들을 제시하는 규칙은 KV440 외에도 KV441과 KV454가 있다. 이 규칙들 가운데 사역의 의미로 이 접미사들을 설명하는 것은 KV440뿐이다. KV441은 사역 접미사 ṇaya와 형태만 같고 기능은 다른 접미사를 제시하는데, 용어만 kārita로 할 뿐이다. KV454는 사역 접미사 ṇe, ṇaya와 형태만 같은 접미사들을 제시하는데, 위까라나 접미사를 설명하는 것이다.

54 접미사 ṇe, ṇaya, ṇāpe, ṇāpaya의 ṇ는 탈락하고 각각 e, aya, āpe, āpaya가 붙는다. ṇ의 탈락 기능은 KV525에 제시된다. 이 사역 접미사들이 뒤에 올 때, 결합 자음이 아닌 단일자음으로 끝나는 어근에 모음 강화(vuḍḍhi)가 있다. 관련 규칙인 KV485를 참고하라.

라고 말할 때, kārenti, kārayanti, kārāpenti, kārāpayanti(하게 만든다)로 표현된다.

• kārenti : 하게 만든다. [단어분석] kara+ṇe+anti

• kārayanti : 하게 만든다. [단어분석] kara+ṇaya+anti

• kārāpenti : 하게 만든다. [단어분석] kara+ṇāpe+anti

• kārāpayanti : 하게 만든다. [단어분석] kara+ṇāpaya+anti.

yo koci pacati taṃ añño pacāhi pacāhi icc evaṃ bravīti athavā pacantaṃ payojeti pāceti. pācayati. pācāpeti. pācāpayati. 누군가가 요리하고 있다고 [가정할 때,] 그에게 다른 사람이 "요리해! 요리해!"라고 말하거나, 요리하라고 재촉할 때, pāceti, pācayati, pācāpeti, pācāpayati(요리하게 만든다)로 표현된다.

• pāceti : 요리하게 만든다. [단어분석] paca+ṇe+ti

• pācayati : 요리하게 만든다. [단어분석] paca+ṇaya+ti

• pācāpeti : 요리하게 만든다. [단어분석] paca+ṇāpe+ti

• pācāpayati : 요리하게 만든다. [단어분석] paca+ṇāpaya+ti

ye keci pacanti te pacante aññe pacatha pacatha icc evaṃ bruvanti pācenti. pācayanti. pācāpenti. pācāpayanti. : 어떤 사람들이 요리하고 있다고 [가정할 때,] 요리하고 있는 그에게 다른 사람들이 "요리해! 요리해! 요리해!"라고 말할 때, pācenti, pācayanti, pācāpenti, pācāpayanti(요리하게 만든다)로 표현된다.

• pācenti : 요리하게 만든다. [단어분석] paca+ṇe+anti

• pācayanti : 요리하게 만든다. [단어분석] paca+ṇaya+anti

• pācāpenti :요리하게 만든다. [단어분석] paca+ṇāpe+anti

• pācāpayanti : 요리하게 만든다. [단어분석] paca+ṇāpaya+anti

이처럼 haneti, hanayati, hanāpeti, hanāpayati, bhaṇeti, bhaṇayati, bhaṇāpeti, bhaṇāpayati에도 [동일하게 적용된다.] 그와 같이 다른 예에서도 적용되어야 한다.

무슨 목적으로 '원인의 의미로'가 [명시되어 있는가]? [이 규칙에서 명시한 조건에 부합해야만 이 규칙의 기능이 적용된다는 것을 보여 주기 위해서이다. 다음과 같은 예에서는 이 규칙의 기능이 적용되지 않는데, 이것은 '원인의 의미로'라는 조건에 부합하지 않기 때문이다.] karoti 행한다. pacati 요리한다. [이 예는 남에게 어떤 동작을 하게 하는 '원인'의 의미가 없다.]

❖〈kāreti 형성과정〉 kara[KV459] → kar[KV523] → kar+ṇe[KV440] → kār+ṇe[KV485] → kār+e[KV525] → kār+e+ti[KV416] → kāreti

❖〈pāceti 형성과정〉 paca[KV459] → pac[KV523] → pac+ṇe[KV440] → pāc+ṇe[KV485] → pāc+e[KV525] → pāc+e+ti[KV416] → pāceti

‖ ***dhāturūpe nāmasmā ṇayo ca*** ‖ **441** ‖

어근을 만들 때 명사 뒤에 접미사 ṇaya가 붙고, '사역 접미사(kārita)'55

55 이 규칙의 접미사 ṇaya는 이름만 사역 접미사(kārita)라고 하고 사역의 의미로 사

라고 불린다.

[그 예는 다음과 같다.] hatthinā atikkamati maggaṃ atihatthayati. vīṇāya upagāyati upavīṇayati. daḷhaṃ karoti vinayaṃ daḷhayati. visuddhā hoti rattī visuddhayati.

- atihatthayati : 코끼리를 [타고 길을] 건넌다. [단어분석] ati+hatthī+ṇaya+ti
- upavīṇayati : 위나(현악기)로 노래한다. [단어분석] upa+vīṇā+ṇaya+ti
- daḷhayati : [율을] 철저히 행한다. [단어분석] daḷha+ṇaya+ti
- visuddhayati : [밤은] 맑다. [단어분석] visuddha+ṇaya+ti

|| *bhāvakammesu yo* || 442 ||[56]

비인칭 행동(bhāva)[57]과 수동태(kamma)[58]에서 모든 어근 뒤에 접미사 ya

용되지 않는다. KV는 사역의 의미가 아니라도 사역 접미사들과 그 형태가 동일한 접미사들을 지칭할 때 '사역 접미사(kārita)'라는 용어를 사용한다.

56 KV442는 비인칭 행동(bhāva)과 수동태(kamma)를 나타낼 때 붙는 접미사 ya에 관한 규칙이다. KV443-445는 KV442에서 제시한 접미사 ya가 어근에 붙을 때의 어형 변화를 보여 주는 규칙이다. 이 규칙들에서 제시하는 접미사 ya와 혼동하지 않아야 하는 또 다른 접미사 ya는 KV449에 제시된다. KV449의 접미사 ya는 능동태(kattu)에서 사용되는 위까라나 접미사이다.

57 비인칭 행동(bhāva) 자체는 그저 '행동'을 표현한다. 비인칭 행동을 나타내는 문장은 그 행동 외에 행위자(문법적 주어)나 되어야 하는 것(목적어) 중 어떤 것도 표현하지 않는다.

58 수동태(kamma) 문장은 동사의 작용을 받는 '대상(kamma)', 즉 목적어가 중심이 되

가 붙는다.

[그 예는 다음과 같다.] ṭhīyate. bujjhate. paccate. labbhate. karīyate. ijjate. uccate.

- ṭhīyate : 서 있는 행동. [단어분석] ṭhā+ya+te
- bujjhate : 아는 행동/알려진다. [단어분석] budha+ya+te
- paccate : 요리하는 행동/요리된다. [단어분석] paca+ya+te
- labbhate : 얻는 행동/얻어진다. [단어분석] labha+ya+te
- karīyate : 하는 행동/된다. [단어분석] kara+ya+te
- ijjate : 바치는 행동/희생된다. [단어분석] yaja+ya+te
- uccate : 말하는 행동/말해진다. [단어분석] vaca+ya+te

무슨 목적으로 '비인칭 행동과 수동태를 나타낼 때'가 [명시되어 있는가]? [이 규칙에서 명시한 조건에 부합해야만 이 규칙의 기능이 적용된다는 것을 보여 주기 위해서이다. 다음과 같은 예에서는 이 규칙의 기능이 적용되지 않는데, 이것은 '비인칭 행동과 수동태를 나타낼 때'라는 조건에 부합하지 않기 때문이다.] karoti. pacati. paṭhati. [이 예는 비인칭 행동이나 수동의 의미가 아니라 능동의 의미다.]

❖〈paccate 형성과정〉 paca[KV459] → pac[KV523] → pac+te [KV455] → pac+ya+te[KV442] → pac+ca+te[KV443] → paccate

---

는 문장이다. 수동태 문장에서 행위 주체는 제3 격어미가 붙고, 목적어는 제1 격어미가 붙는다. 동사는 제1 격어미(주격 어미)가 붙은 문법상의 주어이자 논리상의 목적어와 인칭·수가 일치한다. 동사는 주로 attanopada 어미가 붙지만, 예외적인 경우도 있다.

❖〈uccate 형성과정〉 vaca[KV459] → vac[KV523] → vac+te[KV455] → vac+ya+te[KV442] → uc+ya+te[KV489] → uc+ca+te[KV443] → uccate

‖ *tassa cavaggayakāravakārattaṃ sadhātvantassa* ‖ 443 ‖

접미사 ya의 [y는] ca 무리(c, ch, j, jh, ñ)나 자음 y, 또는 자음 v가 되는데, 경우에 따라 어근의 끝[음]과 함께 [접미사 ya의 y는 ca 무리, 자음 y, 자음 v로] 되기도 한다.

[그 예는 다음과 같다.] vuccate. vuccante. uccate. uccante. majjate. majjante. paccate. paccante. bujjhate. bujjhante. yujjhate. yujjhante. kujjhate. kujjhante. ujjhate. ujjhante. haññate. haññante. kayyate. kayyante. dibbate. dibbante.[59]

- vuccate: 말해진다. [단어분석] vaca+ya+te (y→c)
- uccate : 말해진다. [단어분석] vaca+ya+te (y→c)
- majjate : 문질러진다. [단어분석] maja+ya+te (y→j)
- paccate : 요리된다. [단어분석] paca+ya+te (y→c)
- bujjhate : 알려진다. [단어분석] budha+ya+te (dhy→jh)
- yujjhate : 싸우게 된다. [단어분석] yudha+ya+te (dhy→jh)
- kujjhate : 화난다. [단어분석] kudha+ya+te (dhy→jh)

---

59 각 예들은 단수형과 복수형 둘 다 제공하고 있는데, 단수형의 단어분석만 제시하겠다.

• ujjhate : 버려진다. [단어분석] ujjha+ya+te (jhy→jh)
• haññate : 죽는다. [단어분석] hana+ya+te (ny→ñ)
• kayyate : 끝난다. [단어분석] kara+ya+te (ry→y)
• dibbate : 빛난다. [단어분석] divu+ya+te (y→v)

❖〈vuccate 형성과정〉 vaca[KV459] → vac[KV523] → vac+te [KV455] → vac+ya+te[KV442] → vuc+ya+te[KV489] → vuc+ca +te[KV443] → vuccate

❖〈bujjhate 형성과정〉 budha[KV459] → budh[KV523] → budh+te [KV455] → budh+ya+te[KV442] → bu+jha+te[KV443] → bujjha +te[KV29] → bujjhate

❖〈dibbate 형성과정〉 divu[KV459] → div[KV523] → div+te [KV455] → div+ya+te[KV442] → div+va+te[KV443] → dibba+te [KV20−suttavibhāga] → dibbate

‖ *ivaṇṇâgamo vā* ‖ 444 ‖

모든 어근 뒤에 접미사 ya가 뒤에 올 때, 모음 i나 ī가 선택에 따라 삽입된다.

[그 예는 다음과 같다.] karīyate. kariyyati. gacchīyate. gacchiyyati.[60]

---

60 이 4개의 예시 단어 모두 attanopada 동사이다. karīyate와 gacchīyate는

• karīyate, kariyyati : 행해진다. [단어분석] kara+ya+te
• gacchīyate, gacchiyyati : 가게 된다. [단어분석] gamu+ya+te

무슨 목적으로 '선택에 따라(vā)'가 [명시되어 있는가]? ['선택에 따라'에 내포된 바와 같이 이 규칙의 기능이 모든 곳에 다 적용되는 것은 아님을 보여 주기 위해서이다. 다음과 같은 예에서는 이 규칙의 기능이 적용되지 않는데, 이것은 '선택에 따라'라는 조건에 의한 것이다.] kayyate. [이 예는 i나 ī가 삽입되지 않았다.]

❖〈karīyate 형성과정〉 kara[KV459] → kar[KV523] → kar+te [KV455] → kar+ya+te[KV442] → kar+ī+ya+te[KV444] → karīyate

❖〈kariyyati 형성과정〉 kara[KV459] → kar[KV523] → kar+te [KV455] → kar+ya+te[KV442] → kar+i+ya+te[KV444] → kar+i +yya+te[KV28] → kar+i+yya+ti[KV520] → kariyyati

‖ *pubbarūpañ ca* ‖ 445 ‖

모든 어근 뒤에 접미사 ya는 선택에 따라 앞의 형태(어근의 끝 자음 형태)가 된다.

---

attanopada 어미가 붙은 것을 바로 알 수 있다. parassapada처럼 보이는 kariyyati와 gacchiyyati는 attanopada 어미를 parassapada 어미로 바꾼 것이다. 어미만 바꾸었을 뿐 attanopada, 즉 수동태의 의미는 그대로이다. attanopada 어미가 parassapada 어미로 바뀌는 것에 대해서는 KV520을 참고하라.

[그 예는 다음과 같다.] vuḍḍhate. phallate. dammate. labbhate. sakkate. dissate.[61]

- vuḍḍhate : 는다. [단어분석] vaḍḍha+ya+te (y→ḍh)
- phallate : 쪼개진다. [단어분석] phala+ya+te (y→l)
- dammate : 길든다. [단어분석] damu+ya+te (y→m)
- labbhate : 얻어진다. [단어분석] labha+ya+te (y→bh)
- sakkate : 할 수 있다. [단어분석] saka+ya+te (y→k)
- dissate : 보는 행동/ 보인다. [단어분석] disa+ya+te (y→s)

❖〈labbhate 형성과정〉 labha[KV459] → labh[KV523] → labh+te [KV455] → labh+ya+te[KV442] → labh+bha+te[KV445] → lab+bha+te[KV519] → labbhate

❖〈dissate 형성과정〉 disa[KV459] → dis[KV523] → dis+te[KV455] → dis+ya+te[KV442] → dis+sa+te[KV445] → dissate

‖ *yathā kattari ca* ‖ **446** ‖[62]

능동태에 [사용되는] 접미사 ya[63]의 대체는 비인칭 행동과 수동태에

61 이 예들 가운데 vuḍḍhate와 labbhate의 단어 형성과정에서 변칙적인 부분이 있는데, 그렇게 전후 규칙에서 찾을 수 없는 기능은 KV519를 가져와 적용하면 된다.

62 이 규칙의 ca는 해설의 '접미사 ya의 대체 기능과 같이(yapaccayass' âdeso)'를 나타내기 위한 것이다.

[사용되는] 접미사 ya의 대체 기능과 같이 행해져야 한다.

[그 예는 다음과 같다.] bujjhati. vijjhati. maññati. sibbati.

- bujjhati : 안다. [단어분석] budha+ya+ti
- vijjhati : 꿰뚫는다. [단어분석] vidha+ya+ti
- maññati : 생각한다. [단어분석] mana+ya+ti
- sibbati : 꿰맨다. [단어분석] sivu+ya+ti

❖〈maññati 형성과정〉 mana[KV459] → man[KV523] → man+ti [KV416] → man+ya+ti[KV449] → ma+ña+ti[KV446, KV443] → mañ+ña+ti[KV28] → maññati

‖ *bhuvâdito a* ‖ 447 ‖ [64]

능동태(kattu)[65]에서, bhū로 시작하는 어근 무리(bhūvādi) 뒤에 [위까라

---

63 접미사 ya의 대체 기능에 대해서는 KV443, 445를 참고하라. 능동태에서 사용되는 접미사 ya는 KV449에 제시된다.

64 KV447−454는 어근 뒤에 붙는 8종의 접미사에 관한 규칙이다. 이 접미사를 '위까라나(vikaraṇa) 접미사'라고 하며, 8종으로 구분되는 위까라나 접미사를 바탕으로 ākhyāta 동사는 8종으로 나뉜다. 그것은 bhūvādi(KV447), rudhādi(KV448), divādi(KV449), svādi(KV450), kiyādi(KV451), gahādi(KV452), tanādi(KV453), curādi(KV454)이다. 각 무리의 모든 동사는 능동태 동사로 사용되어야 한다.

65 능동태(kattu) 문장은 동사의 행동을 수행하는 '행위자(kattu)'가 중심이 되는 문장이다. 능동태 문장에서 논리상의 주어는 제1 격어미가 붙고, 목적어는 제2 격어미가 붙는다. 동사는 제1 격어미(주격 어미)가 붙은 문법상·논리상의 주어와 인칭·수가 일치한다. 동사는 주로 parassapada 어미가 붙지만, 예외적인 경우도 있다.

나] 접미사 a가 붙는다.

[그 예는 다음과 같다.] bhavati. paṭhati. pacati. jayati.

- bhavati : 존재한다, 있다. [단어분석] bhū+a+ti
- paṭhati : 읽는다. [단어분석] paṭha+a+ti
- pacati : 요리한다. [단어분석] paca+a+ti
- jayati : 정복한다. [단어분석] ji+a+ti

❖〈bhavati 형성과정〉 bhū[KV459] → bhū+ti[KV416] → bhū+a+ti [KV447] → bho+a+ti[KV487] → bhav+a+ti[KV515] → bhavati

❖〈pacati 형성과정〉 paca[KV459] → pac[KV523] → pac+ti[KV416] → pac+a+ti[KV447] → pacati

‖ *rudhâdito niggahītapubbañ ca* ‖ 448 ‖[66]

능동태에서, rudha로 시작하는 어근 무리(rudhādi) 뒤에 [위까라나] 접미사 a가 붙는다. 그리고 앞에 닉가히따(ṃ)가 삽입된다.

[그 예는 다음과 같다.] rundhati. chindati. bhindati.

- rundhati : 막는다. [단어분석] rudha+a+ti
- chindati : 자른다. [단어분석] chida+a+ti
- bhindati : 깨뜨린다, 부순다. [단어분석] bhida+a+ti

66 이 규칙의 ca는 다음 문장을 이어 주는 '그리고'의 의미이므로, 해설에 두 가지 문법 기능이 제시된다.

❖〈rundhati 형성과정〉 rudha[KV459] → rudh[KV523] → rudh+ti[KV416] → ruṃdh+a+ti[KV448] → rundh+a+ti[KV31] → rundhati

❖〈chindati 형성과정〉 chida[KV459] → chid[KV523] → chid+ti[KV416] → chiṃd+a+ti[KV448] → chind+a+ti[KV31] → chindati

‖ *divâdito yo* ‖ 449 ‖

능동태에서, divu로 시작하는 어근 무리(divādi) 뒤에 [위까라나] 접미사 ya가 붙는다.

[그 예는 다음과 같다.] dibbati. sibbati. yujjhati. vijjhati. bujjhati.

- dibbati : 논다. [단어분석] divu+ya+ti
- sibbati : 꿰맨다. [단어분석] sivu+ya+ti
- yujjhati : 싸운다. [단어분석] yudha+ya+ti
- vijjhati : 꿰뚫는다. [단어분석] vidha+ya+ti
- bujjhati : 안다. [단어분석] budha+ya+ti

❖〈dibbati 형성과정〉 divu[KV459] → div[KV523] → div+ti[KV416] → div+ya+ti[KV449] → div+va+ti[KV446, KV443] → dibba+ti [KV20-suttavibhāga] → dibbati

❖〈vijjhati 형성과정〉 vidha[KV459] → vidh[KV523] → vidh+ti[KV416] → vidh+ya+ti[KV449] → vi+jha+ti[KV446, KV443] → vi+jjha+ti[KV28] → vijjhati

|| *svādito ṇuṇāuṇā ca* || 450 ||[67]

능동태에서, su로 시작하는 어근 무리(svādi) 뒤에 [위까라나] 접미사 ṇu, ṇā, uṇā[68]가 붙는다.

[그 예는 다음과 같다.] abhisuṇoti. abhisuṇāti. saṃvuṇoti. saṃvuṇāti. āvuṇoti. āvuṇāti. pāpuṇoti. pāpuṇāti.

- abhisuṇoti : 듣는다. [단어분석] abhi–su+ṇu+ti[69]
- abhisuṇāti : 듣는다. [단어분석] abhi–su+ṇā+ti
- saṃvuṇoti : 참는다, 닫는다. [단어분석] saṃ–vu+ṇu+ti
- saṃvuṇāti : 참는다, 닫는다. [단어분석] saṃ–vu+ṇā+ti
- āvuṇoti : 묶는다. [단어분석] ā–vu+ṇu+ti
- āvuṇāti : 묶는다. [단어분석] ā–vu+ṇā+ti
- pāpuṇoti : 도달한다. [단어분석] pa–apa+ṇu+ti
- pāpuṇāti : 도달한다. [단어분석] pa–apa+uṇā+ti

❖〈abhisuṇoti 형성과정〉 su[KV459] → abhi+su+ti[KV416] → abhi+su+ṇu+ti[KV450] → abhi+su+ṇo+ti[KV487–ca] → abhisuṇoti

---

67 이 규칙은 앞 규칙과 관계있는 내용이 없어서 ca가 불필요하다.

68 이 접미사들의 ṇ는 탈락하지 않는다. 접미사 ṇu가 어근에 붙을 때는 모음 강화로 ṇo가 된다. 이 기능은 KV487–ca를 참고하라.

69 어근 su 앞에 붙임표(–)로 이어진 abhi는 어근 앞에 붙는 접두사이다. 국문 번역의 단어분석에서 접두사와 어근을 이을 때는 붙임표(–)를 사용하고, 어근과 동사 어미를 이을 때는 더하기표 (+)를 사용하였다.

❖〈pāpuṇāti 형성과정〉 apa[KV459] → ap[KV523] → pa+ap+ti [KV416] → pa+ap+uṇā+ti[KV450] → p+āp+uṇā+ti[KV12, KV15] → pāpuṇāti

‖ *kiyādito nā* ‖ 451 ‖

능동태에서, ki로 시작하는 어근 무리(kiyādi) 뒤에 [위까라나] 접미사 nā가 붙는다.

[그 예는 다음과 같다.] kiṇāti. jināti. dhunāti. lunāti. punāti.

- kiṇāti : 산다, 구매한다. [단어분석] ki/kī+nā+ti
- jināti : 정복한다. [단어분석] ji+nā+ti
- dhunāti : 흔든다. [단어분석] dhu+nā+ti
- lunāti : 벤다. [단어분석] lu+nā+ti
- punāti : 깨끗하게 한다. [단어분석] pu+nā+ti

❖〈kiṇāti 형성과정〉 ki[KV459] → ki+ti[KV416] → ki+nā+ti[KV451] → kināti

❖〈jināti 형성과정〉 ji[KV459] → ji+ti[KV416] → ji+nā+ti[KV451] → jināti

‖ *gahâdito ppaṇhā* ‖ 452 ‖

능동태에서, gaha로 시작하는 어근 무리(gahādi) 뒤에 [위까라나] 접미사 ppa, ṇhā가 붙는다.

[그 예는 다음과 같다.] gheppati. gaṇhāti.

• gheppati : 잡는다. [단어분석] gaha+ppa+ti

• gaṇhāti : 잡는다. [단어분석] gaha+ṇhā+ti

❖〈gheppati 형성과정〉 gaha[KV459] → gah[KV523] → gah+ti[KV416] → gah+ppa+ti[KV452] → ghe+ppa+ti[KV491] → gheppati

❖〈gaṇhāti 형성과정〉 gaha[KV459] → gah[KV523] → gah+ti[KV416] → gah+ṇhā+ti[KV452] → ga+ṇhā+ti[KV492] → gaṇhāti

‖ *tanâdito oyirā* ‖ 453 ‖

능동태에서, tanu로 시작하는 어근 무리(tanādi) 뒤에 [위까라나] 접미사 o, yira가 붙는다.

[그 예는 다음과 같다.] tanoti. tanohi. karoti. karohi. kayirati. kayirāhi.

• tanoti : 편다, 넓힌다. [단어분석] tanu+o+ti

• tanohi : 펴라! 넓혀라! [단어분석] tanu+o+hi

• karoti : 한다. [단어분석] kara+o+ti

• karohi : 해라! [단어분석] kara+o+hi

• kayirati : 한다. [단어분석] kara+yira+ti

• kayirāhi : 해라! [단어분석] kara+yira+hi

❖〈tanoti 형성과정〉 tanu[KV459] → tan[KV523] → tan+ti[KV416] → tan+o+ti[KV453] → tanoti

❖〈tanohi 형성과정〉 tanu[KV459] → tan[KV523] → tan+hi[KV417] → tan+o+hi[KV453] → tanohi

‖ *curâdito ṇeṇayā* ‖ 454 ‖

능동태에서, cura로 시작하는 어근 무리(curādi) 뒤에 [위까라나] 접미사 ṇe, ṇaya[70]가 붙는다.

[그 예는 다음과 같다.] coreti · corayati. cinteti · cintayati. manteti. mantayati.

- coreti : 훔친다. [단어분석] cura+ṇe+ti
- corayati : 훔친다. [단어분석] cura+ṇaya+ti
- cinteti : 생각한다. [단어분석] cinta+ṇe+ti
- cintayati : 생각한다. [단어분석] cinta+ṇaya+ti
- manteti : 상의한다. [단어분석] manta+ṇe+ti
- mantayati : 상의한다. [단어분석] manta+ṇaya+ti

❖〈coreti 형성과정〉 cura[KV459] → cur[KV523] → cur+ti[KV416] → cur+ṇe+ti[KV454] → cor+ṇe+ti[KV485] → cor+e+ti[KV525] → coreti

---

70 이 접미사들이 사역 접미사와 형태는 같지만, 사역의 의미는 없다.

❖〈corayati 형성과정〉 cura[KV459] → cur[KV523] → cur+ti [KV416] → cur+ṇaya+ti[KV454] → cor+ṇaya+ti[KV485] → cor+aya+ti[KV525] → corayati

❖〈cinteti 형성과정〉 cinta[KV459] → cint[KV523] → cint+ti [KV416] → cint+ṇe+ti[KV454][71] → cint+e+ti[KV525] → cinteti

|| *attanopadāni bhāve ca kammani* || 455 || [72]

비인칭 행동(bhāva)과 수동태(kamma)에 attanopada [어미]가 있다.

[그 예는 다음과 같다.] uccate. uccante. labbhate. labbhante. majjate. majjante. sujjhate. sujjhante. kayyate. kayyante.[73]

- uccate : 말해진다. [단어분석] vaca+ya+te
- labbhate : 얻어진다. [단어분석] labha+ya+te
- majjate : 문질러진다. [단어분석] maja+ya+te
- sujjhate : 깨끗해진다. [단어분석] sudha+ya+te
- kayyate : 끝난다. [단어분석] kara+ya+te

---

71 다음 절차에 모음 강화가 일어나지 않은 이유는 어근 cinta는 nt라는 결합 자음이 있기 때문이다. 관련 규칙인 KV485를 참고하라.

72 이 규칙의 ca는 단어를 잇는 '…와 ~'의 의미이므로, bhāve와 kammani를 이어준다. KV455에 따르면, 비인칭 행동이나 수동태를 나타낼 때 attanopada 어미가 있는데, 이때 어근에 붙는 접미사는 KV442의 접미사 ya이다.

73 각 예들은 단수형과 복수형 둘 다 제공하고 있는데, 단수형의 단어분석만 제시하겠다.

|| *kattari ca* || 456 || [74]

능동태(kattu)에도 attanopada [어미]가 있다.

[그 예는 다음과 같다.] maññate. rocate. socate. bujjhate. jāyate.[75]

- maññate : 생각한다. [단어분석] mana+ya+te
- rocate : 비춘다. [단어분석] ruca+a+te
- socate : 슬퍼한다. [단어분석] soca+a+te
- bujjhate : 안다. [단어분석] budha+ya+te
- jāyate : 생긴다, 일어난다. [단어분석] jana+ya+te

|| *dhātuppaccayehi vibhattiyo* || 457 ||

[어근에 붙어서 어근의 의미를 바꾸거나, 원한다는 것을 나타내거나, 명사에서 유래한 동사를 만들거나, 원인을 나타내는 등] 어근의 의미를 나타내는 접미사, 즉 kha부터 사역 접미사까지(kha, cha, sa, āya, īya, ṇe, ṇaya, ṇāpe, ṇāpaya)[76]의 접미사[가 어근에 적용된] 뒤에 동사 어미

74 이 규칙의 ca는 이전 규칙의 단어를 끌어와 문맥을 맞추는 용도로, KV455의 attanopadāni를 의미한다.

75 이 예들에 붙은 접미사는 능동태에서 사용하는 위까라나 접미사이다. maññate, bujjhate, jāyate에 붙은 ya는 KV449에 제시된 접미사이고, rocate, socate에 붙은 a는 KV447에 제시된 접미사이다. 이처럼, 능동태에 attanopada 어미가 붙을 때는 능동태를 나타내는 접미사가 붙고, 수동태를 나타내는 접미사 ya(KV442)는 붙지 않는다.

76 이러한 접미사들은 KV435–441에 제시된다.

(vibhatti)가 붙는다.

[그 예는 다음과 같다.] titikkhati. jigucchati. vīmaṃsati. samuddāyati. puttīyati. pāceti.

- titikkhati : 참는다. [단어분석] (tija+kha)+ti[77]
- jigucchati : 싫어한다. [단어분석] (gupa+cha)+ti
- vīmaṃsati : 조사한다. [단어분석] (māna+sa)+ti
- samuddāyati : 바다처럼 행동한다. [단어분석] (samudda+āya)+ti
- puttīyati : [아들 아닌 사람을] 아들처럼 대한다. [단어분석] (putta+īya)+ti
- pāceti : 요리하게 만든다. [단어분석] (paca+ṇe)+ti

|| *kattari parassapadaṃ* || 458 ||[78]

능동태(kattu)에 parassapada [어미]가 있다.

[그 예는 다음과 같다.] karoti. pacati. paṭhati. gacchati.

- karoti : 행한다. [단어분석] kara+o+ti
- pacati : 요리한다. [단어분석] paca+a+ti
- paṭhati : 읽는다. [단어분석] paṭha+a+ti
- gacchati : 간다. [단어분석] gamu+a+ti

77 어근 tija에 접미사 kha가 붙고 난 후에 동사 어미 ti가 적용된다는 것을 보여 주기 위해 임의로 괄호를 사용하였다.

78 이 규칙은 능동태의 모든 동사에 적용되는 규칙이다.

|| *bhuvādayo dhātavo* || 459 ||

bhū 등등과 같은 단어 무리는 '어근(dhātu, 동사의 바탕)'이라고 불린다. [그 예는 다음과 같다.] bhavati · bhavanti. pacati · pacanti. carati · caranti. cintayati · cintayanti. hoti · honti. gacchati · gacchanti.[79]

- bhavati : 된다, 있다. [단어분석] bhū[80]+a+ti
- pacati : 요리한다. [단어분석] paca+a+ti
- carati : 다닌다, 행동한다. [단어분석] cara+a+ti
- cintayati : 생각한다. [단어분석] cinta+ṇaya+ti
- hoti : 있다. [단어분석] hū+a+ti
- gacchati : 간다. [단어분석] gamu+a+ti

여기까지 동사의 장의 두 번째 부분이다.

---

79 각 예들은 단수형과 복수형 둘 다 제공하고 있는데, 단수형의 단어분석만 제시하겠다.

80 밑줄 친 bhū가 어근(dhātu, 동사의 바탕)이다. 다른 예시들도 마찬가지이다.

III.3
제3장의 세 번째 부분[81]

‖ *kvacâdivaṇṇānaṃ ekassarāṇaṃ dvebhāvo* ‖ 460 ‖

[어근에서] 하나의 모음을 가진 첫음절은 때때로 중복된다.

[그 예는 다음과 같다.] titikkhati. jigucchati. tikicchati. vīmaṃsati. bubhukkhati. pivāsati. daddallati. jahāti. caṅkamati.[82]

- titikkhati : 참는다. [단어분석] tija[83]+kha+ti
- jigucchati : 싫어한다. [단어분석] gupa+cha+ti
- tikicchati : 치료한다. [단어분석] kita+cha+ti
- vīmaṃsati : 조사한다. [단어분석] māna+sa+ti

---

81 제3장의 세 번째 부분은 총 24개의 규칙(KV460–483)으로 구성된다. 이 부분에서 다루는 것은 동사 어근 내 중복과 변화, 어근의 대체, 접미사나 어미에 따른 어근의 변화 등이다.

82 titikkhati, jigucchati, tikicchati, vīmaṃsati의 형성과정은 KV435에 제시된다. bubhukkhati, pivāsati의 형성과정은 KV436에 제시된다. 형성과정에서 [KV460]이 표시된 곳이 이 규칙의 기능이 적용된 부분이다.

83 어근 tija에서 하나의 모음을 가진 첫음절이 ti라서 ti가 중복된다.

• bubhukkhati : 먹고 싶다. [단어분석] bhuja+kha+ti

• pivāsati : 마시고 싶다. [단어분석] pā+sa+ti

• daddallati : 타오른다, 빛난다. [단어분석] dala+a+ti

• jahāti : 버린다, 떠난다. [단어분석] hā+a+ti

• caṅkamati : 왔다 갔다 한다/경행한다. [단어분석] kamu+a+ti

무슨 목적으로 '때때로(kvaci)'가 [명시되어 있는가]? ['때때로'에 내포된 바와 같이 이 규칙의 기능이 모든 곳에 다 적용되는 것은 아님을 보여주기 위해서이다. 다음과 같은 예에서는 이 규칙의 기능이 적용되지 않는데, 이것은 '때때로'라는 조건에 의한 것이다.] kamati. calati. [이 예는 첫음절이 중복되지 않았다.]

❖〈caṅkamati 형성과정〉 kamu[KV459] → kam[KV523] → kam+ti [KV416] → kam+a+ti[KV447] → kakam+a+ti[KV460] → cakam +a+ti[KV464] → caṃkam+a+ti[KV468] → caṅkam+a+ti → caṅkamati

‖ *pubbo 'bbhāso* ‖ **461** ‖

어근의 중복된 부분 중 앞부분은 'abbhāsa'[84]라고 불린다.

[그 예는 다음과 같다.] dadhāti. dadāti. babhūva.

• dadhāti : 유지한다, 견딘다. [단어분석] dhā+a+ti

---

84 KV461-469는 어근의 중복된 부분 중 앞부분(abbhāsa)에 대한 규칙이다.

• dadāti : 준다. [단어분석] dā+a+ti

• babhūva : 되었다, 있었다. [단어분석] bhū+a (a는 parokkhā 어미)

❖〈dadhāti 형성과정〉 dhā[KV459] → dhā+ti[KV416] → dhā+a+ti[KV447] → dhā+ti[KV512] → dhādhā+ti[KV460. 밑줄 친 부분이 'abbhāsa'] → dhadhā+ti[KV462] → dadhā+ti[KV463] → dadhāti

|| ***rasso*** || **462** ||

어근의 중복된 부분 중 앞부분에 있는 모음은 짧아진다.

[그 예는 다음과 같다.] dadāti, dadhāti, jahāti. (밑줄 그은 부분이 짧아진 모음임)

|| ***dutiyacatutthānaṃ paṭhamatatiyā*** || **463** ||

어근의 중복된 부분 중 앞부분의 [자음이 무리(vagga)에서] 두 번째와 네 번째인 것은 [각각] 첫 번째와 세 번째가 된다.

[그 예는 다음과 같다.] ciccheda, bubhukkhati, babhūva, dadhāti.

• ciccheda : 잘랐다. [단어분석] chida+a (ch→c, a는 parokkhā 어미)

• bubhukkhati : 먹고 싶다. [단어분석] bhuja+kha+ti (bh→b)

• babhūva : 되었다, 있었다. [단어분석] bhū+a (a는 parokkhā 어미, bh→b)

• dadhāti : 유지한다, 견딘다. [단어분석] dhā+a+ti (dh→d)

❖〈babhūva 형성과정〉 bhū[KV459] → bhū+a[KV419] → bhūbhū +a[KV460] → būbhū+a[KV463] → babhū+a[KV467] → babhūva +a[KV477] → babhūv+a[KV83] → babhūva

‖ *kavaggassa cavaggo* ‖ 464 ‖

어근의 중복된 부분 중 앞부분에 있는 ka 무리(k, kh, g, gh, ṅ)는 ca 무리(c, ch, j, jh, ñ)가 된다.

[그 예는 다음과 같다.] cikicchati. jigucchati. jighacchati. caṅkamati. jigiṃsati. jaṅgamati.

- cikicchati : 치료한다. [단어분석] kita+cha+ti (k→c)
- jigucchati : 싫어한다. [단어분석] gupa+cha+ti (g→j)
- jighacchati : 먹고 싶다. [단어분석] ghasa+cha+ti (gh→j)
- caṅkamati : 왔다 갔다 한다/경행한다. [단어분석] kamu+a+ti (k→c)
- jigiṃsati : 갖고 싶다. [단어분석] hara+sa+ti (g→j)
- jaṅgamati : 간다. [단어분석] gamu+a+ti (g→j)

❖〈cikicchati형성과정〉 kita[KV459] → kit[KV523] → kit+cha [KV435] → kikit+cha[KV460] → cikit+cha[KV464] → cikic+cha [KV474] → cikiccha+ti[KV416] → cikicchati

‖ *mānakitānaṃ vatattaṃ vā* ‖ 465 ‖

어근 māna와 kita의 중복된 부분 중 앞부분의 [m과 k는] 각각 자음 v와 자음 t로 선택에 따라 된다.

[그 예는 다음과 같다.] vīmaṃsati, tikicchati.

- vīmaṃsati : 조사한다. [단어분석] māna+sa+ti (m→v)
- tikicchati : 치료한다. [단어분석] kita+cha+ti (k→t)

무슨 목적으로 '선택에 따라(vā)'가 [명시되어 있는가]? ['선택에 따라'에 내포된 바와 같이 이 규칙의 기능이 모든 곳에 다 적용되는 것은 아님을 보여 주기 위해서이다. 다음과 같은 예에서는 이 규칙의 기능이 적용되지 않는데, 이것은 '선택에 따라'라는 조건에 의한 것이다.] cikicchati. [이 예는 KV464에 의해 어근에서 중복된 부분 중 앞부분의 자음 k가 c가 되었다.]

‖ *hassa jo* ‖ 466 ‖

어근의 중복된 부분 중 앞부분에 있는 자음 h는 j가 된다.

[그 예는 다음과 같다.] jahāti, juvhati.[85] juhoti, jahāra.

- jahāti : 버린다, 떠난다. [단어분석] hā+a+ti (h→j)
- juhvati : 희생한다. [단어분석] hu+a+ti (h→j)

---

85 PTS본은 juvhati라고 표기되어 있는데, juhvati가 올바르기에 다른 텍스트와 사전을 참고하여 juhvati로 고쳐 넣었다.

• juhoti : 희생한다. [단어분석] hu+a+ti (h→j)

• jahāra : 가져갔다. [단어분석] hara+a (h→j. a는 parokkhā 어미)

|| *antass' ivaṇṇ' akāro vā* || 467 ||

어근의 중복된 부분 중 앞부분의 끝은 선택에 따라 모음 i, ī, a가 된다.

[그 예는 다음과 같다.] jigucchati. pivāsati. vīmaṃsati. jighacchati. babhūva.[86]

• jigucchati : 싫어한다. [단어분석] gupa+cha+ti (gu의 u→i)

• pivāsati : 마시고 싶다. [단어분석] pā+sa+ti (pā의 ā→i)

• vīmaṃsati : 조사한다. [단어분석] māna+sa+ti (mā의 ā→ī)

• jighacchati : 먹고 싶다. [단어분석] ghasa+cha+ti (gha의 a→i)

• babhūva : 되었다, 있었다. [단어분석] bhū+a (bhū의 ū→a)

무슨 목적으로 '선택에 따라(vā)'가 [명시되어 있는가]? ['선택에 따라'에 내포된 바와 같이 이 규칙의 기능이 모든 곳에 다 적용되는 것은 아님을 보여 주기 위해서이다. 다음과 같은 예에서는 이 규칙의 기능이 적용되지 않는데, 이것은 '선택에 따라'라는 조건에 의한 것이다.] bubhukkhati.

❖〈jigucchati 형성과정〉 gupa[KV459] → gup[KV523] → gup+cha

86 이 예들의 형성과정은 KV435-436에 제시된다.

[KV435] → gugup+cha[KV460] → jugup+cha[KV464] → jigup+cha[KV467] → jiguc+cha[KV474] → jiguccha+ti[KV416] → jigucchati

‖ *niggahītañ ca* ‖ 468 ‖ [87]

어근의 중복된 부분 중 앞부분의 끝에 닉가히따(ṃ)는 선택에 따라 삽입된다.

[그 예는 다음과 같다.] caṅkamati. cañcalati. jaṅgamati.

- caṅkamati : 왔다 갔다 한다/경행한다. [단어분석] kamu+a+ti
- cañcalati : 흔든다. [단어분석] cala+a+ti
- jaṅgamati : 간다. [단어분석] gamu+a+ti

무슨 목적으로 '선택에 따라(vā)'가 [명시되어 있는가]? ['선택에 따라'에 내포된 바와 같이 이 규칙의 기능이 모든 곳에 다 적용되는 것은 아님을 보여 주기 위해서이다. 다음과 같은 예에서는 이 규칙의 기능이 적용되지 않는데, 이것은 '선택에 따라'라는 조건에 의한 것이다.] pivāsati. daddallati.

❖〈caṅkamati 형성과정〉 kamu[KV459] → kam[KV523] → kam+ti[KV416] → kam+a+ti[KV447] → kakam+a+ti[KV460] → cakam

87 이 규칙의 ca는 이전 규칙의 단어를 끌어와 문맥을 맞추는 용도로, KV467의 vā를 의미한다.

+a+ti[KV464] → caṃkam+a+ti[KV468] → caṅkam+a+ti[KV31] → caṅkamati

‖ *tato pāmānānaṃ vā maṃ sesu* ‖ **469** ‖ [88]

어근의 중복된 부분 중 앞부분의 뒤에 있는 어근 pā, māna는 접미사 sa가 뒤에 올 때 각각 vā, maṃ으로 선택에 따라 대체된다.
[그 예는 다음과 같다.] pivāsati. vīmaṃsati.

❖〈pivāsati 형성과정〉 pā[KV459] → pā+sa[KV436] → pāpā+sa[KV460] → pipā+sa[KV467] → pivā+sa[KV469] → pivāsa+ti[KV416] → pivāsati

‖ *ṭhā tiṭṭho* ‖ **470** ‖ [89]

어근 ṭhā는 선택에 따라 tiṭṭha로 대체된다.
[그 예는 다음과 같다.] tiṭṭhati. tiṭṭhatu. tiṭṭheyya. tiṭṭheyyuṃ.

- tiṭṭhati : 서 있다. [단어분석] ṭhā+a+ti
- tiṭṭhatu : 서 있게 해라. [단어분석] ṭhā+a+tu

---

88 이 규칙에서 tato가 지시하는 것은 KV461에 제시된 abbhāsato이다.

89 KV470-473, 476-477, 483은 특정 어근(ṭhā, pā, ñā, disa, hara, brū, bhū, kara 등)의 대체에 관한 규칙이다.

• tiṭṭheyya : 서 있어야 한다. [단어분석] ṭhā+eyya

• tiṭṭheyyuṃ : 서 있어야 한다. [단어분석] ṭhā+eyyuṃ

무슨 목적으로 '선택에 따라(vā)'가 [명시되어 있는가]? ['선택에 따라'에 내포된 바와 같이 이 규칙의 기능이 모든 곳에 다 적용되는 것은 아님을 보여 주기 위해서이다. 다음과 같은 예에서는 이 규칙의 기능이 적용되지 않는데, 이것은 '선택에 따라'라는 조건에 의한 것이다.] ṭhāti. [이 예는 어근 ṭhā가 tiṭṭha로 대체되지 않았다.]

• ṭhāti : 서 있다. [단어분석] ṭhā+a+ti

‖ *pā pibo* ‖ 471 ‖

어근 pā는 선택에 따라 piba로 대체된다.

[그 예는 다음과 같다.] pibati. pibatu. pibeyya.

• pibati : 마신다. [단어분석] pā+a+ti

• pibatu : 마시게 해라. [단어분석] pā+a+tu

• pibeyya : 마셔야 한다. [단어분석] pā+eyya

무슨 목적으로 '선택에 따라(vā)'가 [명시되어 있는가]? ['선택에 따라'에 내포된 바와 같이 이 규칙의 기능이 모든 곳에 다 적용되는 것은 아님을 보여 주기 위해서이다. 다음과 같은 예에서는 이 규칙의 기능이 적용되지 않는데, 이것은 '선택에 따라'라는 조건에 의한 것이다.] pāti. [이 예는 어근 pā가 piba로 대체되지 않았다.]

• pāti : 마신다. [단어분석] pā+a+ti

|| *ñāssa jājannā* || 472 ||

어근 ñā는 선택에 따라 jā, jaṃ, nā로 대체된다.

[그 예는 다음과 같다.] jānāti. jāneyya. jāniyā. jaññā. nāyati.

- jānāti : 안다. [단어분석] ñā+nā+ti (ñā→jā)
- jāneyya : 알아야 한다. [단어분석] ñā+nā+eyya (ñā→jā)
- jāniyā : 알아야 한다. [단어분석] ñā+nā+eyya (ñā→jā)
- jaññā : 알아야 한다. [단어분석] ñā+nā+eyya (ñā→jaṃ. KV510도 참고)
- nāyati : 안다. [단어분석] ñā+nā+ti (ñā→nā. KV511도 참고)

|| *disassa passadissadakkhā vā* || 473 ||

어근 disa는 선택에 따라 passa, dissa, dakkha로 대체된다.

[그 예는 다음과 같다.] passati. dissati. dakkhati. adakkha.

- passati : 본다. [단어분석] disa+a+ti (disa→passa)
- dissati : 본다. [단어분석] disa+a+ti (disa→dissa)
- dakkhati : 본다. [단어분석] disa+a+ti (disa→dakkha)
- adakkha : 보았다. [단어분석] disa+ā(disa→dakkha. ā는 hīyattanī 어미)

무슨 목적으로 '선택에 따라(vā)'가 [명시되어 있는가]? ['선택에 따라'에 내포된 바와 같이 이 규칙의 기능이 모든 곳에 다 적용되는 것은 아님을 보여 주기 위해서이다. 다음과 같은 예에서는 이 규칙의 기능이 적용되지 않는데, 이것은 '선택에 따라'라는 조건에 의한 것이다.]

addasa.

|| *byañjanantassa co chappaccayesu ca* || 474 ||

어근의 끝 자음은 접미사 cha가 뒤에 올 때 c로 된다.
[그 예는 다음과 같다.] jiguc̱chati. tikic̱chati. jighac̱chati.[90]

|| *ko khe ca* || 475 || [91]

어근의 끝 자음은 접미사 kha가 뒤에 올 때 k로 된다.
[그 예는 다음과 같다.] titik̲khati. bubhuk̲khati.[92]

|| *harassa giṃ se* || 476 ||

어근 hara 전체는 접미사 sa가 뒤에 올 때 giṃ으로 대체된다.
[그 예는 다음과 같다.] jigiṃsati.[93]

---

90 이 예들의 형성과정은 KV435~436에 제시된다.
91 이 규칙의 ca는 이전 규칙의 단어를 끌어와 문맥을 맞추는 용도로, KV474의
    byañjanantassa를 의미한다.
92 이 예들의 형성과정은 KV435~436에 제시된다.
93 이 예의 형성과정은 KV436에 제시된다.

‖ *brūbhūnaṃ āhabhūvā parokkhāyaṃ* ‖ 477 ‖

어근 brū, bhū는 parokkhā 어미가 뒤에 올 때 [각각] āha, bhūva로 대체된다.

[그 예는 다음과 같다.] āha. āhu. babhūva. babhūvu.

- āha : 말했다. [단어분석] brū+a (단수)
- āhu : 말했다. [단어분석] brū+u (복수)
- babhūva : 되었다, 있었다. [단어분석] bhū+a (단수)
- babhūvu : 되었다, 있었다. [단어분석] bhū+u (복수)

무슨 목적으로 'parokkhā 어미가 뒤에 올 때'가 [명시되어 있는가]? [이 규칙에서 명시한 조건에 부합해야만 이 규칙의 기능이 적용된다는 것을 보여 주기 위해서이다. 다음과 같은 예에서는 이 규칙의 기능이 적용되지 않는데, 이것은 'parokkhā 어미가 뒤에 올 때'라는 조건에 부합하지 않기 때문이다.] abravuṃ. [이 예에 사용된 어미는 parokkhā 어미가 아니라 ajjatanī 어미이다.]

- abravuṃ : 말했다. [단어분석] brū+uṃ

❖〈āha 형성과정〉 brū[KV459] → brū+a[KV419] → āha+a[KV477] → āh+a[KV83] → āha

‖ *gamiss' anto ccho vā sabbāsu* ‖ 478 ‖

어근 gamu의 끝 자음 m는 모든 접미사와 동사 어미가 뒤에 올 때 선택에 따라 cch가 된다.

[그 예는 다음과 같다.] gacchamāno · gacchanto. gacchati · gameti. gacchatu · gametu. gaccheyya · gameyya. agaccha · agamā. agacchi · agami. gacchissati · gamissati. agacchissā · agamissā.

- gacchamāno : 가고 있는. [단어분석] gamu+a+māna+si[94]
- gacchanto : 가고 있는. [단어분석] gamu+anta+si
- gacchati : 간다. [단어분석] gamu+a+ti. (vattamānā) *gameti
- gacchatu : 가게 해라. [단어분석] gamu+a+tu. (pañcamī) *gametu
- gaccheyya : 가야 한다. [단어분석] gamu+eyya. (sattamī) *gameyya
- agaccha : 갔다. [단어분석] gamu+ā. (hīyattanī) *agamā
- agacchi : 갔다. [단어분석] gamu+ī. (ajjatanī) *agami
- gacchissati : 갈 것이다. [단어분석] gamu+ssati. (bhavissantī) *gamissati
- agacchissā : 갔더라면/갔을지도 모른다. [단어분석] gamu+ssā. (kālātipatti) *agamissā

무슨 목적으로 '어근 gamu'가 [명시되어 있는가]? [이 규칙에서 명시한 조건에 부합해야만 이 규칙의 기능이 적용된다는 것을 보여 주기 위해서이다. 다음과 같은 예에서는 이 규칙의 기능이 적용되지 않는데, 이것은 '어근 gamu'라는 조건에 부합하지 않기 때문이다.] icchati. [이 예는 어근이 gamu가 아니라 isu인 동사이다.]

---

94 여기서 gama는 어근, a는 위까라나 접미사, māna는 현재분사 접미사, si는 격어미이다.

❖〈gacchati 형성과정〉 gamu[KV459] → gam[KV523] → gam+ti [KV416] → gam+a+ti[KV447] → gacch+a+ti[KV478] → gacchati

|| *vacass' ajjatanismiṃ akāro o* || 479 ||

어근 vaca의 모음 a는 ajjatanī [어미가] 뒤에 올 때 o로 된다.

[그 예는 다음과 같다.] avoca, avocuṃ.

- avoca : 말했다. [단어분석] vaca+ā. (attampada)
- avocuṃ : 말했다. [단어분석] vaca+uṃ. (parassapada)

무슨 목적으로 'ajjatanī 어미가 뒤에 올 때'가 [명시되어 있는가]? [이 규칙에서 명시한 조건에 부합해야만 이 규칙의 기능이 적용된다는 것을 보여 주기 위해서이다. 다음과 같은 예에서는 이 규칙의 기능이 적용되지 않는데, 이것은 'ajjatanī 어미가 뒤에 올 때'라는 조건에 부합하지 않기 때문이다.] avacā, avacū.[95] [이 예에 사용된 어미는 ajjatanī 어미가 아니라 hīyattanī 어미이다.]

❖〈avocuṃ 형성과정〉 vaca[KV459] → vac[KV523] → vac+uṃ [KV421] → voc+uṃ[KV479] → a+voc+uṃ[KV521] → avocuṃ

---

95 PTS본은 avacuṃ이라고 표기되어 있는데, avacuṃ은 ajjatanī 어미가 붙은 동사라서 적절치 않은 예이다. 다른 텍스트를 참고하여 avacū로 고쳐 넣었다.

‖ *akāro dīghaṃ himimesu* ‖ 480 ‖

[위까라나 접미사인] 모음 a는 동사 어미 hi, mi, ma가 뒤에 올 때 길어진다.

[그 예는 다음과 같다.] gacchāhi. gacchāmi. gacchāma. gacchāmhe.

- gacchāhi : 가! [단어분석] gamu+a̠+hi
- gacchāmi : [나는] 간다. [단어분석] gamu+a̠+mi
- gacchāma : [우리는] 간다. [단어분석] gamu+a̠+ma
- gacchāmhe : [우리는] 간다. [단어분석] gamu+a̠+mhe

[규칙에 있는] 음절 mi를 취함으로써, 동사 어미 hi가 뒤에 오더라도 때때로 모음 a가 길어지지 않기도 한다.[96] [그 예는 다음과 같다.] gacchahi.

❖〈gacchāmi 형성과정〉 gamu[KV459] → gam[KV523] → gam+mi[KV416] → gam+a+mi[KV447] → gacch+a+mi[KV478] → gacch+ā+mi[KV480] → gacchāmi

96 다시 말하면, 동사 어미 mi만 규칙에서 떼 와서 mi가 뒤에 올 때만 위까라나 접미사 a가 길어진다고 다시 설정했을 때, 동사 어미 hi는 a가 길어지는 조건이 아니게 된다. 이것은 hi가 뒤에 오더라도 a가 길어지지 않는 경우가 있음을 보여준다.

‖ *hi lopaṃ vā* ‖ 481 ‖

동사 어미 hi는 선택에 따라 탈락한다.

[그 예는 다음과 같다.] gaccha · gacchāhi. gama · gamehi · gamaya · gamayāhi.

- gaccha : 가! [단어분석] gamu+a+hi. *gacchāhi
- gama : 가! [단어분석] gamu+a+hi. *gamehi
- gamaya : 가게 한다. [단어분석] gamu+ṇaya+hi. *gamayāhi

무슨 목적으로 '동사 어미 hi'가 [명시되어 있는가]? [이 규칙에서 명시한 조건에 부합해야만 이 규칙의 기능이 적용된다는 것을 보여 주기 위해서이다. 다음과 같은 예에서는 이 규칙의 기능이 적용되지 않는데, 이것은 '동사 어미 hi'라는 조건에 부합하지 않기 때문이다.] gacchati. gamīyati. [이 예는 어미 hi가 붙은 것이 아니라 ti가 붙었다.]

❖〈gaccha 형성과정〉 gamu[KV459] → gam[KV523] → gam+hi[KV417] → gam+a+hi[KV447] → gacch+a+hi[KV478] → gacch+a+[KV481] → gaccha

‖ *hotissar' ehohe bhavissantimhi ssassa ca* ‖ 482 ‖[97]

어근 hū의 모음은 bhavissantī 어미가 뒤에 올 때 eh, oh, e로 되고,

97 이 규칙의 ca는 이전 규칙의 단어를 끌어와 문맥을 맞추는 용도로, KV481의

[어미의] ss는 선택에 따라 탈락한다.

[그 예는 다음과 같다.] hehiti. hehinti. hohiti. hohinti. heti. henti. hehissati. hehissanti. hohissati. hohissanti. hessati. hessanti.[98]

• hehiti : 있을 것이다. [단어분석] hū+a+ssati (ū→eh)

• hohiti : 있을 것이다. [단어분석] hū+a+ssati(ū→oh)

• heti: 있을 것이다. [단어분석] hū+a+ssati (ū→e)

• hehissati : 있을 것이다. [단어분석] hū+a+ssati (ū→eh. ss 탈락 안 함)

• hohissati : 있을 것이다. [단어분석] hū+a+ssati (ū→oh. ss 탈락 안 함)

• hessati : 있을 것이다. [단어분석] hū+a+ssati (ū→e. ss 탈락 안 함)

무슨 목적으로 '어근 hū'가 [명시되어 있는가]? [이 규칙에서 명시한 조건에 부합해야만 이 규칙의 기능이 적용된다는 것을 보여 주기 위해서이다. 다음과 같은 예에서는 이 규칙의 기능이 적용되지 않는데, 이것은 '어근 hū'라는 조건에 부합하지 않기 때문이다.] bhavissati. bhavissanti. [이 예는 어근이 hū가 아니라 bhū인 동사이다.]

무슨 목적으로 'bhavissantī 어미가 뒤에 올 때'가 [명시되어 있는가]? [이 규칙에서 명시한 조건에 부합해야만 이 규칙의 기능이 적용된다는 것을 보여 주기 위해서이다. 다음과 같은 예에서는 이 규칙의 기능이 적용되지 않는데, 이것은 'bhavissantī 어미가 뒤에 올 때'라는 조건에 부합하지 않기 때문이다.] hoti. honti. [이 예는 bhavissantī 어미가

lopaṃ과 vā를 의미한다.

98 각 예들은 단수형과 복수형 둘 다 제공하고 있는데, 단수형의 단어분석만 제시하겠다.

아니라 vattamāna 어미가 붙었다.]

|| *karassa sappaccayassa kāho* || 483 ||

어근 kara는 bhavissantī 어미가 뒤에 올 때 접미사와 함께 kāha로 선택에 따라 대체되고, [어미의] ss는 항상 탈락한다.

[그 예는 다음과 같다.] kāhati. kāhiti. kāhasi. kāhisi. kāhāmi. kāhāma.

- kāhati : 할 것이다. [단어분석] kara+a+ssati
- kāhiti : 할 것이다. [단어분석] kara+a+ssati
- kāhasi : [당신은] 할 것이다. [단어분석] kara+a+ssasi
- kāhisi : [당신은] 할 것이다. [단어분석] kara+a+ssasi
- kāhāmi : [나는] 할 것이다. [단어분석] kara+a+ssāmi
- kāhāma : [우리는] 할 것이다. [단어분석] kara+a+ssāma

무슨 목적으로 '선택에 따라(vā)'가 [명시되어 있는가]? ['선택에 따라'에 내포된 바와 같이 이 규칙의 기능이 모든 곳에 다 적용되는 것은 아님을 보여 주기 위해서이다. 다음과 같은 예에서는 이 규칙의 기능이 적용되지 않는데, 이것은 '선택에 따라'라는 조건에 의한 것이다.] karissati. karissanti. [이 예는 어근 kara가 접미사와 함께 kāha로 대체되지 않았고, ss도 탈락하지 않았다.]

[규칙에 있는] '접미사와 함께(sappaccaya)'를 취함으로써, [접미사를 갖춘] 다른 [어근] 뒤에 오는 bhavissantī 어미 [ssāmi는] khāmi 또는 chāmi로, [ssāma는] khāma 또는 chāma로 [접미사와 함께] 대체

된다.[99] [그 예는 다음과 같다.] vakkhāmi, vakkhāma, vacchāmi, vacchāma.

- vakkhāmi : 말할 것이다. [단어분석] vaca+a+ssāmi
- vakkhāma : 말할 것이다. [단어분석] vaca+a+ssāma
- vacchāmi : 살 것이다. [단어분석] vasa+a+ssāmi
- vacchāma : 살 것이다. [단어분석] vasa+a+ssāma

❖〈kāhati 형성과정〉 kara[KV459] → kar[KV523] → kar+ssati[KV423] → kar+a+ssati[KV447] → kāha+~~ssa~~ti[KV483] → kāhati

❖〈kāhiti 형성과정〉 kara[KV459] → kar[KV523] → kar+ssati[KV423] → kar+a+ssati[KV447] → kāha+~~ssa~~ti[KV483] → kāha+i+ti[KV518] → kāh+i+ti[KV83] → kāhiti

❖〈vakkhāmi 형성과정〉 vaca[KV459] → vac[KV523] → vac+ssāmi[KV423] → vac+a+ssāmi[KV447] → vac+khāmi[KV483-sappaccaya] → vak+khāmi[KV475 또는 KV519][100]

---

[99] 이 기능은 동사 어미가 접미사와 함께 대체되는 것이고, KV483의 기본 기능은 어근이 접미사와 함께 대체되는 것이다. 이렇게 기능이나 조건에 차이가 있는데도 같은 규칙 안에 제시될 수 있는 것은 '접미사와 함께(sappaccaya)'라는 공통된 조건이 있기 때문이다. 국문 번역에 "'접미사와 함께'를 취함으로써"는 sappaccayaggahaṇena를 옮긴 것인데 이 내용을 풀어서 말하면, 규칙에서 '접미사와 함께'만 떼 와서 '접미사와 함께'는 고정해 놓고 그 외의 조건이나 기능을 다시 설정하는 것을 의미한다. 그래서 여기서는 접미사와 함께 '어근'이 아니라, '동사 어미'가 대체되는 것으로 새로 설정이 되었다.

[100] 이 절차와 비슷한 기능이 있는 규칙은 KV475(접미사 kha가 뒤에 올 때 어근의 끝 자음

❖〈vacchāmi 형성과정〉 vasa[KV459] → vas[KV523] → vas+ssāmi [KV423] → vas+a+ssāmi[KV447] → vas+chāmi[KV483-sappaccaya] → vac+chāmi[KV474 또는 KV519][101]

여기까지 동사의 장의 세 번째 부분이다.

은 k로 대체됨)인데, 조건에 있어서 정확히 같지 않아서(khāmi의 kha를 접미사로 볼 수 있는지에 대한 문제 때문에) KV475와 KV519 둘 다 써넣었다.

101 이 절차와 비슷한 기능이 있는 규칙은 KV474(접미사 cha가 뒤에 올 때 어근의 끝 자음은 c로 대체됨)인데, 조건에 있어서 정확히 같지 않아서(chāmi의 cha를 접미사로 볼 수 있는지에 대한 문제 때문에) KV474와 KV519 둘 다 써넣었다.

III.4
제3장의 네 번째 부분[102]

‖ ***dântass’aṃ mimesu*** ‖ **484** ‖

어근 dā의 끝은 동사 어미 mi, ma가 뒤에 올 때 aṃ이 된다.

[그 예는 다음과 같다.] dammi. damma.

- dammi : [나는] 준다. [단어분석] dā+a+mi
- damma : [우리는] 준다. [단어분석] dā+a+ma

❖〈dammi 형성과정〉 dā[KV459] → dā+mi[KV416] → dā+a+mi[KV447] → dā+mi[KV512] → daṃ+mi[KV484] → dam+mi[KV31] → dammi

102 제3장의 네 번째 부분은 총 42개의 규칙(KV484–525)으로 구성된다. 이 부분은 형태학적 절차에 필요한 규칙을 많이 다루고 있고, 이전 규칙들을 보충하는 규칙도 많다. 어근 내 변화, 어근의 대체, 모음 강화, 접미사나 어미에 따른 특정 어근의 변화, 특정 어근 뒤에 오는 접미사나 어미의 변화 등을 다루고 있다. 이 부분의 이러한 특성상, 단어의 형태학적 절차와 의미 모두 살펴보는 것이 중요하다. 그래서 각각의 예시에 국문 번역을 넣어서 원문과 맞추어 볼 수 있도록 구성하였고, 단어분석(어근+ākhyāta접미사+동사 어미)과 단어 형성과정을 제시하였다.

|| ***asaṃyogantassa vuḍḍhi kārite*** || **485** || [103]

결합 자음이 아닌 [단일자음으로] 끝나는 어근의 모음은 사역 접미사가 뒤에 올 때 강화(vuḍḍhi)된다.

[그 예는 다음과 같다.] kāreti, kārenti · kārayati, kārayanti. kārāpeti, kārāpenti · kārāpayati, kārāpayanti.[104]

- kāreti : 하게 만든다. [단어분석] kara+ṇe+ti (a→ā)
- kārayati: 하게 만든다. [단어분석] kara+ṇaya+ti (a→ā)
- kārāpeti : 하게 만든다. [단어분석] kara+ṇāpe+ti (a→ā)
- kārāpayati : 하게 만든다. [단어분석] kara+ṇāpaya+ti (a→ā)

무슨 목적으로 '결합 자음이 아닌 [단일자음으로] 끝나는'이 [명시되어 있는가]? [이 규칙에서 명시한 조건에 부합해야만 이 규칙의 기능이 적용된다는 것을 보여 주기 위해서이다. 다음과 같은 예에서는 이 규칙의 기능이 적용되지 않는데, 이것은 '결합 자음이 아닌 [단일자음으로] 끝나는'이라는 조건에 부합하지 않기 때문이다.] cintayati. mantayati. [이 예는 단일자음이 아니라 결합 자음으로 끝나는 어근이 있는 동사이다.]

❖〈kārayati 형성과정〉 kara[KV459] → kar[KV523] → kar+ṇaya

---

103 KV485–487은 모음 강화(vuḍḍhi 또는 vuddhi)에 관한 규칙이다. KV407에 따르면, 모음 강화란, 모음 a가 ā로, i나 ī가 e로, u나 ū가 o로 되는 것이다.

104 각 예들은 단수형과 복수형 둘 다 제공하고 있는데, 단수형의 단어분석만 제시하겠다.

[KV440] → kār+ṇaya[KV485] → kār+aya[KV525] → kār+aya+ti [KV416] → kārayati

❖〈kārāpeti 형성과정〉 kara[KV459] → kar[KV523] → kar+ṇāpe [KV440] → kār+ṇāpe[KV485] → kār+āpe[KV525] → kār+āpe+ti [KV416] → kārāpeti

‖ ***ghaṭâdīnaṃ vā*** ‖ **486** ‖

결합 자음이 아닌 [단일자음으로] 끝나는 ghaṭa 등등의 어근의 모음은 사역 접미사가 뒤에 올 때 선택에 따라 강화된다.

[그 예는 다음과 같다.] ghāṭeti. ghaṭeti. ghāṭayati. ghaṭayati. ghāṭāpeti. ghaṭāpeti. ghāṭāpayati. ghaṭāpayati. gāmeti. gameti. gāmayati. gamayati.

- ghāṭeti : 노력하게 한다. [단어분석] ghaṭa+ṇe+ti (a→ā). *ghaṭeti
- ghāṭayati : 노력하게 한다. [단어분석] ghaṭa+ṇaya+ti (a→ā). *ghaṭayati
- ghāṭāpeti : 노력하게 한다. [단어분석] ghaṭa+ṇāpe+ti (a→ā). *ghaṭāpeti
- ghāṭāpayati : 노력하게 한다. [단어분석] ghaṭa+ṇāpaya+ti (a→ā). *ghaṭāpayati
- gāmeti: 가게 한다. [단어분석] gamu+ṇe+ti (a→ā). *gameti
- gāmayati : 가게 한다. [단어분석] gamu+ṇaya+ti (a→ā). *gamayati

무슨 목적으로 '어근 ghaṭa 등등'이 [명시되어 있는가]? [이 규칙에서 명시한 조건에 부합해야만 이 규칙의 기능이 적용된다는 것을 보여 주기 위해서이다. 다음과 같은 예에서는 이 규칙의 기능이 적용되지 않는데, 이것은 '어근 ghaṭa 등등'이라는 조건에 부합하지 않기 때문이다.] kāreti. [이 예는 어근이 ghaṭa 등등이 아니라 kara인 동사이다.]

‖ *aññesu ca* ‖ 487 ‖ [105]

[사역 접미사 외에] 다른 접미사가 뒤에 올 때, 결합 자음이 아닌 [단일자음으로] 끝나는 어근의 모음은 강화된다.

[그 예는 다음과 같다.] jayati. bhavati. hoti.

- jayati : 정복한다. [단어분석] ji+a+ti (i→e)
- bhavati : 된다, 이다, 있다. [단어분석] bhū+a+ti (ū→o)
- hoti : 이다, 있다. [단어분석] hū+a+ti (ū→o)

[규칙에 있는] 단어 'ca(또한)'를 취함으로써, 접미사 ṇu[106]에도 모음 강화가 있다. [그 예는 다음과 같다.] abhisuṇoti. (ṇu→ṇo)

❖〈jayati 형성과정〉 ji[KV459] → ji+ti[KV416] → ji+a+ti[KV447] → je+a+ti[KV487] → jay+a+ti[KV516] → jayati

---

105 이 규칙의 ca는 해설, 예시 다음에 제시된, 추가 정보를 가리킨다. 추가 정보는 국문 번역에 "규칙에 있는 단어 ca를 취함으로써"의 뒤에 이어진 내용으로, 기존 규칙의 기능에 형태학적 변화의 예를 더 보탠 것이다.

106 이 접미사 ṇu는 KV450에 제시된 위까라나 접미사 ṇu인데, 모음 강화가 일어나 ṇo가 된다.

❖〈bhavati 형성과정〉 bhū[KV459] → bhū+ti[KV416] → bhū+a+ti [KV447] → bho+a+ti[KV487] → bhav+a+ti[KV515] → bhavati

❖〈hoti 형성과정〉 hū[KV459] → hū+ti[KV416] → hū+a+ti[KV447] → hū+ti[KV512] → ho+ti[KV487] → hoti

‖ *guhadusānaṃ dīghaṃ* ‖ **488** ‖

어근 guha, dusa의 모음은 사역 접미사가 뒤에 올 때 길어진다.

[그 예는 다음과 같다.] gūhayati. dūsayati.

- gūhayati : 숨기게 한다. [단어분석] guha+ṇaya+ti (u→ū)
- dūsayati : 망치게 한다. [단어분석] dusa+ṇaya+ti (u→ū)

‖ *vacavasavahâdīnaṃ ukāro vassa ye* ‖ **489** ‖

어근 vaca, vasa, vaha 등등의 음절 va의 [a 또는 전체는] 접미사 ya[107]가 뒤에 올 때 u가 된다.

[그 예는 다음과 같다.] uccate. vuccati. vussati. vuyhati.

- uccate : 말해진다. [단어분석] vaca+ya+te (va→u)
- vuccati : 말해진다. [단어분석] vaca+ya+te (va의 a→u)
- vussati : 산다. [단어분석] vasa+ya+te (va의 a→u)

107 KV489−490의 접미사 ya는 KV442에서 제시된, 비인칭 행동(bhāva)과 수동태(kamma)를 나타낼 때 붙는 접미사 ya이다.

• vuyhati : 떠내려간다. [단어분석] vaha+ya+te (va의 a→u)

❖〈uccate 형성과정〉 vaca[KV459] → vac[KV523] → vac+te[KV455] → vac+ya+te[KV442] → uc+ya+te[KV489] → uc+ca+te[KV443] → uccate

❖〈vuccati 형성과정〉 vaca[KV459] → vac[KV523] → vac+te [KV455] → vac+ya+te[KV442] → vuc+ya+te[KV489] → vuc+ca +te[KV443] → vuc+ca+ti[KV520] → vuccati

‖ ***havipariyāyo lo vā*** ‖ **490** ‖

[어근의] 자음 h는 접미사 ya가 뒤에 올 때 [접미사의 y와] 치환이 일어나고, 선택에 따라 접미사 ya의 [y는] l(또는 ḷ)가 된다.

[그 예는 다음과 같다.] vuḷhati · vuyhati.

• vuḷhati : 떠내려간다. [단어분석] vaha+ya+te (h↔y, y↔l)

• vuyhati : 떠내려간다. [단어분석] vaha+ya+te (h↔y)

❖〈vuḷhati 형성과정〉 vaha[KV459] → vah[KV523] → vah+te [KV455] → vah+ya+te[KV442] → vuh+ya+te[KV489] → vuy+ha +te, vuḷ+ha+te[KV490] → vuḷ+ha+ti[KV520] → vuḷhati

❖〈vuyhati 형성과정〉 vaha[KV459] → vah[KV523] → vah+te [KV455] → vah+ya+te[KV442] → vuh+ya+te[KV489] → vuy+ha +te[KV490] → vuy+ha+ti[KV520] → vuyhati

‖ *gahassa ghe ppe* ‖ 491 ‖[108]

어근 gaha 전체는 접미사 ppa가 뒤에 올 때 ghe가 된다.

[그 예는 다음과 같다.] gheppati.

- gheppati : 잡는다. [단어분석] gaha+ppa+ti

❖〈gheppati 형성과정〉 gaha[KV459] → gah[KV523] → gah+ti[KV416] → gah+ppa+ti[KV452] → ghe+ppa+ti[KV491] → gheppati

‖ *halopo ṇhāmhi* ‖ 492 ‖

어근 gaha의 h는 접미사 ṇhā가 뒤에 올 때 탈락한다.

[그 예는 다음과 같다.] gaṅhāti.

- gaṇhāti : 잡는다. [단어분석] gaha+ṇhā+ti

❖〈gaṇhāti 형성과정〉 gaha[KV459] → gah[KV523] → gah+ti[KV416] → gah+ṇhā+ti[KV452] → ga+ṇhā+ti[KV492] → gaṇhāti

---

108 KV491−492의 접미사 ppa와 ṇhā는 KV452에서 제시된 위까라나 접미사이다.

‖ *karassa kāsattaṃ ajjatanimhi* ‖ 493 ‖

어근 kara 전체는 ajjatanī 어미가 뒤에 올 때 선택에 따라 kās가 된다.

[그 예는 다음과 같다.] akāsi. akāsuṃ. akari. akaruṃ.

- akāsi : 했다. [단어분석] kara+ī. *akari
- akāsuṃ: 했다. [단어분석] kara+uṃ. *akaruṃ

❖〈akāsi 형성과정〉 kara[KV459] → kar[KV523] → kar+ī[KV421] → a+kar+ī[KV521] → a+kās+ī[KV493] → a+kās+i[KV519] → akāsi

❖〈akāsuṃ 형성과정〉 kara[KV459] → kar[KV523] → kar+uṃ[KV421] → a+kar+uṃ[KV521] → a+kās+uṃ[KV493] → akāsuṃ

‖ *asasmā mimānaṃ mhimh' antalopo ca* ‖ 494 ‖[109]

어근 asa 뒤에 동사 어미 mi, ma는 선택에 따라 mhi, mha로 대체된다. 그리고 어근의 끝[자음은] 탈락한다.

[그 예는 다음과 같다.] amhi. amha. asmi. asma.

- amhi : [나는] ~이다, 있다. [단어분석] asa+mi. *asmi
- amha : [우리는] ~이다, 있다. [단어분석] asa+ma. *asma

109 이 규칙의 ca는 다음 문장을 이어 주는 '그리고'의 의미이므로, 해설에 두 가지 문법 기능이 제시된다.

|| *thassa tthattaṃ* || 495 ||

어근 asa 뒤에 동사 어미 tha는 ttha가 되고, 어근의 끝은 탈락한다.
[그 예는 다음과 같다.] attha.

- attha : [너희는] ~이다, 있다. [단어분석] asa+tha

|| *tissa tthittaṃ* || 496 ||

어근 asa 뒤에 동사 어미 ti는 tthi가 되고, 어근의 끝은 탈락한다.
[그 예는 다음과 같다.] atthi.

- atthi : ~이다, 있다. [단어분석] asa+ti

|| *tussa tthuttaṃ* || 497 ||

어근 asa 뒤에 동사 어미 tu는 tthu가 되고, 어근의 끝은 탈락한다.
[그 예는 다음과 같다.] atthu.

- atthu : 있게 해라. [단어분석] asa+tu

|| *simhi ca* || 498 || [110]

어근 asa의 끝음은 동사 어미 si가 뒤에 올 때 탈락한다.[111]

---

110 이 규칙의 ca는 이전 규칙의 단어를 끌어와 문맥을 맞추는 용도로, KV494의

[그 예는 다음과 같다.] ko nu tvam asi mārisa 당신은 누구십니까, 선생님?

• asi : [당신은] ~이다, 있다. [단어분석] asa+si

‖ ***labhasmā īinnaṃ ttha tthaṃ*** ‖ **499** ‖

어근 labha 뒤에 [ajjatanī] 동사 어미 ī, iṃ은 ttha, tthaṃ으로 대체되고, 어근의 끝은 탈락한다.

[그 예는 다음과 같다.] alattha. alatthaṃ.

• alattha : 얻었다. [단어분석] labha+ī (ī→ttha)

• alatthaṃ : 얻었다. [단어분석] labha+iṃ (iṃ→tthaṃ)

❖〈alattha 형성과정〉 labha[KV459] → labh[KV523] → labh+ī [KV421] → la~~bh~~+ttha[KV499] → a+la+ttha[KV521] → alattha

‖ ***kusasmād ī cchi*** ‖ **500** ‖

어근 kusa[112] 뒤에 [ajjatanī] 동사 어미 ī는 cchi로 대체되고, 어근의

---

lopo를 의미한다. KV494-497까지 이어지던 어근 asa 뒤에 오는 어미의 대체에 대한 기능이 끝났기에, KV494에서 lopo(탈락)의 기능만 가져왔다.

111 KV523에 따르면, 모음이 여러 개인 어근의 끝모음은 때때로 탈락하므로, 끝모음의 탈락을 늘 염두에 두고 규칙을 이해하면 된다. 따라서 KV498에서 어근 asa의 끝음이란, 이미 끝모음 a가 탈락한 as의 자음 s를 의미한다.

끝은 탈락한다.

[그 예는 다음과 같다.] akkocchi.

- akkocchi : 욕했다. [단어분석] kusa+ī (ī→cchi)

❖〈akkocchi 형성과정〉 kusa[KV459] → kus[KV523] → kus+ī [KV421] → kos+ī[KV487] → ko~~s~~+cchi[KV500] → a+ko+cchi [KV521] → a+kko+cchi[KV28] → akkocchi

‖ *dāssa dajjaṃ* ‖ **501** ‖

어근 dā 전체는 선택에 따라 dajja로 대체된다.

[그 예는 다음과 같다.] dajjāmi. dajjeyya. dadāmi. dadeyya.

- dajjāmi : [나는] 준다. [단어분석] dā+a+mi. *dadāmi
- dajjeyya : 주어야 한다. [단어분석] dā+eyya. *dadeyya

‖ *vadassa vajjaṃ* ‖ **502** ‖

어근 vada 전체는 선택에 따라 vajja로 대체된다.

[그 예는 다음과 같다.] vajjāmi. vajjeyya. vadāmi. vadeyya.

---

112 kusa의 단어에 대해 PTS본은 kudha라고 표기하고 있지만, 이 규칙에서 제시한 예시 단어에 맞추기 위해 다른 텍스트와 사전을 참고하여 kusa로 고쳐 넣었다. 규칙의 kudhasmād도 kusasmād로 고쳐 넣었다.

• vajjāmi : [나는] 말한다. [단어분석] vada+a+mi. *vadāmi

• vajjeyya : 말해야 한다. [단어분석] vada+eyya. *vadeyya

|| *gamussa ghammaṃ* || 503 ||

어근 gamu 전체는 선택에 따라 ghamma로 대체된다.

[그 예는 다음과 같다.] ghammatu. ghammāhi. ghammāmi.

• ghammatu : 가게 해라. [단어분석] gamu+a+tu

• ghammāhi : [당신은] 가라. [단어분석] gamu+a+hi

• ghammāmi : [나는] 간다. [단어분석] gamu+a+mi

무슨 목적으로 '선택에 따라(vā)'가 [명시되어 있는가]? ['선택에 따라'에 내포된 바와 같이 이 규칙의 기능이 모든 곳에 다 적용되는 것은 아님을 보여 주기 위해서이다. 다음과 같은 예에서는 이 규칙의 기능이 적용되지 않는데, 이것은 '선택에 따라'라는 조건에 의한 것이다.] gacchatu. gacchāhi. gacchāmi.

|| *yamhi dādhāmāṭhāhāpā mahamathâdīnaṃ ī* || 504 ||

접미사 ya[113]가 뒤에 올 때, 어근 dā, dhā, mā, ṭhā, hā, pā, maha,

113 KV504-505의 접미사 ya는 KV442에서 제시된, 비인칭 행동(bhāva)과 수동태(kamma)를 나타낼 때 붙는 접미사 ya이다. attanopada 어미 te가 parassapada 어미로 되는 기능은 KV520을 참고하라.

matha 등등의 끝음은 모음 ī가 된다.

[그 예는 다음과 같다.] dīyati. dhīyati. mīyati. ṭhīyati. hīyati. pīyati. mahīyati. mathīyati.

- dīyati : 주어진다. [단어분석] dā+ya+te
- dhīyati : 버티게 된다. [단어분석] dhā+ya+te
- mīyati : 측정된다. [단어분석] mā+ya+te
- ṭhīyati : 서 있다. [단어분석] ṭhā+ya+te
- hīyati : 버려진다. [단어분석] hā+ya+te
- pīyati : 마시게 된다. [단어분석] pā+ya+te
- mahīyati : 존경받는다. [단어분석] maha+ya+te
- mathīyati : 뒤집힌다. [단어분석] matha+ya+te

❖〈dīyati 형성과정〉 dā[KV459] → dā+te[KV455] → dā+ya+te [KV442] → dī+ya+te[KV504] → dī+ya+ti[KV520] → dīyati

❖〈mahīyati 형성과정〉 maha[KV459] → maha+te[KV455] → maha+ya+te[KV442] → mahī+ya+te[KV504] → mahī+ya+ti[KV520] → mahīyati

‖ *yajass'ādiss'i* ‖ **505** ‖

어근 yaja의 첫 [음절 ya는] 접미사 ya가 뒤에 올 때 i로 대체된다.

[그 예는 다음과 같다.] ijjate mayā Buddho. 부처님은 나에 의해 공양받는다. (=나는 부처님께 공양 올린다.)

• ijjate : 공양 받는다. [단어분석] yaja+ya+te

❖〈ijjate 형성과정〉 yaja[KV459] → yaj[KV523] → yaj+te[KV455] → yaj+ya+te[KV442] → ij+ya+te[KV505] → ij+ja+te[KV445] → ijjate

‖ *sabbato uṃ iṃsu* ‖ 506 ‖

모든 어근 뒤에 [ajjatanī] 동사 어미 uṃ은 iṃsu로 대체된다.

[그 예는 다음과 같다.] upasaṅkamiṃsu … nisīdiṃsu.

• upasaṅkamiṃsu : [그들은] 다가갔다. [단어분석] upa–saṃ–kamu +uṃ

• nisīdiṃsu : [그들은] 앉았다. [단어분석] ni–sada+uṃ

‖ *jaramarāṇaṃ jīrajiyyamiyyā vā* ‖ 507 ‖

어근 jara, mara는 jīra, jiyya, miyya로 선택에 따라 대체된다. (jara는 jīra나 jiyya로, mara는 miyya로 대체된다.)

[그 예는 다음과 같다.] jīrati. jīranti. jiyyati. jiyyanti. miyyati. miyyanti. marati. maranti.[114]

---

114 각 예들은 단수형과 복수형 둘 다 제공하고 있는데, 단수형의 단어분석만 제시하겠다.

• jīrati : 늙는다. [단어분석] jara+a+ti
• jiyyati : 늙는다. [단어분석] jara+a+ti
• miyyati : 죽는다. [단어분석] mara+a+ti *marati

‖ *sabbatthâsassâdilopo ca* ‖ 508 ‖ [115]

모든 동사 어미와 접미사가 뒤에 올 때, 어근 asa의 첫 [모음]은 선택에 따라 탈락한다.
[그 예는 다음과 같다.] siyā, santi, santo, samāno.
• siyā : ~이어야 한다. [단어분석] asa+eyya
• santi : ~이다, 있다. [단어분석] asa+a+anti
• santo : ~하는. [단어분석] asa+anta+smiṃ
• samāno : ~하는. [단어분석] asa+a+māna+si
무슨 목적으로 '선택에 따라(vā)'가 [명시되어 있는가]? ['선택에 따라'에 내포된 바와 같이 이 규칙의 기능이 모든 곳에 다 적용되는 것은 아님을 보여 주기 위해서이다. 다음과 같은 예에서는 이 규칙의 기능이 적용되지 않는데, 이것은 '선택에 따라'라는 조건에 의한 것이다.] asi.

❖〈siyā 형성과정〉 asa[KV459] → as[KV523] → as+eyya[KV418] →

115 이 규칙의 ca는 이전 규칙의 단어를 끌어와 문맥을 맞추는 용도로, KV507의 vā를 의미한다.

~~a~~s+eyya[KV508] → s+iyā[KV519] → siyā

‖ ***asabbadhātuke bhū*** ‖ **509** ‖

어근 asa는 'asabbadhātuka'[116][라고 불리는 parokkhā, ajjatanī, bhavissantī, kālātipatti 어미들이] 뒤에 올 때 선택에 따라 bhū가 된다.

[그 예는 다음과 같다.] bhavissati, bhavissanti.

- bhavissati : ~일 것이다, 될 것이다. [단어분석] asa+ssati
- bhavissanti : ~일 것이다, 될 것이다. [단어분석] asa+ssanti

무슨 목적으로 '선택에 따라(vā)'가 [명시되어 있는가]? ['선택에 따라'에 내포된 바와 같이 이 규칙의 기능이 모든 곳에 다 적용되는 것은 아님을 보여 주기 위해서이다. 다음과 같은 예에서는 이 규칙의 기능이 적용되지 않는데, 이것은 '선택에 따라'라는 조건에 의한 것이다.] āsuṃ.

❖〈bhavissati 형성과정〉 asa[KV459] → as[KV523] → as+ssati[KV423] → bhū+ssati[KV509] → bhū+i+ssati[KV518] → bho+i+ssati[KV487] → bhav+i+ssati[KV515] → bhavissati

---

116 asabbadhātuka와 sabbadhātuka에 대해서는 KV433과 그 각주를 참고하라.

‖ *eyyassa ñāto iyāññā vā* ‖ 510 ‖

어근 ñā 뒤에 동사 어미 eyya는 선택에 따라 iyā, ñā로 대체된다.
[그 예는 다음과 같다.] jāniyā. jaññā.

- jāniyā : 알아야 한다. [단어분석] ñā+nā+eyya
- jaññā : 알아야 한다. [단어분석] ñā+nā+eyya

무슨 목적으로 '선택에 따라(vā)'가 [명시되어 있는가]? ['선택에 따라'에 내포된 바와 같이 이 규칙의 기능이 모든 곳에 다 적용되는 것은 아님을 보여 주기 위해서이다. 다음과 같은 예에서는 이 규칙의 기능이 적용되지 않는데, 이것은 '선택에 따라'라는 조건에 의한 것이다.] jāneyya.

❖〈jāniyā 형성과정〉 ñā[KV459] → ñā+eyya[KV418] → ñā+nā+eyya [KV451] → jā+nā+eyya[KV472] → jā+nā+iyā[KV510] → jā+n +iyā[KV519] → jāniyā

‖ *nāssa lopo yakārattaṃ* ‖ 511 ‖

어근 ñā 뒤에 [위까라나] 접미사 nā는 선택에 따라 탈락한다. [탈락하지 않으면] ya가 되기도 한다.
[그 예는 다음과 같다.] jaññā. nāyati.

- jaññā : 알아야 한다. [단어분석] ñā+nā+eyya (nā 탈락)
- nāyati : 안다. [단어분석] ñā+nā+ti (nā→ya)

무슨 목적으로 '선택에 따라(vā)'가 [명시되어 있는가]? ['선택에 따라'에 내포된 바와 같이 이 규칙의 기능이 모든 곳에 다 적용되는 것은 아님을 보여 주기 위해서이다. 다음과 같은 예에서는 이 규칙의 기능이 적용되지 않는데, 이것은 '선택에 따라'라는 조건에 의한 것이다.] jānāti.

❖〈jaññā 형성과정〉 ñā[KV459] → ñā+eyya[KV418] → ñā+nā+eyya[KV451] → jaṃ+nā+eyya[KV472] → jaṃ+nā+ñā[KV510] → jaṃ+ñā[KV511] → jañ+ñā[KV519] → jaññā

❖〈nāyati 형성과정〉 ñā[KV459] → ñā+ti[KV416] → ñā+nā+eyya[KV451] → nā+nā+ti[KV472] → nā+ya+ti[KV511] → nāyati

‖ *lopañ c' ettaṃ akāro* ‖ **512** ‖

[위까라나] 접미사 a는 선택에 따라 탈락한다. [탈락하지 않으면] e가 되기도 한다.

[그 예는 다음과 같다.] vajjemi · vademi.[117] vajjāmi · vadāmi.

- vajjemi/vademi : [나는] 말한다. [단어분석] vada+a+mi (a→e)
- *vajjāmi/vadāmi : [나는] 말한다. [단어분석] vada+a+mi (a→ā)

❖〈vajjemi 형성과정〉 vada[KV459] → vad[KV523] → vad+mi[KV416] → vad+a+mi[KV447] → vajj+a+mi[KV502] → vajj+e

117 a가 e로 되는 예만 제시되었고, a가 탈락하는 예는 제시되지 않았다.

+mi[KV512] → vajjemi

❖〈vademi 형성과정〉 vada[KV459] → vad[KV523] → vad+mi [KV416] → vad+a+mi[KV447] → vad+e+mi[KV512] → vademi

❖〈vajjāmi 형성과정〉 vada[KV459] → vad[KV523] → vad+mi [KV416] → vad+a+mi[KV447] → vajj+a+mi[KV502] → vajj+ā +mi[KV480] → *vajjāmi

‖ *uttaṃ okāro* ‖ 513 ‖

[위까라나] 접미사 o는 선택에 따라 u로 된다.

[그 예는 다음과 같다.] kurute. karoti.

• kurute : 한다. [단어분석] kar+o+te. *karoti

무슨 목적으로 '[위까라나] 접미사 o'가 [명시되어 있는가]? [이 규칙에서 명시한 조건에 부합해야만 이 규칙의 기능이 적용된다는 것을 보여 주기 위해서이다. 다음과 같은 예에서는 이 규칙의 기능이 적용되지 않는데, 이것은 '[위까라나] 접미사 o'라는 조건에 부합하지 않기 때문이다.] hoti. [이 예는 접미사 o가 아니라 a가 붙는 동사이다.]

‖ *karass' akāro ca* ‖ 514 ‖ [118]

어근 kara의 모음 a는 선택에 따라 u로 된다.

---

118 이 규칙의 ca는 이전 규칙의 단어를 끌어와 문맥을 맞추는 용도로, KV513의

[그 예는 다음과 같다.] kurute. karoti. kubbati. kayirati.

- kurute : 한다. [단어분석] kara+o+te. *karoti
- kubbati : 한다. [단어분석] kara+o+ti
- *kayirati : 한다. [단어분석] kara+yira+ti

무슨 목적으로 '어근 kara'가 [명시되어 있는가]? [이 규칙에서 명시한 조건에 부합해야만 이 규칙의 기능이 적용된다는 것을 보여 주기 위해서이다. 다음과 같은 예에서는 이 규칙의 기능이 적용되지 않는데, 이것은 '어근 kara'라는 조건에 부합하지 않기 때문이다.] sarati. marati. [이 예는 어근이 kara인 동사가 아니다.]

❖〈kurute 형성과정〉 kara[KV459] → kar[KV523] → kar+te[KV456] → kar+o+te[KV453] → kar+u+te[KV513] → kur+u+te[KV514] → kurute

‖ *o ava sare* ‖ **515** ‖

어근의 끝에 [모음 강화를 거친] 모음 o는 모음이 뒤에 올 때 선택에 따라 av가 된다.[119]

[그 예는 다음과 같다.] cavati. bhavati.

---

uttaṃ을 의미한다.

119 KV515 해설에 "~가 된다."는 hoti를 옮긴 것이고, KV516 해설에 "~로 대체된다."는 ādeso hoti를 옮긴 것이다. 이것은 같은 기능의 다른 표현일 뿐이다.

• cavati : 움직인다, 사라진다. [단어분석] cu+a+ti (u→o→av)

• bhavati : 된다, 이다, 있다. [단어분석] bhū+a+ti (ū→o→av)

무슨 목적으로 '모음이 뒤에 올 때'가 [명시되어 있는가]? [이 규칙에서 명시한 조건에 부합해야만 이 규칙의 기능이 적용된다는 것을 보여 주기 위해서이다. 다음과 같은 예에서는 이 규칙의 기능이 적용되지 않는데, 이것은 '모음이 뒤에 올 때'라는 조건에 부합하지 않기 때문이다. hoti. [이 예는 위까라나 접미사가 탈락하여 모음이 뒤에 오지 않는다.]

무슨 목적으로 '모음 o'가 [명시되어 있는가]? [이 규칙에서 명시한 조건에 부합해야만 이 규칙의 기능이 적용된다는 것을 보여 주기 위해서이다. 다음과 같은 예에서는 이 규칙의 기능이 적용되지 않는데, 이것은 '모음 o'라는 조건에 부합하지 않기 때문이다.] jayati. [이 예는 어근의 끝모음이 o인 동사가 아니다.]

❖〈bhavati 형성과정〉 bhū[KV459] → bhū+ti[KV416] → bhū+a+ti [KV447] → bho+a+ti[KV487] → bhav+a+ti[KV515] → bhavati

❖〈hoti 형성과정〉 hū[KV459] → hū+ti[KV416] → hū+a+ti[KV447] → hū+ti[KV512] → ho+ti[KV487] → *hoti

‖ *e aya* ‖ 516 ‖

어근의 끝에 [모음 강화를 거친] 모음 e는 모음이 뒤에 올 때 선택에 따라 ay로 대체된다.

[그 예는 다음과 같다.] nayati. jayati.

• nayati : 이끈다. [단어분석] nī+a+ti (ī→e→ay)

• jayati : 정복한다. [단어분석] ji+a+ti (i→e→ay)

무슨 목적으로 '모음이 뒤에 올 때'가 [명시되어 있는가]? [이 규칙에서 명시한 조건에 부합해야만 이 규칙의 기능이 적용된다는 것을 보여 주기 위해서이다. 다음과 같은 예에서는 이 규칙의 기능이 적용되지 않는데, 이것은 '모음이 뒤에 올 때'라는 조건에 부합하지 않기 때문이다. neti. [이 예는 위까라나 접미사가 탈락하여 모음이 뒤에 오지 않는다.]

❖〈nayati 형성과정〉 nī[KV459] → nī+ti[KV416] → nī+a+ti[KV447] → ne+a+ti[KV487] → nay+a+ti[KV516] → nayati

❖〈jayati 형성과정〉 ji[KV459] → ji+ti[KV416] → ji+a+ti[KV447] → je+a+ti[KV487] → jay+a+ti[KV516] → jayati

❖〈neti 형성과정〉 nī[KV459] → nī+ti[KV416] → nī+a+ti[KV447] → nī+ti[KV512] → ne+ti[KV487] → neti

‖ ***te āvāyā kārite*** ‖ **517** ‖

[어근의 끝에 모음 강화를 거친] o, e는 사역 접미사가 뒤에 올 때 [각각] āv, āy로 대체된다.

[그 예는 다음과 같다.] lāveti. nāyeti.

• lāveti : 자르게 한다. [단어분석] lū+ṇe+ti (ū→o→āv)

• nāyeti : 이끌게 한다. [단어분석] nī+ṇe+ti (ī→e→āy)

규칙분할(yogavibhāga)에 의해, [사역 접미사가 아닌] 다른 [접미사가 뒤에 올 때도] e는 āy가 된다. [그 예는 다음과 같다.] gāyati.

• gāyati : 노래한다. [단어분석] ge+a+ti (e→āy)

❖〈lāveti 형성과정〉 lū[KV459] → lū+ṇe[KV440] → lo+ṇe[KV485] → lāv+ṇe[KV517] → lāv+e[KV525] → lāve+ti[KV416] → lāveti

❖〈nāyeti 형성과정〉 nī[KV459] → nī+ṇe[KV440] → ne+ṇe[KV485] → nāy+ṇe[KV517] → nāy+e[KV525] → nāye+ti[KV416] → nāyeti

‖ *ikārâgamo asabbadhātukamhi* ‖ 518 ‖

'asabbadhātuka'[120][라고 불리는] 모든 [parokkhā, ajjatanī, bhavissantī, kālātipatti 어미들]이 뒤에 올 때, 모음 i가 삽입된다. [그 예는 다음과 같다.] gamissati. karissati. labhissati. pacissati.

• gamissati : 갈 것이다. [단어분석] gamu+ssati

• karissati : 할 것이다. [단어분석] kara+ssati

• labhissati : 얻을 것이다. [단어분석] labha+ssati

• pacissati : 요리할 것이다. [단어분석] paca+ssati

무슨 목적으로 'asabbadhātuka(parokkhā, ajjatanī, bhavissantī, kālātipatti

---

120 asabbadhātuka와 sabbadhātuka에 대해서는 KV433과 그 각주를 참고하라.

어미들)’가 [명시되어 있는가]? [이 규칙에서 명시한 조건에 부합해야만 이 규칙의 기능이 적용된다는 것을 보여 주기 위해서이다. 다음과 같은 예에서는 이 규칙의 기능이 적용되지 않는데, 이것은 ‘asabbadhātuka(parokkhā, ajjatanī, bhavissantī, kālātipatti 어미들)’라는 조건에 부합하지 않기 때문이다.] gacchati. karoti. labhati. pacati. [이 예는 asabbadhātuka가 있는 동사가 아니다.]

❖〈gamissati 형성과정〉 gamu[KV459] → gam[KV523] → gam+ssati [KV423] → gam+i+ssati[KV518] → gamissati

❖〈karissati 형성과정〉 kara[KV459] → kar[KV523] → kar+ssati [KV423] → kar+i+ssati[KV518] → karissati

|| ***kvaci dhātuvibhattippaccayānaṃ dīghaviparītâdesalopâgamā ca*** || **519** || [121]

이 동사의 장에 나오지 않은 것들(예 또는 형태학적 절차)에, 때때로 어근(dhātu) · 어미(vibhatti) · 접미사(paccaya)의 장음화(dīgha) · 뒤바뀜(viparīta) · 대체(ādesa) · 탈락(lopa) · 삽입(āgama)은 승리자(부처님)의 말씀에 일치하게 해서 행해져야 한다.

[그 예는 다음과 같다.] jāyati. kareyya. jāniyā. siyā. kare. gacche. jaññā. vakkhetha. dakkhetha. dicchati. agacchi. agacchuṃ. ahosi.

---

121 이러한 유형의 규칙에 관해서는 KV393의 각주를 참고하라.

ahesuṃ. 이처럼 다른 예에서도 적용되어야 한다.

- jāyati : 일어난다, 생긴다. [단어분석] jana+ya+ti (jan→jā)
- kareyya : 해야 한다. [단어분석] kara+o+eyya (o 생략)
- jāniyā : 알아야 한다. [단어분석] ñā+nā+eyya (nā의 ā 탈락. KV510 단어 형성과정 참고)
- siyā : ~이어야 한다. [단어분석] asa+eyya (eyya→iyā. KV508, 510 참고)
- kare : 해야 한다. [단어분석] kara+o+eyya (o 생략, eyya→e)
- gacche : 가야 한다. [단어분석] gamu+eyya (eyya→e)
- jaññā : 알아야 한다. [단어분석] ñā+nā+eyya (jaṃ→jañ. KV511 단어 형성과정 참고)
- vakkhetha : [너희는] 말한다. [단어분석] vaca+tha (vaca→vakkha. tha→etha)
- dakkhetha : [너희는] 본다. [단어분석] disa+tha (tha→etha. disa→dakkha는 KV473 참고)
- dicchati : 본다. [단어분석] disa+ti (disa→diccha)
- agacchi : 갔다. [단어분석] gamu+ī (ī→i. KV478, 521 참고)
- agacchuṃ : [그들은] 갔다. [단어분석] gamu+uṃ (KV478, 521 참고)
- ahosi : 있었다. [단어분석] hū+ī (hū→hos, ī→i. KV521 참고)
- ahesuṃ : [그들은] 있었다. [단어분석] hū+uṃ (hū→hes. KV521 참고)

‖ *attanopadāni parassapadattaṃ* ‖ 520 ‖

attanopada [어미는] 때때로 parassapada [어미의] 상태로 된다.[122]

[그 예는 다음과 같다.] vuccati. labbhati. paccati.

• vuccati : 말해진다. [단어분석] vaca+ya+te (te→ti)

• labbhati : 얻어진다. [단어분석] labha+ya+te (te→ti)

• paccati : 요리된다. [단어분석] paca+ya+te (te→ti)

무슨 목적으로 '때때로(kvaci)'가 [명시되어 있는가]? ['때때로'에 내포된 바와 같이 이 규칙의 기능이 모든 곳에 다 적용되는 것은 아님을 보여주기 위해서이다. 다음과 같은 예에서는 이 규칙의 기능이 적용되지 않는데, 이것은 '때때로'라는 조건에 의한 것이다.] vuccate. labbhate. paccate.

‖ *akārâgamo hīyattanajjatanīkālâtipattīsu* ‖ 521 ‖

때때로 모음 a는 hīyattanī, ajjatanī, kālātipatti 어미가 뒤에 올 때 [동사 앞에] 삽입된다.

[그 예는 다음과 같다.] agamā. agamī. agamissā.

• agamā : 갔다. [단어분석] gamu+ā

• agamī : 갔다. [단어분석] gamu+ī

122 parassapada 어미의 형태만 취할 뿐, 여전히 attanopada이며 수동태의 의미는 그대로이다.

• agamissā : 갔을지도 모른다(=결국 가지 못했다). [단어분석] gamu+ssā
무슨 목적으로 '때때로(kvaci)'가 [명시되어 있는가]? ['때때로'에 내포된 바와 같이 이 규칙의 기능이 모든 곳에 다 적용되는 것은 아님을 보여 주기 위해서이다. 다음과 같은 예에서는 이 규칙의 기능이 적용되지 않는데, 이것은 '때때로'라는 조건에 의한 것이다.] gamā. gamī. gamissā. (이처럼 동사 앞에 a가 삽입되지 않기도 한다.)

❖〈agamā 형성과정〉 gamu[KV459] → gam[KV523] → gam+ā [KV420] → a+gam+ā[KV521] → agamā

‖ *brūto ī timhi* ‖ 522 ‖

어근 brū 뒤에 모음 ī는 동사 어미 ti가 뒤에 올 때 삽입된다.
[그 예는 다음과 같다.] bravīti.

• bravīti : 말한다. [단어분석] brū+a+ti

❖〈bravīti 형성과정〉 brū[KV459] → brū+ti[KV416] → brū+a+ti [KV447] → brū+ti[KV512] → brū+ī+ti[KV522] → bro+ī+ti [KV487] → brav+ī+ti[KV515] → bravīti

|| *dhātuss' anto lopo 'nekasarassa* || 523 ||

모음이 여러 개인 어근의 끝[모음은] 때때로 탈락한다.[123]

[그 예는 다음과 같다.] gacchati. sarati. marati.

- gacchati : 간다. [단어분석] gamu+a+ti (u 탈락)
- sarati : 기억한다. [단어분석] sara+a+ti (a 탈락)
- marati : 죽는다. [단어분석] mara+a+ti (a 탈락)

무슨 목적으로 '모음이 여러 개인'이 [명시되어 있는가]? [이 규칙에서 명시한 조건에 부합해야만 이 규칙의 기능이 적용된다는 것을 보여 주기 위해서이다. 다음과 같은 예에서는 이 규칙의 기능이 적용되지 않는데, 이것은 '모음이 여러 개인'이라는 조건에 부합하지 않기 때문이다.] pāti. yāti. vāti. [이 예는 모음이 여러 개가 아니라 하나인 어근이다.]

- pāti : 마신다. [단어분석] pā+a+ti
- yāti : 간다. [단어분석] yā+a+ti
- vāti : 간다. [단어분석] vā+a+ti

무슨 목적으로 '때때로(kvaci)'가 [명시되어 있는가]? ['때때로'에 내포된 바와 같이 이 규칙의 기능이 모든 곳에 다 적용되는 것은 아님을 보여 주기 위해서이다. 다음과 같은 예에서는 이 규칙의 기능이 적

123 이 규칙의 기능은 어근에 모음이 하나인 경우를 제외하고는, 거의 모든 어근의 형태학적 절차에 적용된다. 따라서 동사 어근의 끝에 대해 규칙에서 언급할 때, 어근 끝모음은 이미 탈락한 것으로 상정하고 그 앞의 음을 끝음으로 이해해야 한다.

용되지 않는데, 이것은 '때때로'라는 조건에 의한 것이다.] mahīyati. mathīyati. [이 예는 어근의 끝모음이 탈락한 것이 아니라, 모음 ī[124]가 된 것이다.]

‖ *isuyamānaṃ anto ccho vā* ‖ 524 ‖

어근 isu, yamu의 끝음[125]은 선택에 따라 cch가 된다.

[그 예는 다음과 같다.] icchati. niyacchati.

- icchati : 원한다. [단어분석] isu+a+ti (s→cch)
- niyacchati : 금한다. [단어분석] ni−yamu+a+ti (m→cch)

무슨 목적으로 '선택에 따라(vā)'가 [명시되어 있는가]? ['선택에 따라'에 내포된 바와 같이 이 규칙의 기능이 모든 곳에 다 적용되는 것은 아님을 보여 주기 위해서이다. 다음과 같은 예에서는 이 규칙의 기능이 적용되지 않는데, 이것은 '선택에 따라'라는 조건에 의한 것이다.] esati. niyamati.

❖〈icchati 형성과정〉 isu[KV459] → is[KV523] → is+ti[KV416] → is+a+ti[KV447] → icch+a+ti[KV524] → icchati

---

124 어근의 끝모음이 ī가 되는 기능은 KV504를 참고하라.

125 KV523에 따르면, 모음이 여러 개인 어근의 끝모음은 때때로 탈락하므로, 끝모음의 탈락을 늘 염두에 두고 규칙을 이해하면 된다. 따라서 KV524에서 어근 isu의 끝음이란, 이미 끝모음 a가 탈락한 is의 자음 s를 의미하고, 어근 yamu의 끝음이란, 이미 끝모음 a가 탈락한 yam의 자음 m를 의미한다.

❖〈niyacchati 형성과정〉 yamu[KV459] → yam[KV523] → ni+yam+ti[KV416] → ni+yam+a+ti[KV447] → ni+yacch+a+ti[KV524] → niyacchati

‖ *kāritānaṃ ṇo lopaṃ* ‖ 525 ‖

사역 접미사(ṇe, ṇaya, ṇāpe, ṇāpaya)의 ṇ는 탈락한다.[126]

[그 예는 다음과 같다.] kāreti. kārayati. kārāpeti. kārāpayati.

- kāreti : 하게 만든다. [단어분석] kara+ṇe+ti (ṇ 탈락)
- kārayati : 하게 만든다. [단어분석] kara+ṇaya+ti (ṇ 탈락)
- kārāpeti : 하게 만든다. [단어분석] kara+ṇāpe+ti (ṇ 탈락)
- kārāpayati : 하게 만든다. [단어분석] kara+ṇāpaya+ti (ṇ 탈락)

[부처님의] 가르침을 위해, 동사는 나에 의해 간략히 설명되었다.[127]

현명한 자들이 자신의 탁월한 지혜로 숙고하기를!

여기까지 동사의 장의 네 번째 부분이다.

---

126 여기서 kārita는 KV440, 441, 454에서 제시된 접미사들(ṇe, ṇaya, ṇāpe, ṇāpaya)을 가리킨다. ṇ는 탈락하기 때문에 실제로 어근에 붙는 접미사는 각각 e, aya, āpe, āpaya이다. ṇ가 표시된 접미사들이 어근에 붙으면 어근에 모음 강화(vuddhi)가 일어난다. 결국 탈락시킬 ṇ를 접미사에 붙이는 것은, ṇ가 표시된 접미사들이 어근에 붙으면 모음 강화를 일으킨다는 것을 보여 주기 위한 것이다.

127 의역하면, "[부처님의] 가르침을 위해, 나는 동사를 간략히 설명하였다."이다.

IV. Kibbidhānakappa[1]

제4장 : Kita의 장

1 Kibbidhānakappa는 Kita의 장(章)으로, 6부분(kaṇḍa)으로 나뉘고 총 150개의 규칙(KV526-675)으로 구성된다. kibbidhāna는 kita(kita라고 불리는 접미사들의)+vidhāna(정리, 배치)이다. kita는 어근에서 파생된 단어(명사, 형용사 등)를 만들기 위해 어근에 직접 적용하는 접미사인데, 어근 kar에서 파생된 kita라는 단어는 그런 접미사가 붙어서 만들어진 단어의 예 중 하나이다. 이 예로서의 kita가 이런 접미사를 일컫는 이름이 된 것이지만, 이 용어는 문법 관련된 텍스트에서만 볼 수 있다. 국문 번역에 단 한 마디의 번역어를 정해서 쓰기에는 제대로 그 뜻이 전달되지 않아서 국문 번역 없이 kita 그대로 쓰기로 한다. 따라서 Kibbidhānakappa는 'kita라고 불리는 접미사들을 정리한 장'이라고 이해할 수 있다. 간략히 'kita의 장'이라고 부르겠다. 이 kita의 장은 세부적 주제에 따라, Kibbidhānakappa(Kita의 장, KV526-625), Uṇādikappa(접미사 uṇ/ṇu 등등의 장, KV626-675)로 세분할 수도 있다. 이 Kita의 장에서 다루는 접미사를 편의상 'kita 접미사'라고 부르고, 이런 접미사가 붙어서 만들어진 단어를 'kita 파생어'라고 부르겠다.

지혜의 바다이시고 모든 일을 다 아시며 세상을 위해 무한한 지혜를 가진 부처님께
먼저 절을 올리고 나서 저는 [단어의] 완성[2]인 Kita의 장(章)을 말하겠습니다.
"[단어의] 완성을 기반으로 [단어의] 쓰임이 있고, 쓰임을 기반으로 의미가 드러난다."[3]라고
의미에 능통한 지혜를 가진 자들, 승리자(부처님)의 가르침을 잘 새기는 자들은 말합니다.
안내자 없는 눈먼 자가 길을 잃듯, 그릇 없는 버터기름·꿀·기름이 못 쓰게 되듯,
쓰임에 맞지 않는 단어는 의미가 드러나지 않습니다.
그러므로, 구하기 어려운 성현 말씀의 뜻을 잘 보호하기 위해 나는

2 여기서 '단어의 완성'은 sādhana를 최대한 단축해서 옮긴 것이다. sādhana의 글자 그대로의 의미는 '만들어 내는 것, 완성, 어떤 것을 성취하는 수단'이지만, 문법과 관련된 맥락이나 이 도입 시(詩)의 맥락에서 sādhana는 'kita 접미사가 어근 뒤에 붙어 뜻이 더해지면서 특정 단어(kita 파생어)가 완성되는 과정 또는 그런 단어의 완성'을 의미한다. 이 sādhana를 kāraka와 비교하는 논의도 있지만, KV에서 kāraka가 한 kappa로 크게 다루어지는 것과는 달리, sādhana는 이 도입 시에만 언급되기에 이런 비교를 통한 깊은 논의는 하지 않기로 한다.

3 이 문장을 부연하자면, kita 접미사는 규칙에서 '행위자의 의미로', '행동의 의미로' 등등의 조건과 함께 제시되므로, kita 접미사가 어근 뒤에 붙어 특정 단어가 완성되면, 그 단어는 어떠한 접미사가 붙었느냐에 따라 그 쓰임에 맞게 사용된다. 그렇게 쓰임에 맞게 단어가 사용되면 단어의 의미가 명확해지므로 "단어의 완성을 기반으로 단어의 쓰임이 있고, 쓰임을 기반으로 의미가 드러난다."라고 하는 것이다.

학생들에게 도움이 되는, [단어의] 완성과 관련된 Kita의 장을 말하겠습니다.

IV.1
제4장의 첫 번째 부분[4]

‖ *dhātuyā kammâdimhi ṇo* ‖ 526 ‖

목적어(대격 단어)가 앞에 있을 때, 어근 뒤에 접미사 ṇa가 붙는다.

[그 예는 다음과 같다.] kammaṃ karotī ti kammakāro.[5]

• kammakāro : 일을 하는 자. [단어분석] kamma+kara+ṇa[6]

이처럼 kumbhakāro, kaṭṭhakāro, mālākāro, rathakāro, rajatakāro, suvaṇṇakāro, pattagāho, tantavāyo, dhaññamāyo, dhammakāmo,

---

4 제4장의 첫 번째 부분은 총 26개의 규칙(KV526–551)으로 구성된다. 이 부분에서 다루는 것은 kita 파생어를 만드는 다양한 kita 접미사와 어근의 어형 변화 등이다. 이 부분은 kita 접미사가 붙어서 형성되는 kita 파생어에 관한 것이므로, 단어의 형태학적 절차뿐만 아니라 파생어의 의미 모두 살펴보는 것이 중요하다. 그래서 각각의 예시에 국문 번역을 넣어서 원문과 맞추어 볼 수 있도록 구성하였고, 단어분석은 '앞 단어+어근+kita접미사' 또는 '어근+kita접미사'로 제시하였다.

5 이 예문을 풀어서 옮기면, "일을 하므로 '일을 하는 자(kammakāro)'라고 한다." 이다.

6 이 단어분석에서 kamma(일)는 목적어로서 앞에 있는 단어이고, kara(하다, 행하다)는 동사 어근이며, ṇa는 접미사이다.

dhammacāro에도 [동일하게 적용된다.]

- kumbhakāro : 옹기를 만드는 자, 도공. [단어분석] kumbha+kara+ṇa[7]
- kaṭṭhakāro : 장작을 만드는 자. [단어분석] kaṭṭha+kara+ṇa
- mālākāro : 꽃을 가꾸는 자/화환을 만드는 자. [단어분석] mālā+kara+ṇa
- rathakāro : 마차를 만드는 자. [단어분석] ratha+kara+ṇa
- rajatakāro : 은을 세공하는 자. [단어분석] rajata+kara+ṇa
- suvaṇṇakāro : 금을 세공하는 자. [단어분석] suvaṇṇa+kara+ṇa
- pattagāho : 발우를 드는 자. [단어분석] patta+gaha+ṇa
- tantavāyo : 실을 짜는 자. [단어분석] tanta+vā+ṇa
- dhaññamāyo : 곡식을 측정하는 자. [단어분석] dhañña+mā+ṇa
- dhammakāmo : 법을 원하는 자. [단어분석] dhamma+kāmu+ṇa
- dhammacāro : 법을 실천하는 자. [단어분석] dhamma+cara+ṇa

❖〈kammakāro 형성과정〉 kara[KV459] → kar[KV523] → kamma+kar+ṇa[KV526][8] → kamma+kār+ṇa[KV623, KV485] → kamma+kār+a[KV623, KV525] → kammakāra[KV603] → kammakāra

7 이 단어분석에서 kumbha(옹기, 도기)는 목적어로서 앞에 있는 단어이고, kara(하다, 행하다)는 동사 어근이며, ṇa는 접미사이다. 다른 예시들도 마찬가지이다.

8 이 과정에 세 가지 사항이 내포되어 있는데, ① ṇa가 kita 접미사인 것(KV548), ② kita 접미사가 있으므로 이 단어는 행위자(kattu)인 것(KV626), ③ kammaṃ의 격어미 탈락(KV319)이다.

+si(→o)[KV104] → kammakār+o[KV83] → kammakāro

‖ *saññāyaṃ a nu* ‖ 527 ‖

이름(칭호)을 나타내고 목적어가 앞에 있을 때 어근 뒤에 접미사 a가 붙고, 명사에 nu[9]가 삽입된다.

[그 예는 다음과 같다.] ariṃ dametī ti Arindamo rājā.[10] vessaṃ taratī ti Vessantaro rājā. taṇhaṃ karotī[11] ti Taṇhaṅkaro Bhagavā. medhaṃ karotī ti Medhaṅkaro Bhagavā. saraṇaṃ karotī ti Saraṇaṅkaro Bhagavā. dīpaṃ karotī ti Dīpaṅkaro Bhagavā.

- Arindamo : 적을 정복하는 자, 왕. [단어분석] ari+damu+a[12]
- Vessantaro : 바이샤 계급을 뛰어넘는 자, 왕. [단어분석] vessa+tara+a
- Taṇhaṅkaro : 갈애를 제압하는 자, 세존. [단어분석] taṇhā+kara+a
- Medhaṅkaro : 지혜를 만드는 자, 세존. [단어분석] medhā+kara+a
- Saraṇaṅkaro : 의지처를 만드는 자, 세존. [단어분석] saraṇa+kara+a

---

9 삽입된 nu가 닉가히따(ṃ)로 되는 기능은 KV539에 제시된다.

10 이 예문을 풀어서 옮기면, "왕은 적을 정복하므로 '적을 정복하는 자(Arindamo)'라고 한다."이다. 다른 예문도 이런 식으로 해당 예시 단어를 설명한다.

11 여기서 karoti는 '만들다'의 뜻이 아니라, '제압하다', '죽이다', '없애다' 등의 뜻이다.

12 이 단어분석에서 ari(적)는 목적어로서 앞에 있는 단어이고, damu(정복하다)는 동사 어근, a는 접미사이다. 다른 예시들도 마찬가지이다. nu의 삽입은 단어 형성 과정을 참고하라.

• Dīpaṅkaro : 등불을 만드는 자, 세존. [단어분석] dīpa+kara+a

❖〈arindamo 형성과정〉 damu[KV459] → dam[KV523] → ari+dam +a[KV527] → ari+dama[KV603] → arinu+dama[KV527] → ariṃ +dama[KV539] → arin+dama[KV31] → arindama+si(→o)[KV104] → arindam+o[KV83] → arindamo

❖〈dīpaṅkaro 형성과정〉 kara[KV459] → kar[KV523] → dīpa+kar+a [KV527] → dīpa+kara[KV603] → dīpanu+kara[KV527] → dīpaṃ +kara[KV539] → dīpaṅ+kara[KV31] → dīpaṅkara+si(→o)[KV104] → dīpaṅkar+o[KV83] → dīpaṅkaro

‖ *pure dadā ca iṃ* ‖ 528 ‖ [13]

단어 pura가 앞에 있을 때, 어근 dadā(dā가 중복된 형태) 뒤에 접미사 a가 붙는다. 그리고 단어 pura의 모음 a는 iṃ이 된다.

[그 예는 다음과 같다.] pure dānaṃ adāsī ti Purindado devarājā.[14]

• Purindado : 전생에 보시한 자, 신들의 왕. [단어분석] pura+dā+a

❖〈purindado 형성과정〉 dā[KV459] → dādā[KV460] → dadā

---

13 이 규칙의 ca는 다음 문장을 이어 주는 '그리고'의 의미이므로, 해설에 두 가지 문법 기능이 제시된다.

14 이 예문을 풀어서 옮기면, "신들의 왕은 전생에 보시하였으므로 '전생에 보시를 한 자(Purindado)'라고 한다."이다.

[KV462] → pura(→puriṃ)+dadā+a[KV528] → purin+dadā+a [KV31] → purin+dad+a[KV83] → purindada[KV603] → purindada +si(→o)[KV104] → purindad+o[KV83] → purindado

‖ *sabbato 'ṇvutvāvī vā* ‖ 529 ‖

목적어가 앞에 있건 없건 모든 어근 뒤에 선택에 따라 접미사 a, ṇvu, tu, āvī가 붙는다.

[접미사 a가 붙는 예는 다음과 같다.] taṃ karotī ti takkaro.[15] hitaṃ karotī ti hitakaro. vineti etena tasmiṃ vā vinayo. nissāya taṃ vassatī ti nissayo.

- takkaro : 그것을 하는 자. [단어분석] ta+kara+a
- hitakaro : 유익한 것을 하는 자. [단어분석] hita+kara+a
- vinayo : 그것에 따라 이끄는/가르치는 것, 율. [단어분석] vi−nī +a[16]
- nissayo : 의지되는 사람, 스승. [단어분석] ni−sī+a

---

15 이 예문을 풀어서 옮기면, "그것을 행하므로 '그것을 하는 자(takkaro)'라고 한다." 이다. 다른 예문도 이런 식으로 해당 예시 단어를 설명한다.

16 어근 nī 앞에 붙임표(−)로 이어진 vi는 어근 앞에 붙는 접두사이다. 이렇게 국문 번역의 단어분석에서 접두사와 어근을 이을 때는 붙임표(−)를 사용하였고, 앞의 단어와 어근을 이을 때는 더하기표(+)를 사용하였다. 다른 예문도 이런 식으로 해당 예시 단어를 설명한다.

접미사 ṇvu[17][가 붙는 예는 다음과 같다.] rathaṃ karotī ti rathakārako. annaṃ dadātī ti annadāyako. vineti satte ti vināyako. karotī ti kārako. dadātī ti dāyako. netī ti nāyako.

- rathakārako : 마차를 만드는 자. [단어분석] ratha+kara+ṇvu
- annadāyako : 음식을 주는 자. [단어분석] anna+dā+ṇvu
- vināyako : 존재들을 이끄는 자. [단어분석] vi−nī+ṇvu
- kārako : 행하는 자. [단어분석] kara+ṇvu
- dāyako : 주는 자. [단어분석] dā+ṇvu
- nāyako : 이끄는 자. [단어분석] nī+ṇvu

접미사 tu[가 붙는 예는 다음과 같다.] karotī ti kattā. tassa kattā takkattā. dadātī ti dātā. bhojanassa dātā bhojanadātā. saratī ti saritā.

- kattā : 행하는 자. [단어분석] kara+tu
- takkattā : 그것을 하는 자. [단어분석] ta+kara+tu
- dātā : 주는 자. [단어분석] dā+tu
- bhojanadātā : 음식을 주는 자. [단어분석] bhojana+dā+tu
- saritā : 기억하는 사람. [단어분석] sara+tu

접미사 āvī[가 붙는 예는 다음과 같다.] bhayaṃ passatī ti bhayadassāvī.

- bhayadassāvī : 위험을 보는 자. [단어분석] bhaya+disa+āvī

❖〈kārako 형성과정〉 kara[KV459] → kar[KV523] → kar+ṇvu

17 접미사 ṇvu가 aka가 되는 기능은 KV624에 제시된다.

[KV529] → kār+ṇvu[KV623, KV485] → kār+aka[KV624] → kāraka[KV603] → kāraka+si(→o)[KV104] → kārak+o[KV83] → kārako

❖〈kattā 형성과정〉 kara[KV459] → kar[KV523] → kar+tu[KV529] → kat+tu[KV621] → kattu[KV603] → kattā+si(→si탈락)[KV199] → kattā

‖ *visarujapadâdito ṇa* ‖ 530 ‖

어근 visa, ruja, pada 등등 뒤에 접미사 ṇa가 붙는다.

[그 예는 다음과 같다.] pavisatī ti paveso.[18] rujatī ti rogo. uppajjatī ti uppādo. phusatī[19] ti phasso. ucatī ti oko. bhavatī ti bhāvo. ayatī[20] ti āyo. sammā bujjhatī ti sambodho. viharatī ti vihāro.

- paveso : 들어오는 것. [단어분석] pa−visa+ṇa
- rogo : 괴롭히는 것, 병. [단어분석] ruja+ṇa
- uppādo : 생겨나는 것, 탄생/발생. [단어분석] u−pada+ṇa
- phasso : 닿는 것, 접촉. [단어분석] phusa+ṇa
- oko : 한데 모이는 것/결합하는 것, 집. [단어분석] uca+ṇa

18 이 예문을 풀어서 옮기면, “들어오기 때문에 '들어오는 것/들어오는 자(paveso)'라고 한다.”이다. 다른 예문도 이런 식으로 해당 예시 단어를 설명한다.

19 PTS본은 phussatī라고 표기되어 있는데, phusatī가 올바르기에 다른 텍스트와 사전을 참고하여 phusatī로 고쳐 넣었다.

20 PTS본은 ayatī라고 표기되어 있는데, 사전을 참고하여 āyatī로 고쳐 넣었다.

• bhāvo : 있는 것/존재하는 것, 존재. [단어분석] bhū+ṇa
• āyo : 오는 것, 수입/소득. [단어분석] ā−i+ṇa
• sambodho : 바른 깨달음. [단어분석] saṃ−budha+ṇa
• vihāro : 지내는 곳, 거처. [단어분석] vi−hara+ṇa

‖ *bhāve ca* ‖ **531** ‖ [21]

행동(bhāva)의 의미를 나타낼 때, 모든 어근 뒤에 접미사 ṇa가 붙는다. [그 예는 다음과 같다.] paccate pacanaṃ vā pāko.[22] cajjate cajanaṃ vā cāgo. bhūyate bhavanaṃ vā bhāvo.[23]

• pāko : 요리하는 행동. [단어분석] paca+ṇa
• cāgo : 베푸는 행동. [단어분석] caja+ṇa
• bhāvo : 존재함. [단어분석] bhū+ṇa

이처럼 yāgo, yogo, bhāgo, paridāho에도 [동일하게 적용된다.]

---

21 이 규칙의 ca는 이전 규칙의 단어를 끌어와 문맥을 맞추는 용도로, KV530의 ṇa를 의미한다.

22 이 문장을 자세히 말하면, 비인칭 행동(Bhāva)을 의미하는 동사 paccate(요리하는 행동) 또는 kita 파생어 pacanaṃ(요리하는 행동)의 의미로, 어근 paca에 접미사 ṇa가 붙고, 그 모든 형태학적 절차를 거쳐 'pāko(요리하는 행동)'가 만들어진다는 것이다. 다른 예시 단어도 이런 식으로 설명된다.

23 각 예의 첫 단어 paccate, cajjate, bhūyate는 비인칭 행동(Bhāva)을 의미하는 ākhyāta 동사이고, 두 번째 단어 pacanaṃ, cajanaṃ, bhavanaṃ은 행동(Bhāva)을 의미하는 kita 파생어이다.

❖〈pāko 형성과정〉 paca[KV459] → pac[KV523] → pac+ṇa[KV531] → pāc+ṇa[KV623, KV485] → pāk+ṇa[KV625] → pāk+a[KV623, KV525] → pāka[KV603] → pāka+si(→o)[KV104] → pāk+o[KV83] → pāko

❖〈cāgo 형성과정〉 caja[KV459] → caj[KV523] → caj+ṇa[KV531] → cāj+ṇa[KV623, KV485] → cāg+ṇa[KV625] → cāg+a[KV623, KV525] → cāga[KV603] → cāga+si(→o)[KV104] → cāg+o[KV83] → cāgo

‖ *kvi ca* ‖ 532 ‖

모든 어근 뒤에 접미사 kvi[24]가 붙는다.

[그 예는 다음과 같다.] sambhavatī ti sambhū. visesena bhavatī ti vibhū.

- sambhū : 잘 존재하는 자. [단어분석] saṃ−bhū+kvi
- vibhū : 특별하게 존재하는 자. [단어분석] vi−bhū+kvi

이처럼 abhibhū에도 [동일하게 적용된다.]

bhujena gacchatī ti bhujaṅgo. saṃ suṭṭhu samuddapariyantato bhūmiṃ khanatī ti saṅkho.

- bhujaṅgo : 구불거리며 가는 것, 뱀. [단어분석] bhuja+gamu+kvi
- saṅkho : 모래 속으로 잘 파고드는 것, 소라. [단어분석] saṃ−

24 접미사 kvi의 탈락 기능은 KV641에 제시된다.

khanu+kvi

❖〈bhujaṅgo 형성과정〉 gamu[KV459] → gam[KV523] → bhuja+gam+kvi[KV532] → bhuja+ga+kvi[KV617] → bhuja+ga+~~kvi~~[KV641] → bhuja+ṃ(→ṅ)+ga[KV37, KV31] → bhujaṅga[KV603] → bhujaṅga+si(→o)[KV104] → bhujaṅg+o[KV83] → bhujaṅgo

‖ *dharâdīhi rammo* ‖ 533 ‖

어근 dhara 등등 뒤에 접미사 ramma[25]가 붙는다.

[그 예는 다음과 같다.] dharati tenā ti dhammo. karīyate tan ti kammaṃ.

- dhammo : 그것에 의해 [좋은 결과로] 이끌어지는 것, 법[26] [단어분석] dhara+ramma
- kammaṃ : 행해지는 것, 행위. [단어분석] kara+ramma

❖〈dhammo 형성과정〉 dhara[KV459] → dhar[KV523] → dhar+ramma[KV533] → dh+amma[KV541] → dhamma[KV603] →

25 r가 표시된 접미사가 붙으면 어근의 끝과 r는 탈락한다. 관련 규칙인 KV541을 참고하라.

26 이 예시 단어는 다양하게 해석할 수 있는데, 그중 하나만 써넣었다.

dhamma+si(→o)[KV104] → dhamm+o[KV83] → dhammo

‖ ***tassīlâdisu ṇītvâvī ca*** ‖ **534** ‖ [27]

습관 등등의 의미로,[28] 모든 어근 뒤에 접미사 ṇī, tu, āvī가 붙는다. [그 예는 다음과 같다.] piyaṃ pasaṃsituṃ sīlaṃ yassa rañño so hoti rājā piyapasaṃsī.[29] brahmaṃ carituṃ sīlaṃ yassa puggalassa so hoti puggalo brahmacārī. pasayha pavattituṃ sīlaṃ yassa rañño so hoti rājā pasayhapavattā. bhayaṃ passituṃ sīlaṃ yassa samaṇassa so hoti samaṇo bhayadassāvī.

- piyapasaṃsī : [늘] 사랑하는 이를 칭찬하는 왕. [단어분석] piya+pa−saṃsa+ṇī
- brahmacārī : [늘] 성스러운 생활을 하는 사람. [단어분석] brahma+cara+ṇī
- pasayhapavattā : [늘] 무력을 사용하는 왕. [단어분석] pasayha+pa−vatu+tu

---

27 이 규칙의 ca는 단어를 잇는 '…와 ~'의 의미이므로, 접미사 ṇī와 tu와 āvī를 이어 준다.

28 다시 말해서, 습관적이거나 정기적이거나 한결같거나 상습적인 것을 의미할 때를 말한다.

29 이 예문을 풀어서 옮기면, "사랑하는 이를 칭찬하는 것이 습관인 왕은 '사랑하는 이를 칭찬하는 왕(piyapasaṃsī)'이라고 한다."이다. 다른 예문도 이런 식으로 해당 예시 단어를 설명한다.

• bhayadassāvī : [늘 악행의] 위험을 보는 사문. [단어분석] bhaya+disa+āvī

‖ *saddakudhacalamaṇḍattharucâdīhi yu* ‖ 535 ‖

습관 등등의 의미로, 소리내기(sadda), 화내기(kudha), 흔들림(cala), 장식하기(maṇḍa)의 의미를 가진 어근과 어근 ruca 등등의 뒤에 접미사 yu가 붙는다.

[그 예는 다음과 같다.] ghosanasīlo ghosano.[30] bhāsanasīlo bhāsano.

• ghosano : [습관적으로] 떠드는 자. [단어분석] ghusa+yu

• bhāsano : [습관적으로] 수다스러운 자. [단어분석] bhāsa+yu

이처럼 [다른 예의] 단어분석도 이루어져야 한다. kodhano, rosano, dosano, calano, kampano, phandano, maṇḍano, vibhūsano, rocano, jotano, vaḍḍhano.

• kodhano : [습관적으로] 화내는 자. [단어분석] kudha+yu

• calano : [습관적으로] 흔들리는 자(변덕스러운 자). [단어분석] cala+yu

• maṇḍano : [습관적으로] 치장하는 자. [단어분석] maḍi+yu

• rocano : [늘] 빛나는 자. [단어분석] ruca+yu

---

30 이 예문을 풀어서 옮기면, "떠드는 것이 습관인 자는 '떠드는 자(ghosano)'라고 한다."이다. 다른 예문도 이런 식으로 해당 예시 단어를 설명한다.

습관 등등의 의미로, 단어 pāra가 앞에 있는 어근 gamu 뒤에 접미사 rū[31]가 붙는다.

[그 예는 다음과 같다.] bhavassa pāraṃ bhavapāraṃ. bhavapāraṃ gantuṃ sīlaṃ yassa purisassa so bhavapāragū.[32]

- bhavapāraṃ : 존재(인생)의 저편/피안. (다음 예를 위한 단어임)
- bhavapāragū : [습관처럼] 존재의 저편(피안)에 가는 자. [단어분석] bhavapāra+gamu+rū

무슨 목적으로 '습관 등등의 의미로'가 [명시되어 있는가]? [이 규칙에서 명시한 조건에 부합해야만 이 규칙의 기능이 적용된다는 것을 보여 주기 위해서이다. 다음과 같은 예에서는 이 규칙의 기능이 적용되지 않는데, 이것은 '습관 등등의 의미로'라는 조건에 부합하지 않기 때문이다.] pāraṅgato. [이 예는 습관 등의 의미가 아니라 과거의 의미이다.]

- pāraṅgato : 저편(피안)에 간 자. [단어분석] pāra+gamu+ta[33]

무슨 목적으로 '단어 pāra가 앞에 있는 어근 gamu 뒤에'가 [명시되어 있는가]? [이 규칙에서 명시한 조건에 부합해야만 이 규칙의 기능이

---

31 r가 표시된 접미사가 붙으면 어근의 끝과 r는 탈락한다. 관련 규칙인 KV541을 참고하라.

32 이 예문을 풀어서 옮기면, "존재(인생)의 저편으로 가는 것이 습관인 사람은 '존재의 저편으로 가는 자(bhavapāragū)'라고 한다."이다.

33 과거 시간에 사용되는 접미사 ta에 대해서는 KV557을 참고하라.

적용된다는 것을 보여 주기 위해서이다. 다음과 같은 예에서는 이 규칙의 기능이 적용되지 않는데, 이것은 '단어 pāra가 앞에 있는 어근 gamu 뒤에'라는 조건에 부합하지 않기 때문이다.] anugāmī. [이 예는 단어 pāra가 아니라 anu가 앞에 있는 어근 gamu이다.]

❖〈bhavapāragū 형성과정〉 gamu[KV459] → gam[KV523] → bhavapāra+gam+rū[KV536] → bhavapāra+g+ū[KV541] → bhavapāragū[KV603] → bhavapāragū+si(→si 탈락)[KV220] → bhavapāragū

‖ *bhikkhâdito ca* ‖ 537 ‖ [34]

습관 등등의 의미로, 어근 bhikkha 등등의 뒤에 접미사 rū가 붙는다. [그 예는 다음과 같다.] bhikkhanasīlo bhikkhu. vijānanasīlo viññū.

- bhikkhu : [정기적으로] 탁발하는 자, 비구. [단어분석] bhikkha+rū
- viññū : [늘 분석적으로] 이해하는 자, 현자. [단어분석] vi−ñā+rū

‖ *hanatyādīnaṃ ṇuko* ‖ 538 ‖

습관 등등의 의미로, 어근 hana 등등의 뒤에 접미사 ṇuka가 붙는다.

34 이 규칙의 ca는 이전 규칙의 단어를 끌어와 문맥을 맞추는 용도로, KV536의 rū를 의미한다.

[그 예는 다음과 같다.] āhananasīlo āghātuko. karaṇasīlo kāruko.

- āghātuko : [상습적으로 늘] 때리는/죽이는 자. [단어분석] ā−hana +ṇuka
- kāruko : [직업적으로 늘] 만드는 자. [단어분석] kara+ṇuka

‖ *nu niggahītaṃ padante* ‖ 539 ‖

단어 끝에 삽입어 nu[35]는 닉가히따(ṃ)로 된다.

[그 예는 다음과 같다.] Arindamo rājā. Vessantaro. Pabhaṅkaro.

- Arindamo[36] : 적을 정복하는 자, 왕. [단어분석] ari+damu+a
- Vessantaro : 바이샤 계급을 뛰어넘는 자(왕). [단어분석] vessa+tara+a
- Pabhaṅkaro : 불을 밝히는 자(세존). [단어분석] pabhā+kara+a

‖ *saṃhan' aññāya vā ro gho* ‖ 540 ‖

[접두사] saṃ이 앞에 있는 어근 hana와 다른 어근들 뒤에 접미사 ra[37]가 붙고, hana는 gh가 된다.

---

35 삽입어 nu에 대해서는 KV527을 참고하라.

36 이 예의 형성과정은 KV527을 참고하라.

37 접미사 ra가 뒤에 올 때 어근의 끝과 r는 탈락한다. 관련 규칙인 KV541을 참고하라.

[그 예는 다음과 같다.] samaggaṃ kammaṃ samupagacchatī ti saṅgho. samantato nagarassa bāhire khanatī ti parikhā. antaṃ karotī ti Antako.

- saṅgho : [신성한] 활동을 위해 한데 뭉쳐서 모인 것, 승가. [단어분석] saṃ−hana+ra
- parikhā : 요새 밖에 둘러 판 것, 해자. [단어분석] pari−khanu+ra
- antako : 끝을 만드는 것, 죽음/악마(Māra). [단어분석] anta+kara +ra

무슨 목적으로 '접두사 saṃ'이 [명시되어 있는가]? [이 규칙에서 명시한 조건에 부합해야만 이 규칙의 기능이 적용된다는 것을 보여 주기 위해서이다. 다음과 같은 예에서는 이 규칙의 기능이 적용되지 않는데, 이것은 '접두사 saṃ'이라는 조건에 부합하지 않기 때문이다.] upahananaṃ. upaghāto. [이 예는 어근 앞에 접두사 saṃ이 아니라 upa가 있다.]

❖〈saṅgho 형성과정〉 hana[KV459] → han[KV523] → saṃ+han(→gh)+ra[KV540] → saṃ+gh+a[KV541] → saṅ+gh+a[KV31] → saṅgha[KV603] → saṅgha+si(→o)[KV104] → saṅgh+o[KV83] → saṅgho

‖ *ramhir anto râdi no* ‖ 541 ‖

접미사 ra [또는 r를 포함하는 접미사가] 뒤에 올 때, 모든 어근의 끝

부분과 r은 탈락한다.[38]

[그 예는 다음과 같다.] Antako. pāragū. satthā. diṭṭho.

- Antako : 끝을 만드는 것, 죽음/악마(Māra). [단어분석] anta+kara+ra[39]
- pāragū : 저편으로 가는 자. [단어분석] pāra+gamu+rū[40]
- satthā : 가르쳐 주는 자, 스승. [단어분석] sāsa+ratthu[41]
- diṭṭho : 본 자. [단어분석] disa+ta(riṭṭha)[42]

❖〈antako 형성과정〉 kara[KV459] → kar[KV523] → anta+kar+ra[KV540] → anta+k+a[KV541] → antaka[KV603] → antaka+si(→o)[KV104] → antak+o[KV83] → antako

❖〈pāragū 형성과정〉 gamu[KV459] → gam[KV523] → pāra+gam+rū[KV536] → pāra+g+ū[KV541] → pāragū[KV603] → pāragū+si(→si 탈락)[KV220] → pāragū

---

38 r를 포함하는 접미사는 다음과 같다 : ramma[KV533], rū[KV536], ra[KV540], ricca[KV544], ririya[KV556], ratthu[KV568], ritu[KV569], rātu[KV570]. r를 포함하는 대체어는 다음과 같다 : riṭṭha[KV574], raṭṭha, raṭṭhuṃ[KV574-ca], racca[KV600].

39 접미사 ra는 KV540에 제시된다.

40 접미사 rū는 KV536에 제시된다.

41 접미사 ratthu는 KV568에 제시된다.

42 접미사 ta의 대체어 riṭṭha는 KV574에 제시된다.

‖ *bhāvakammesu tabbânīyā* ‖ 542 ‖ [43]

행동(bhāva)과 수동(kamma)의 의미로, 모든 어근 뒤에 접미사 tabba와 anīya가 붙는다.

[그 예는 다음과 같다.] bhavitabbaṃ · bhavanīyaṃ. āsitabbaṃ · āsanīyaṃ. pajjitabbaṃ · pajjanīyaṃ. kātabbaṃ · karaṇīyaṃ. gantabbaṃ · gamanīyaṃ.

- bhavitabbaṃ : 있는 상태/있어져야 한다. [단어분석] bhū+tabba
- bhavanīyaṃ : 있는 상태/있어져야 한다. [단어분석] bhū+anīya
- āsitabbaṃ : 앉는 행동/앉아져야 한다. [단어분석] āsa+tabba
- āsanīyaṃ : 앉는 행동/앉아져야 한다. [단어분석] āsa+anīya
- pajjitabbaṃ : 가는 행동/가게 되어야 한다. [단어분석] pada+tabba
- pajjanīyaṃ : 가는 행동/가게 되어야 한다. [단어분석] pada+anīya
- kātabbaṃ : 하는 행동/되어야 한다. [단어분석] kara+tabba
- karaṇīyaṃ : 하는 행동/되어야 한다. [단어분석] kara+anīya
- gantabbaṃ : 가는 행동/가게 되어야 한다. [단어분석] gamu+tabba
- gamanīyaṃ : 가는 행동/가게 되어야 한다. [단어분석] gamu+anīya

❖〈bhavitabbaṃ 형성과정〉 bhū[KV459] → bhū+tabba[KV542]

---

43 KV542−543은 접미사 tabba, anīya, ṇya에 관한 규칙이다. 이 접미사들이 붙은 단어는 국내에서 일반적으로 미래수동분사라고 표현한다.

→ bhū+i+tabba[KV607] → bho+i+tabba[KV487] → bhav+i+tabba[KV515] → bhavitabba[603] → bhavitabba+si(→aṃ)[KV219] → bhavitabb+aṃ[KV83] → bhavitabbaṃ

❖〈bhavanīyaṃ 형성과정〉 bhū[KV459] → bhū+anīya[KV542] → bho+anīya[KV487] → bhav+anīya[KV515] → bhavanīya

❖〈gantabbaṃ 형성과정〉 gamu[KV459] → gam[KV523] → gam+tabba[KV542] → gan+tabba[KV598] → gantabba[KV603] → gantabba+si(→aṃ)[KV219] → gantabb+aṃ[KV83] → gantabbaṃ

‖ *ṇyo ca* ‖ 543 ‖ [44]

행동(bhāva)과 수동(kamma)의 의미로, 모든 어근 뒤에 접미사 ṇya가 붙는다.

[그 예는 다음과 같다.] kattabbaṃ · kāriyaṃ. jetabbaṃ · jeyyaṃ.[45] netabbaṃ · neyyaṃ.

- kāriyaṃ : 하는 행동/되어야 한다. [단어분석] kara+ṇya
- jeyyaṃ : 이기는 행동/이겨야 한다. [단어분석] ji+ṇya
- neyyaṃ : 이끄는 행동/이끌어져야 한다. [단어분석] nī+ṇya

---

44 이 규칙의 ca는 이전 규칙의 단어를 끌어와 문맥을 맞추는 용도로, KV542의 bhāvakammesu를 의미한다.

45 jetabbaṃ과 jeyyaṃ의 단어에 대해 PTS본은 cetabbaṃ과 ceyyaṃ을 제시하고 있지만, 어근 cinta가 ceyyaṃ이 되는 절차가 일반적이지 않아 다른 텍스트를 참고하여 jetabbaṃ과 jeyyaṃ로 고쳐 넣었다.

❖〈kāriyaṃ 형성과정〉 kara[KV459] → kar[KV523] → kar+ṇya [KV543] → kār+ṇya[KV623, KV485] → kār+ya[KV623, KV525] → kār+i+ya[KV607] → kāriya[KV603] → kāriya+si(→aṃ)[KV219] → kāriy+aṃ[KV83] → kāriyaṃ

‖ ***karamhā ricca*** ‖ **544** ‖

행동(bhāva)과 수동(kamma)의 의미로, 어근 kara 뒤에 접미사 ricca[46]가 붙는다.

[그 예는 다음과 같다.] kattabbaṃ · kiccaṃ.

• kiccaṃ : 하는 행동/행해져야 한다. [단어분석] kara+ricca

❖〈kiccaṃ 형성과정〉 kara[KV459] → kar[KV523] → kar+ricca [KV544] → k+icca[KV541] → kicca[KV603] → kicca+si(→aṃ) [KV219] → kicc+aṃ[KV83] → kiccaṃ

‖ ***bhūto 'bba*** ‖ **545** ‖

행동(bhāva)과 수동(kamma)의 의미로, 어근 bhū 뒤에 접미사 ṇya는 [어근 bhū의] ū와 함께 abba로 대체된다.

---

46 r가 표시된 접미사가 붙으면 어근의 끝과 r는 탈락한다. 관련 규칙인 KV541을 참고하라.

[그 예는 다음과 같다.] bhavitabbo · bhabbo. bhavitabbaṃ · bhabbaṃ.

• bhabbo : 있는 상태/있어져야 한다. [단어분석] bhū+ṇya

• bhabbaṃ : 있는 상태/있어져야 한다. [단어분석] bhū+ṇya

‖ *vadamadagamayujagarahâkārâdīhi jjammaggayheyyā gāro vā* ‖ 546 ‖

어근 vada, mada, gama, yuja, garaha, 그리고 모음 ā로 끝나는 어근 뒤에 접미사 ṇya는 어근의 끝부분과 함께 선택에 따라 jja, mma, gga, yha, eyya로 각각 대체되고, 행동(bhāva)과 수동(kamma)의 의미로 [ṇya가 붙을 때] 어근 garaha는 gāra가 된다.

[그 예는 다음과 같다.] vattabbaṃ · vajjaṃ. madanīyaṃ · majjaṃ. gamanīyaṃ · gammaṃ. yujjanīyaṃ · yoggaṃ. garahitabbaṃ · gārayhaṃ.[47]

• vajjaṃ : 말하는 행동/말해져야 한다. [단어분석] vada+ṇya (d+ṇya →jja)

• majjaṃ : 취하게 하는 것 [단어분석] mada+ṇya (d+ṇya→jja)

• gammaṃ : 가는 행동/가게 되어야 한다 [단어분석] gamu+ṇya (m+ṇya→mma)

• yoggaṃ : 묶는 행동/묶여야 한다. [단어분석] yuja+ṇya (j+ṇya →gga)

---

47 규칙에 제시된 예에 ā로 끝나는 어근에 대한 예는 빠져 있다.

• gārayhaṃ : 비난하는 행동/비난받아야 한다. [단어분석] garaha+ṇya (h+ṇya→yha. gara→gāra)

‖ *te kiccā* ‖ 547 ‖ [48]

tabba로 시작하여 ricca로 끝나는 접미사들(tabba, anīya, ṇya, ricca)은 'kicca'[49]라는 용어라고 알아야 한다.

'kicca'라는 용어에 대해 말하는 목적이 무엇인가? [이 규칙을 참고하여] 규칙 "bhāvakammesu kiccaktakkhattā"(KV627)에 [언급되는 용어 kicca라는 용어를 정확히 이해할 수 있게 하기 위함이다.]

‖ *aññe kit* ‖ 548 ‖

다른 접미사들은 'kita'[50]라고 불린다.

'kit'이라는 용어에 대해 말하는 목적이 무엇인가? [이 규칙을 참고하여] 규칙 "kattari kit"(KV626)에 [언급되는 용어 kita라는 용어를 정확히 이해할 수 있게 하기 위함이다.]

---

48 이 규칙에서 te가 지시하는 것은 KV542-544에서 제시된 접미사 tabba, anīya, ṇya, ricca를 말한다.

49 KV544의 예시로도 제시된 단어 'kicca'는 어근 kara 뒤에 접미사 ricca가 붙어서 파생된 단어로, '행해져야 하는 것'을 뜻하고 '수동'을 가리킨다.

50 PTS본은 kit이라고 표기하고 있지만, 다른 텍스트는 kita로 표기하고 있고 일반적으로 kita라고 칭하므로 국문 번역에 kita로 써넣었다.

‖ *nandâdīhi yu* ‖ 549 ‖

행동(bhāva)과 수동(kamma)의 의미로, 어근 nanda 등등의 뒤에 접미사 yu[51]가 붙는다.

[그 예는 다음과 같다.] nandīyate nanditabbaṃ vā nandanaṃ. gahanīyaṃ gahaṇaṃ. caritabbaṃ caraṇaṃ.

- nandanaṃ : 기쁜 것 또는 기뻐해야 하는 것. [단어분석] nanda+yu (yu→ana)
- gahaṇaṃ : 가져가야 하는 것. [단어분석] gaha+yu (yu→ana)
- caraṇaṃ : 실천해야 하는 것. [단어분석] cara+yu (yu→ana)

모든 곳에 이렇게 적용된다.

‖ *kattukaraṇappadesesu ca* ‖ 550 ‖ [52]

행위자(kattu), 도구(karaṇa), 장소(padesa)의 의미로, 접미사 yu[53]가 붙는다.

행위자에 관한 예는 다음과 같다. rajaṃ haratī ti rajoharaṇaṃ toyaṃ.

- rajoharaṇaṃ : 먼지를 제거하는 것, 즉 물. [단어분석] raja+hara

51 접미사 yu가 ana로 되는 기능은 KV624에 제시된다.

52 이 규칙의 ca는 이전 규칙의 단어를 끌어와 문맥을 맞추는 용도로, KV549의 yu를 의미한다.

53 접미사 yu의 관련 규칙인 KV624, 551을 참고하라.

+yu

도구/수단에 관한 예는 다음과 같다. karoti etenā ti karaṇaṃ.

• karaṇaṃ : 그것으로 행하는 것, 즉 도구나 수단. [단어분석] kara +yu

장소에 관한 예는 다음과 같다. tiṭṭhanti tasmiṃ iti ṭhānaṃ.

• ṭhānaṃ : 서 있거나 존재하는 지점이나 위치. [단어분석] ṭhā+yu

모든 곳에 이렇게 적용된다.

❖〈karaṇaṃ 형성과정〉 kara[KV459] → kar[KV523] → kar+yu [KV550] → kar+ana[KV624] → kar+aṇa[KV551] → karaṇa [KV603] → karaṇa+si(→aṃ)[KV219] → karaṇ+aṃ[KV83] → karaṇaṃ

‖ *rahâdito no ṇa* ‖ 551 ‖

자음 r, 자음 h 등등으로 끝나는 어근 뒤에 대체어 ana[54]의 n는 ṇ가 된다.

[그 예는 다음과 같다.] karoti tenā ti karaṇaṃ. pūreti tenā ti pūraṇaṃ. gayhati tenā ti gahaṇaṃ. gahanīyaṃ tenā ti gahaṇaṃ.

• karaṇaṃ : [행위를] 하는 도구나 수단. [단어분석] kara+yu

• pūraṇaṃ : 채우는 도구나 수단. [단어분석] pūra+yu

---

54 ana는 접미사 yu의 대체어이다. 관련 규칙 KV550, 624를 참고하라.

• gahaṇaṃ : 잡히는 도구나 수단. [단어분석] gaha+yu

• gahaṇaṃ : 잡혀야 하는 원인. [단어분석] gaha+yu

이처럼 다른 예에서도 적용되어야 한다.

❖〈gahaṇaṃ 형성과정〉 gaha[KV459] → gah[KV523] → gah+yu[KV550] → gah+ana[KV624] → gah+aṇa[KV551] → gahaṇa[KV603] → gahaṇa+si(→aṃ)[KV219] → gahaṇ+aṃ[KV83] → gahaṇaṃ

여기까지 kita의 장의 첫 번째 부분이다.

IV.2

제4장의 두 번째 부분[55]

‖ *ṇâdayo tekālikā* ‖552‖

ṇa로 시작하여 yu로 끝나는 접미사들[56]은 세 시제에 속한다고 알아야 한다.

[그 예는 다음과 같다.] kumbhaṃ karoti akāsi karissatī ti kumbhakāro. karoti akāsi karissati tenā ti karaṇaṃ.

- kumbhakāro : 옹기 만드는 자, 도공(현재에 만들고 있고, 과거에 만들었고, 미래에도 만들 것이므로). [단어분석] kumbha+kara+ṇa[57]
- karaṇaṃ : [행위를] 하는 도구나 수단(그것으로 현재에도 행하고 있고, 과

---

55 제4장의 두 번째 부분은 총 21개의 규칙(KV552–572)으로 구성된다. 이 부분에서 다루는 것은 kita 파생어를 만드는 다양한 kita 접미사로, 과거분사, 현재분사, 부정사, 연속체(절대사) 등을 만드는 접미사들이다. 이 부분에서도 각각의 예시에 국문 번역을 넣어서 원문과 맞추어 볼 수 있도록 구성하였고, 단어분석은 '앞 단어+어근+kita접미사' 또는 '어근+kita접미사'로 제시하였다.

56 여기서 'ṇa로 시작하여 yu로 끝나는 접미사들'이란, 제4장의 첫 번째 부분(KV526–KV551)에 제시된 접미사들을 말한다.

57 접미사 ṇa는 KV526에 제시된다.

거에도 행했고, 미래에도 행할 것이므로). [단어분석] kara+yu[58]

이처럼 다른 예에서도 적용되어야 한다.

|| *saññāyaṃ dādhāto i* || 553 ||

이름/명칭을 나타낼 때, 어근 dā, dhā 뒤에 접미사 i가 붙는다.

[그 예는 다음과 같다.] ādīyatī ti ādi. udakaṃ dadhātī ti udadhi. mahodakāni dadhāti mahodadhi. vālāni dadhāti tasmiṃ ti vāladhi. sammā dhīyati dadhātī vā ti sandhi.

- ādi : [먼저] 가진 것 즉, 시작. [단어분석] ā−dā+i
- udadhi : 물을 머금은 것, 즉 바다. [단어분석] udaka+dhā+i
- mahodadhi : 큰물을 머금은 것, 즉 바다. [단어분석] mahodaka+dhā+i
- vāladhi : 꼬리털을 지닌 [신체 부위], 즉 [동물의] 꼬리. [단어분석] vāla+dhā+i
- sandhi : 바르게 잡은 것, 즉 결합. [단어분석] saṃ−dhā+i

|| *ti kit c'âsiṭṭhe* || 554 ||

이름을 나타낼 때, 모든 어근 뒤에 접미사 ti와 kita 접미사들이 기원의 의미로 붙는다.

58 접미사 yu는 KV550에 제시된다.

[그 예는 다음과 같다.] Jino etaṃ bujjhatū ti Jinabuddhi. dhanaṃ assa bhavatū ti Dhanabhūti. bhavatū ti Bhūto. bhavatū ti Bhāvo. dhammo etaṃ dadātū ti Dhammadinno. vaḍḍhatū ti Vaḍḍhamāno.

Jinabuddhi[59] : '부처님이 그를 알기를!'[이라는 뜻의 이름.] [단어분석] jina+budha+ti

- Dhanabhūti : '그에게 부가 있기를!'[이라는 뜻의 이름.] [단어분석] dhana+bhū+ti
- Bhūto : '되기를!'[이라는 뜻의 이름.] [단어분석] bhū+ta
- Bhāvo : '되기를!'[이라는 뜻의 이름.] [단어분석] bhū+ṇa
- Dhammadinno : '법이 그에게 [행복을] 주기를!'[이라는 뜻의 이름.] [단어분석] dhamma+dā+ta
- Vaḍḍhamāno : '성공하기를!'[이라는 뜻의 이름.] [단어분석] vaḍḍha+māna

이처럼 다른 예에서도 적용되어야 한다.

❖〈Dhammadinno 형성과정〉 dā[KV459] → dhamma+dā+ta[KV554] → dhamma+d+inna[KV584] → dhammadinna[KV603] → dhammadinna+si(→o)[KV104] → dhammadinn+o[KV83] → dhammadinno

59 이 예에서 Jinabuddhi는 '부처님이 그를 알기를!'이라는 의미의 기원을 담고 있는 누군가의 이름(고유명사)이다. 다른 예들도 마찬가지이다.

‖ *itthiyaṃ atiyavo vā* ‖ 555 ‖

여성을 나타낼 때, 모든 어근 뒤에 접미사 a, ti, yu는 선택에 따라 붙는다.

[그 예는 다음과 같다.] jaratī ti jarā. maññatī ti mati. cetayatī ti cetanā. vedayatī ti vedanā.

- jarā : 늙는 것, 늙음. [단어분석] jara+a
- mati : 생각하는 것, 사유. [단어분석] mana+ti
- cetanā : 노력하게 하거나 동기를 주는 것, 의도. [단어분석] cita+yu
- vedanā : 느끼는 것, 느낌. [단어분석] vida+yu

이처럼 다른 예에서도 적용되어야 한다.

❖〈jarā 형성과정〉 jara[KV459] → jar[KV523] → jar+a[KV555] → jara[KV603] → jara+ā[KV237] → jar+ā[KV83] → jarā+si(→si 탈락)[KV220] → jarā

❖〈mati 형성과정〉 mana[KV459] → man[KV523] → man+ti[KV555] → ma+ti[KV588] → mati[KV603] → mati+si(→si 탈락)[KV220] → mati

❖〈cetanā 형성과정〉 cita[KV459] → cit[KV523] → cit+yu[KV555] → cit+ana[KV624] → cet+ana[KV406] → cetana[KV603] → cetana+ā[KV237] → cetan+ā[KV83] → cetanā+si(→si 탈락)[KV220] → cetanā

‖ *karato ririyo* ‖ 556 ‖

여성을 나타내건 나타내지 않건, [어근] kara 뒤에 접미사 ririya[60]가 붙는다.

[그 예는 다음과 같다.] kattabbā kiriyā. karaṇīyaṃ kiriyaṃ.

- kiriyā : 해야 할 일, 행위. [단어분석] kara+ririya (여성)
- kiriyaṃ : 해야 할 일, 행위. [단어분석] kara+ririya (중성)

❖〈kiriyā 형성과정〉 kara[KV459] → kar[KV523] → kar+ririya [KV556] → k+iriya[KV541] → kiriya[KV603] → kiriya+ā[KV237] → kiriy+ā[KV83] → kiriyā+si(→si 탈락)[KV220] → kiriyā

‖ *atīte tatavantutāvī* ‖ 557 ‖[61]

과거의 시간에, 모든 어근 뒤에 접미사 ta, tavantu, tāvī가 붙는다.

[그 예는 다음과 같다.] huto · hutavā · hutāvī. vusito · vusitavā · vusitāvī. bhutto · bhuttavā · bhuttāvī.

- huto : 희생한. [단어분석] hu+ta

---

60 r가 표시된 접미사가 붙으면 어근의 끝과 r는 탈락한다. 관련 규칙인 KV541을 참고하라.

61 KV557-559는 접미사 ta에 관한 규칙으로, 이 규칙들에 따르면 이 ta가 붙은 단어는 다음 네 가지, 즉 과거의 시간, 행동의 의미, 수동의 의미, 능동의 의미를 나타낼 수 있다.

• hutavā : 희생한. [단어분석] hu+tavantu

• hutāvī : 희생한. [단어분석] hu+tāvī

• vusito : 산. [단어분석] vasa+ta

• vusitavā : 산. [단어분석] vasa+tavantu

• vusitāvī : 산. [단어분석] vasa+tāvī

• bhutto : 먹은. [단어분석] bhuja+ta

• bhuttavā : 먹은. [단어분석] bhuja+tavantu

• bhuttāvī : 먹은. [단어분석] bhuja+tāvī

❖〈huto 형성과정〉 hu[KV459] → hu+ta[KV557] → huta[KV603] → huta+si(→o)[KV104] → hut+o[KV83] → huto

❖〈hutavā 형성과정〉 hu[KV459] → hu+tavantu[KV557] → hutavantu[KV603]+si → hutava+ā[KV124] → hutav+ā[KV83] → hutavā

❖〈hutāvī 형성과정〉 hu[KV459] → hu+tāvī[KV557] → hutāvī

‖ *bhāvakammesu ta* ‖ **558** ‖

행동(bhāva)과 수동(kamma)의 의미나 과거의 시간에, 모든 어근 뒤에 접미사 ta가 붙는다.

행동에 관한 예는 다음과 같다. tassa gītaṃ. naccaṃ · naṭṭaṃ. hasitaṃ.

• tassa gītaṃ : 그의 노래. [단어분석] ge+ta

• naccaṃ : [그의] 춤. [단어분석] naṭa+ta
• naṭṭaṃ : [그의] 춤. [단어분석] naṭa+ta
• hasitaṃ : [그의] 웃음. [단어분석] hasa+ta

수동에 관한 예는 다음과 같다. tena bhāsitaṃ. desitaṃ. kataṃ.

• tena bhāsitaṃ : 그에 의해 말해진 것. [단어분석] bhāsa+ta
• desitaṃ : 가르쳐진 것. [단어분석] disa+ta
• kataṃ : 행해진 것. [단어분석] kara+ta

❖〈gītaṃ 형성과정〉 ge[KV459] → ge+ta[KV558] → gī+ta[KV610] → gīta[KV603] → gīta+si(→aṃ)[KV219] → gīt+aṃ[KV83] → gītaṃ

‖ *budhagamâdyatthe kattari* ‖ 559 ‖

능동의 의미와 모든 시간에, [어근] budha, gamu 등등의 의미[가 있는 어근 뒤에] 접미사 ta가 붙는다.

[그 예는 다음과 같다.] sabbe saṅkhatâsaṅkhate dhamme bujjhati abujjhi bujjhissatī ti Buddho. saraṇaṃ gato.

• Buddho : 모든 조건 지어진 것과 조건 지어지지 않은 것을 알고 있고, 알았고, 알 분, 즉 부처님. [단어분석] budha+ta
• saraṇaṃ gato : 의지처로 가고 있고, 갔고, 갈 사람. [단어분석] gamu+ta

❖〈buddho 형성과정〉 budha[KV459] → budh[KV523] → budh +ta[KV559] → budh+dha[KV578] → bud+dha[KV613] → buddha [KV603] → buddha+si(→o)[KV104] → buddh+o[KV83] → buddho

❖〈gato 형성과정〉 gamu[KV459] → gam[KV523] → gam+ta [KV559] → ga+ta[KV588] → gata[KV603] → gata+si(→o)[KV104] → gat+o[KV83] → gato

‖ *jito ina sabbattha* ‖ **560** ‖

능동의 의미와 모든 시간에, 어근 ji 뒤에 접미사 ina가 붙는다.

[그 예는 다음과 같다.] pāpake akusale dhamme jināti ajini jinissatī ti Jino.

- Jino : 악하고 불건전한 상태를 정복하고, 정복했고, 정복할 분, 정복자. [단어분석] ji+ina

‖ *supato ca* ‖ **561** ‖ [62]

능동과 행동의 의미로, 어근 supa 뒤에 접미사 ina가 붙는다.

[그 예는 다음과 같다.] supatī ti supino. supīyate ti supinaṃ.

- supino : 자면서 [보는 것], 꿈. [단어분석] supa+ina (능동)

62 이 규칙의 ca는 이전 규칙의 단어를 끌어와 문맥을 맞추는 용도로, KV560의 ina를 의미한다.

• supinaṃ : 자는 행위, 잠. [단어분석] supa+ina (행동)

‖ *īsadusuhi kha* ‖ 562 ‖

행동과 수동의 의미로, 단어 īsaṃ, du, su가 가까이에(앞에) 붙어 있는 어근 뒤에 접미사 kha[63]가 붙는다.

[그 예는 다음과 같다.] īsaṃ sayanaṃ īsassayo. duṭṭhu sayanaṃ dussayo. suṭṭhu sayanaṃ susayo bhavatā. īsaṃ kammaṃ karīyatī ti īsakkaraṃ. dukkaraṃ. sukaraṃ.

• īsassayo : 잠깐 잔. [단어분석] īsaṃ+sī+kha
• dussayo : 어렵게 잔. [단어분석] du+sī+kha
• sussayo : 편안하게 잔. [단어분석] su+sī+kha. susayo bhavatā : 존자에 의해 편안하게 잔
• īsakkaraṃ : 적게 행해진. [단어분석] īsaṃ+kara+kha
• dukkaraṃ : 어렵게 행해진. [단어분석] du+kara+kha
• sukaraṃ : 쉽게 행해진. [단어분석] su+kara+kha

‖ *icchatthesu samānakattukesu tave tuṃ vā* ‖ 563 ‖

원한다(iccha)는 의미를 나타내고 [동사의 행위자와] 같은 행위자일 때, 모든 어근 뒤에 접미사 tave, tuṃ은 모든 시간과 능동의 의미로 선택

63 접미사 kha의 kh는 탈락하고 a가 붙는다.

에 따라 붙는다.

[그 예는 다음과 같다.] puññāni kātave. saddhammaṃ sotuṃ · sotave.

- puññāni kātave : 공덕을 짓기 위해. [단어분석] kara+tave
- saddhammaṃ sotuṃ : 정법을 듣기 위해. [단어분석] su+tuṃ
- saddhamma sotave : 정법을 듣기 위해. [단어분석] su+tave

❖〈kātave 형성과정〉 kara[KV459] → kar[KV523] → kar+tave [KV563] → kā+tave[KV597] → kātave

❖〈sotuṃ 형성과정〉 su[KV459] → su+tuṃ[KV563] → so+tuṃ [KV487] → sotuṃ

‖ ***arahasakkâdīsu ca*** ‖ **564** ‖ [64]

자격이 있다, 할 수 있다 등등의 의미[와 관련될 때], 모든 어근 뒤에 접미사 tuṃ이 붙는다.

[그 예는 다음과 같다.] ko taṃ ninditụṃ arahati. sakkā jetuṃ dhanena vā.

- ko taṃ ninditụṃ arahati : 누가 그를 비난할 자격이 있겠는가? [단어분석] ninda+tuṃ
- sakkā jetuṃ dhanena vā : 부(富)로도 정복할 수 있다. [단어분석]

64 이 규칙의 ca는 이전 규칙의 단어를 끌어와 문맥을 맞추는 용도로, KV563의 tuṃ을 의미한다.

ji+tuṃ

이처럼 다른 예에서도 적용되어야 한다.

❖〈ninditum 형성과정〉 ninda[KV459] → nind[KV523] → nind+tuṃ [KV564] → nind+i+tuṃ[KV607] → nindituṃ

‖ ***pattavacane alamatthesu ca*** ‖ **565** ‖ [65]

alaṃ의 의미 중에서 적절함을 나타낼 때, 모든 어근 뒤에 접미사 tuṃ이 붙는다.

[그 예는 다음과 같다.] alaṃ eva dānāni dātuṃ alaṃ puññāni kātuṃ.

- alaṃ eva dānāni <u>dātuṃ</u> : 보시를 <u>베푸는 것은</u> 적절하다. [단어분석] dā+tuṃ
- alaṃ puññāni <u>kātuṃ</u> : 공덕을 <u>짓는 것은</u> 적절하다. [단어분석] kara+tuṃ

❖〈dātuṃ 형성과정〉 dā[KV459] → dā+tuṃ[KV565] → dātuṃ

❖〈kātuṃ 형성과정〉 kara[KV459] → kar[KV523] → kar+tuṃ [KV565] → kā+tuṃ[KV597] → kātuṃ

65 이 규칙의 ca는 이전 규칙의 단어를 끌어와 문맥을 맞추는 용도로, KV563의 tuṃ을 의미한다.

|| *pubbakālekakattukānaṃ tūnatvānatvā vā* || 566 || [66]

한 행위자의 [두 개 이상의 행위 가운데] 앞선 시점의 [행위를 나타내는 동사의] 어근에 선택에 따라 접미사 tūna, tvāna, tvā[67]가 붙는다. [그 예는 다음과 같다.] kātūna kammaṃ gacchati. akātūna puññaṃ kilamissanti sattā. sutvāna dhammaṃ modanti. jitvāna vasati. sutvān'assa etad ahosi. ito sutvāna amutra kathayanti. sutvā mayaṃ jānissāma.

- kātūna kammaṃ gacchati : 일을 마치고 간다. [단어분석] kara+tūna
- akātūna puññaṃ kilamissanti sattā : 존재들은 공덕을 짓지 않아서 고통받을 것이다. [단어분석] na-kara+tūna
- sutvāna dhammaṃ modanti : 법을 듣고 나서 기뻐한다. [단어분석] su+tvāna
- jitvāna vasati : 정복하고 나서 머문다. [단어분석] ji+tvāna
- sutvān' assa etad ahosi : 듣고 나서 이 [생각이] 그에게 떠올랐다. [단어분석] su+tvāna
- ito sutvāna amutra kathayanti : 여기서 듣고 나서 [들은 것을] 여기저기에 말한다. [단어분석] su+tvāna

---

66 KV566은 접미사 tūna, tvāna, tvā에 관한 규칙으로, 이 접미사들이 붙은 단어는 성에 의한 변화가 없고, 국내에서 일반적으로 연속체(절대사)라고 표현한다.

67 KV603에 따라, 이 접미사들이 붙은 단어는 명사로 간주하지 않는다. 명사로 간주하지 않기 때문에 명사의 격변화도 일어나지 않는다.

• sutvā mayaṃ jānissāma : 우리는 들으면 알게 될 것이다. [단어분석] su+tvā

이런 식으로 모든 곳에 적용되어야 한다.

❖〈kātūna 형성과정〉 kara[KV459] → kar[KV523] → kar+tūna[KV566] → kā+tūna[KV597] → kātūna

❖〈sutvāna 형성과정〉 su[KV459] → su+tvāna[KV566] → sutvāna

‖ *vattamāne mānantā* ‖ 567 ‖ [68]

현재의 시간에 [진행 중인 일을 나타낼 때,] 모든 어근 뒤에 접미사 māna, anta가 붙는다.

[그 예는 다음과 같다.] saratī ti saramāno. rudatī ti rodamāno. gacchatī ti gacchanto. gaṇhatī ti gaṇhanto.

• saramāno : 기억하면서, 기억하는. [단어분석] sara+a+māna

• rodamāno : 울면서, 울고 있는. [단어분석] ruda+a+māna

• gacchanto : 가면서, 가고 있는. [단어분석] gamu+anta

• gaṇhanto : 쥐면서, 쥐고 있는. [단어분석] gaha+anta

❖〈saramāno 형성과정〉 sara[KV459] → sar[KV523] → sar+a+māna

---

68 KV567은 접미사 māna, anta에 관한 규칙이다. 이 접미사들이 붙은 단어는 국내에서 일반적으로 현재분사라고 표현한다.

[KV567, KV447] → saramāna[KV603] → saramāna+si(→o) [KV104] → saramān+o[KV83] → saramāno

❖〈gacchanto 형성과정〉 gamu[KV459] → gam[KV523] → gam+anta[KV567] → gacch+anta[KV478] → gacchanta[KV603] → gacchanta+si(→o)[KV104] → gacchant+o[KV83] → gacchanto

‖ *sāsâdīhi ratthu* ‖ 568 ‖

어근 sāsa 등등의 뒤에 접미사 ratthu[69]가 붙는다.

[그 예는 다음과 같다.] sāsatī ti satthā. sāsati hiṃsatī ti vā satthā.

- satthā : 가르치는 자, 스승. [단어분석] sāsa+ratthu
- satthā : 가르치거나 [번뇌를] 없애는 자, 스승. [단어분석] sāsa +ratthu

❖〈satthā 형성과정〉 sāsa[KV459] → sās[KV523] → sās+ratthu [KV568] → s+atthu[KV541] → satthu[KV603] → satthā+si(→si 탈락)[KV199] → satthā

‖ *pâdito ritu* ‖ 569 ‖

69 r가 표시된 접미사가 붙으면 어근의 끝과 r는 탈락한다. 관련 규칙인 KV541을 참고하라.

pā로 시작하는 어근의 무리 뒤에 접미사 ritu[70]가 붙는다.
[그 예는 다음과 같다.] puttaṃ pālayatī ti pitā.

- pitā : 자식/자손을 보호하는 자, 아버지. [단어분석] pā+ritu

❖〈pitā 형성과정〉 pā[KV459] → pā+ritu[KV569] → p+itu[KV541] → pitu[KV603] → pitā+si(→si 탈락)[KV199] → pitā

‖ *mānâdīhi rātu* ‖ 570 ‖

어근 māna 등등의 뒤에 접미사 rātu[71]가 붙고, 접미사 ritu도 붙는다.
[그 예는 다음과 같다.] dhammena puttaṃ mānetī ti mātā. pubbe bhāsatī ti bhātā. mātupitūhi dhāriyatī ti dhitā.

- mātā : 자식을 본디 아끼는 자, 어머니. [단어분석] māna+rātu
- bhātā : [다른 어린 형제보다] 먼저 말하는 자, 형/오빠. [단어분석] bhāsa+rātu
- dhitā : 어머니와 아버지에 의해 보호받는 자, 딸. [단어분석] dhara +ritu

❖〈matā 형성과정〉 māna[KV459] → mān[KV523] → mān+ratu [KV570] → m+atu[KV541] → matu[KV603] → matā+si(→si 탈락)

---

70 r가 표시된 접미사가 붙으면 어근의 끝과 r는 탈락한다. 관련 규칙인 KV541을 참고하라.

71 r가 표시된 접미사가 붙으면 어근의 끝과 r는 탈락한다. 관련 규칙인 KV541을 참고하라.

[KV199] → matā

‖ *āgamā tuko* ‖ 571 ‖

ā가 앞에 붙는 [어근] gamu 뒤에 접미사 tuka가 붙는다.

[그 예는 다음과 같다.] āgacchatī ti āgantuko, bhikkhu.

- āgantuko : [새로] 온 자, 새로 온 비구(객승). [단어분석] ā-gamu+tuka

❖〈āgantuko 형성과정〉 gamu[KV459] → gam[KV523] → ā+gam+tuka[KV571] → ā+gan+tuka[598] → āgantuka[KV603] → āgantuka+si(→o)[KV104] → āgantuk+o[KV83] → āgantuko

‖ *bhabbe ika* ‖ 572 ‖

[어근] gamu 뒤에 접미사 ika는 가능성의 의미로 붙는다.

[그 예는 다음과 같다.] gamissatī ti gamiko gantuṃ bhabbo ti vā gamiko, bhikkhu.

- gamiko : 갈 거거나 갈 가능성이 있는 자, 떠날 비구(객승). [단어분석] gamu+ika

여기까지 kita의 장의 두 번째 부분이다.

IV.3
제4장의 세 번째 부분[72]

|| *paccayādaniṭṭhā nipātanā sijjhanti* || 573 || [73]

수사(saṅkhyā), 명사(nāma), 복합어(samāsa), taddhita, 동사(akhyāta), 그리고 kita의 장에서, 접미사가 붙어도 완성에 이르지 않은(형태학적 절차가 불확실한) 단어들은 접미사가 붙는 절차를 거쳐서 [넓게 아우르는 규칙인] nipātana를 통해 그들 자신의 이름으로 완성된다.

1) 수사에 관한 예는 다음과 같다.

• eka(1)는 ekā가 된다. dasa(10)[의 da는] ra가 된다. eka(1)와 dasa(10)

72 제4장의 세 번째 부분은 총 19개의 규칙(KV573-591)으로 구성된다. 이 부분에서 다루는 것은 kita 파생어를 만드는 다양한 kita 접미사의 대체와 어근의 어형 변화 등이다. 이 부분에서도 각각의 예시에 국문 번역을 넣어서 원문과 맞추어 볼 수 있도록 구성하였고, 필요에 따라 단어분석(어근+kita접미사)을 제시하였다.

73 이 규칙은 KV393에서 이미 언급한 nipātana이다. 기존 규칙에서 절차가 언급되지 않은 다양한 단어들이 있는데, 이 단어들의 완성에 형태학적 절차를 제공하는 역할을 하는 것이 nipātana이다. nipātana에 대한 자세한 설명은 KV393의 각주를 참고하라.

가 합하여 ekādasa(11) 또는 ekārasa(11)가 된다.

- dvi(2)는 bā가 된다. dasa(10)[의 da는] ra가 된다. dve(2)와 dasa(10)가 합하여 bārasa(12) 또는 dvādasa(12)가 된다.
- dvi(2)는 bā가 된다. [앞 내용의] dasa(10)[의 자리에] vīsaṃ(20)을 놓으면, dve(2)와 vīsati(20)가 합하여 bāvīsaṃ(22)이 된다.
- cha(6)는 so가 된다. dasa(10)의 da는 ḷa가 된다. cha(6)와 dasa(10)가 합하여 soḷasa(16)가 된다.
- cha āyatana(6입/6처-여섯 감각 기관)에서 cha(6)는 saḷa가 된다. [6입/6처는] cha āyatanāni 또는 saḷāyatanaṃ이다.

이처럼 나머지 수에도 행해져야 한다.

2) 명사에 관한 것이다. 접미사 jja와 jju는 선택에 따라 ima, samāna, apara 뒤에 붙고, 단어 ima와 samāna는 [각각] a와 sa로 대체된다. [그 예는 다음과 같다.] imasmiṃ kāle ajja asmiṃ kāle vā. samāne kāle sajju. aparasmiṃ kāle aparajju aparasmiṃ kāle vā.

- ajja : 이때, 오늘. [단어분석] ima+jja. *asmiṃ kāle
- sajju : 같은 때에, 바로 그날에. [단어분석] samāna+jju.
- aparajju : 다른 날에, 다음 날에. [단어분석] apara+jju. *aparasmiṃ kāle

3) 복합어에 관한 예는 다음과 같다. bhūmigato. apāyagato. issarakataṃ. sallaviddho. kaṭhinadussaṃ. corabhayaṃ. dhaññarāsi. saṃsāradukkhaṃ. pubbā ca aparā ca pubbâparaṃ.[74]

• bhūmigato : 땅으로 간. [단어분석] bhūmi+gata
• apāyagato : 지옥에 떨어진. [단어분석] apāya+gata
• issarakataṃ : 창조자에 의해 만들어진. [단어분석] issara+kata
• sallaviddho : 화살에 찔린. [단어분석] salla+viddha
• kaṭhinadussaṃ : 까티나를 위한 옷감. [단어분석] kathina+dussaṃ
• corabhayaṃ : 도둑에 대한 두려움. [단어분석] cora+bhaya
• dhaññarāsi : 곡식의 더미. [단어분석] dhañña+rāsi
• saṃsāradukkhaṃ : 윤회의 고통. [단어분석] saṃsāra+dukkha
• pubbâparaṃ : 앞서는 것과 뒤따르는 것, 앞과 뒤. [단어분석] pubba+apara

4) taddhita에 관한 예는 다음과 같다.[75] Vāsiṭṭho. Bhāradvājo. Gaggavo. Bhaggavo. Paṇḍavo. Kāleyyo.[76]
• Vāsiṭṭho : 와싯타의 남성 자손. [단어분석] vasiṭṭha+ṇa+si
• Bhāradvājo : 바라드와자의 남성 자손. [단어분석] bhāradvāja+ṇa+si

---

74 이 예들은 KV329에서 제시된 단어들이다. 이 규칙에서 수사(saṅkhya), 복합어(samāsa), taddhita에 관한 예의 대부분은 관련 규칙들에서 이미 다룬 예들이다. 이렇게 이미 기존 규칙에서 제시된 단어를 이 규칙에서 예로 다시 제시하는 것은, 크게 아우르는 규칙인 nipātana에 의해서도 이 단어들이 완성될 수 있다는 것을 보여 주기 위해서이다.

75 다음의 예들은 KV346, 348, 350에서 제시된 단어들이다.

76 kāleyyo의 단어에 대해 PTS본은 koleyyo라고 표기하고 있지만, kāleyyo가 올바르기에 다른 텍스트와 사전을 참고하여 kāleyyo로 고쳐 넣었다.

• Gaggavo : 각구의 남성 자손. [단어분석] gaggu+ṇava+si
• Bhaggavo : 박구의 남성 자손. [단어분석] bhaggu+ṇava+si
• Paṇḍavo : 빤두의 남성 자손. [단어분석] paṇḍu+ṇava+si
• Kāleyyo : 깔라[라는 여인]의 남성 자손. [단어분석] kalā+ṇeyya+si

5) 동사에 관한 것이다. '되다/있다'는 의미를 가진 어근 asa 뒤에 현재형 단수와 복수 어미가 올 때, 단수 어미 ti는 [어근의] 끝[자음]과 함께 ssa가 되고, 복수 어미 anti는 [어근의] 끝[자음]과 함께 ssu가 된다. [그 예는 다음과 같다.] evaṃ assa vacanīyo. evaṃ assu vacanīyā.

• evaṃ assa vacanīyo : 이렇게 말해져야 한다. [단어분석] asa+ti
• evaṃ assu vacanīyā : 이렇게 말해져야 한다. [단어분석] asa+anti

명령의 의미로, [pañcamī 어미인] hi는 선택에 따라 ssu가 된다. [그 예는 다음과 같다.] gacchassu · gacchāhi.

• gacchassu : 가라! [단어분석] gamu+hi. *gacchāhi

6) kita에 관한 것이다. 어근 vada, hana 등등의 뒤에 접미사 ka가 붙는다. 그리고 vada는 vāda로, hana는 ghāta로 된다. [그 예는 다음과 같다.] vadatī ti vādako. hanatī ti ghātako.[77]

77 이 예들 vādako와 ghātako는 행위자를 나타내므로, KV529, 624로도 설명되는 단어들이다.

• vādako : 말하는 자. [단어분석] vada+ka

• ghātako : 죽이는 자. [단어분석] hana+ka

어근 naṭa 뒤에 오는 접미사 ta는 [어근의] 끝[자음]과 함께 cca, ṭṭa로 대체된다. [그 예는 다음과 같다.] naccaṃ. naṭṭaṃ.

• naccaṃ : 춤. [단어분석] naṭa+ta

• naṭṭaṃ : 춤. [단어분석] naṭa+ta

이러한 [단어들은] nipātana인 [이 규칙을 통해] 완성된다.

‖ *sāsadisato tassa riṭṭho ca* ‖ 574 ‖ [78]

어근 sāsa, disa 뒤에 오는 접미사 ta는 적절한 곳에 riṭṭha[79]로 대체된다.

[그 예는 다음과 같다.] anusiṭṭho so mayā. desayitthā ti diṭṭhaṃ. diṭṭhaṃ me rūpaṃ.

• anusiṭṭho so mayā : 그는 나에 의해 지시받는다. [단어분석] anu-sāsa+ta

• diṭṭhaṃ : 보인 것. (다음 예를 위한 단어임)

• diṭṭhaṃ me rūpaṃ : 형상은 나에 의해 보인다(=나는 형상을 본다). [단

78 이 규칙의 ca는 해설, 예시 다음에 제시된, 추가 정보를 가리킨다. 추가 정보는 국문 번역에 "규칙에 있는 단어 ca를 취함으로써"의 뒤에 이어진 내용으로, 기존 규칙의 기능에 형태학적 변화의 예를 더 보탠 것이다.

79 r가 표시된 접미사가 붙으면 어근의 끝과 r는 탈락한다. 관련 규칙인 KV541을 참고하라.

어분석] disa+ta

[규칙에 있는] 단어 'ca(또한)'를 취함으로써, kicca 접미사 [tabba의] ta, 접미사 tuṃ은 [각각] raṭṭha, raṭṭhuṃ[80]으로 대체된다. [그 예는 다음과 같다.] dassanīyaṃ · daṭṭhabbaṃ. daṭṭhuṃ vihāraṃ gacchanti samaṇānaṃ.

- daṭṭhabbaṃ : 보아야 하는. [단어분석] disa+tabba (tabba→raṭṭhabba)
- daṭṭhuṃ vihāraṃ gacchanti samaṇānaṃ : 사문들을 보려고 절에 간다. [단어분석] disa+tuṃ (tuṃ→raṭṭhuṃ)

❖〈anusiṭṭho 형성과정〉 sāsa[KV459] → sās[KV523] → anu−sās+ta [KV558] → anu−sās+riṭṭha[KV574] → anu−s+iṭṭha[KV541] → anusiṭṭha[KV603] → anusiṭṭha+si(→o)[KV104] → anusiṭṭh+o [KV83] → anusiṭṭho

❖〈daṭṭhabbaṃ 형성과정〉 disa[KV459] → dis[KV523] → dis+tabba [KV542] → dis+raṭṭhabba[KV574−ca] → d+aṭṭhabba[KV541] → daṭṭhabba[KV603] → daṭṭhabba+si(→aṃ)[KV219] → daṭṭhabb+aṃ [KV83] → daṭṭhabbaṃ

80 r가 표시된 접미사가 붙으면 어근의 끝과 r는 탈락한다. 관련 규칙인 KV541을 참고하라.

‖ *sâdisantapucchabhañjahaṃsâdīhi ṭṭho* ‖ 575 ‖

sa로 끝나는 어근, [어근] puccha, bhañja, haṃsa 등등의 뒤에 오는 접미사 ta는 앞의 자음과 함께 적절한 곳에 ṭṭha로 대체된다.

[그 예는 다음과 같다.] tussīyate tuṭṭho. tussīyitthā ti tuṭṭho vā. daṃsīyate daṭṭho. ahinā daṃsīyitthā ti vā daṭṭho. pucchīyate puṭṭho. pucchīyitthā ti puṭṭho vā. bhañjīyate bhaṭṭho. bhañjīyitthā ti bhaṭṭho vā. haṃsīyitthā ti haṭṭho. pakārena haṃsīyitthā ti pahaṭṭho.

- tuṭṭho : 만족한 또는 만족했다. [단어분석] tusa+ta (s와 ta→ṭṭha)
- daṭṭho : 물린 또는 물렸다. [단어분석] daṃsa+ta (s와 ta→ṭṭha)
- puṭṭho : 질문받은 또는 질문받았다. [단어분석] puccha+ta (cch와 ta→ṭṭha)
- bhaṭṭho : 파괴된 또는 파괴되었다. [단어분석] bhañja+ta (ñj와 ta→ṭṭha)
- haṭṭho : 기뻤다. [단어분석] haṃsa+ta (ṃs와 ta→ṭṭha)
- pahaṭṭho : 기뻤다. [단어분석] pa−haṃsa+ta (ṃs와 ta→ṭṭha)

❖〈tuṭṭho 형성과정〉 tusa[KV459] → tus[KV523] → tus+ta[KV558] → tu+ṭṭha[KV575] → tuṭṭha[KV603] → tuṭṭha+si(→o)[KV104] → tuṭṭh+o[KV83] → tuṭṭho

‖ *vasato uttha* ‖ 576 ‖

어근 vasa 뒤에 접미사 ta는 앞의 자음과 함께 적절한 곳에 uttha로 대체된다.

[그 예는 다음과 같다.] avasī ti vuttho.

- vuttho : 머문, [우기를] 보낸. [단어분석] vasa+ta (s와 ta→uttha)

‖ *vassa vā vu* ‖ 577 ‖

어근 vasa의 va[의 a 또는 전체는] 접미사 ta가 뒤에 올 때 선택에 따라 u로 대체된다.

[그 예는 다음과 같다.] vasitthā ti vusitaṃ brahmacariyaṃ. vasiyitthā ti uṭṭho vuṭṭho vā.

- vusitaṃ : 살아온. [단어분석] vasa+ta (va의 a→u). vusitaṃ brahmacariyaṃ 범행(梵行)은 닦였다.
- uṭṭho : 살아온. [단어분석] vasa+ta (va→u). *vuṭṭho

❖〈vusitaṃ 형성과정〉 vasa[KV459] → vas[KV523] → vas+ta[KV558] → vus+ta[KV577] → vus+i+ta[KV607] → vusita[KV603] → vusita+si(→aṃ)[KV219] → vusit+aṃ[KV83] → vusitaṃ

‖ *dhaḍhabhahehi dhaḍhā ca* ‖ 578 ‖

dha, ḍha, bha, ha로 끝나는 어근 뒤에 접미사 ta는 각각 dha,[81] ḍha[82] 로 대체된다.

[그 예는 다음과 같다.] sabbe saṅkhatâsaṅkhate dhamme bujjhatī ti Buddho. vaḍḍhatī ti vuḍḍho bhikkhu. labhiyitthā ti laddhaṃ me pattacīvaraṃ. agginā daḍḍhaṃ vanaṃ.

- Buddho : 모든 조건 지어진 것과 조건 지어지지 않은 것을 아는 분, 부처님. [단어분석] budha+ta (ta→dha)
- vuḍḍho : 나이 든. [단어분석] vaḍha+ta (ta→ḍha). vuḍḍho bhikkhu 나이 든 비구
- laddhaṃ : 얻어진. [단어분석] labha+ta (ta→dha). laddhaṃ me pattacīvaraṃ 나에 의해 발우와 가사가 얻어졌다(=내가 발우와 가사를 얻었다).
- daḍḍhaṃ : 태워진. [단어분석] daha+ta (ta→ḍha). agginā daḍḍhaṃ vanaṃ 불에 의해 숲이 태워졌다(=숲은 불로 탔다).

❖〈daḍḍhaṃ 형성과정〉 daha[KV459] → dah[KV523] → dah+ta [KV558] → dah+ḍha[KV578] → daḍ+ḍha[KV614] → daḍḍha [KV603] → daḍḍha+si(→aṃ)[KV219] → daḍḍh+aṃ[KV83] →

81 ta의 대체어 dha가 뒤따르는 어근 끝음의 대체 기능은 KV613에 제시된다.

82 ta의 대체어 ḍha가 뒤따르는 어근 끝음의 대체 기능은 KV614에 제시된다.

daḍḍhaṃ

‖ *bhajato ggo ca* ‖ 579 ‖

어근 bhaja(또는 bhañja) 뒤에 접미사 ta는 앞의 자음과 함께 gga로 대체된다.

[그 예는 다음과 같다.] bhañjiyitthā ti bhaggo. pakārena bhañjiyitthā ti pabhaggo rukkho.

- bhaggo : 파괴된. [단어분석] bhaja+ta (j와 ta→gga)
- pabhaggo : 어떤 방식으로 부러진. [단어분석] pa-bhaja+ta (j와 ta→gga). pabhaggo rukkho 부러진 나무

‖ *bhujâdīnaṃ anto no dvi ca* ‖ 580 ‖ [83]

어근 bhuja 등등의 끝부분은 탈락한다. 그리고 접미사 ta[의 t는] 중복된다.

[그 예는 다음과 같다.] abhuñjī ti bhutto. bhuttavā. bhuttāvī. acajji cajati cajissatī ti catto. rūpâdīsu ārammanesu sajjatī ti satto. rañjatī ti ratto. yujjatī ti yutto. viviccatī ti vivitto.

- bhutto : 먹은. [단어분석] bhuja+ta (j 탈락. t→tt)

83 이 규칙의 ca는 다음 문장을 이어 주는 '그리고'의 의미이므로, 해설에 두 가지 문법 기능이 제시된다.

• bhuttavā : 먹은. [단어분석] bhuja+tavantu (j 탈락. t→tt)

• bhuttāvī : 먹은. [단어분석] bhuja+tāvī (j 탈락. t→tt)

• catto : 버렸고, 버리고 있고, 버릴. [단어분석] caja+ta (j 탈락. t→tt)

• satto : 형상 등의 감각 대상에 집착하는. [단어분석] saja+ta (j 탈락. t→tt)

• ratto : 물든, 염색된. [단어분석] raja+ta (j 탈락. t→tt)

• yutto : 연결된. [단어분석] yuja+ta (j 탈락. t→tt)

• vivitto : 분리된. [단어분석] vi−vica+ta (c 탈락. t→tt)

❖〈bhutto 형성과정〉 bhuja[KV459] → bhuj[KV523] → bhuj+ta [KV557] → bhu+tta[KV580] → bhutta[KV603] → bhutta+si(→o) [KV104] → bhutt+o[KV83] → bhutto

‖ *vaca vā vu* ‖ 581 ‖

어근 vaca의 va[의 a 또는 전체는] u로 대체되고, 끝에 있는 c는 탈락하며, 접미사 ta는 선택에 따라 중복된다.[84]

[그 예는 다음과 같다.] vuccitthā ti vuttaṃ Bhagavatā · uccitthā ti uttaṃ vā.

• vuttaṃ : 말해진. [단어분석] vaca+ta (va의 a→u. c 탈락. t→tt). vuttaṃ Bhagavatā 세존에 의해 설해졌다(=세존께서 설하셨다).

---

84 KV581이 제시하는 기능은 KV489, 577이 제시하는 기능과 유사하다.

• uttaṃ : 말해진. [단어분석] vaca+ta (va→u. c 탈락. t→tt)

❖〈vuttaṃ 형성과정〉 vaca[KV459] → vac[KV523] → vac+ta [KV558] → vu+tta[KV581] → vutta[KV603] → vutta+si(→aṃ) [KV219] → vutt+aṃ[KV83] → vuttaṃ

‖ *gupâdīnañ ca* ‖ 582 ‖

어근 gupa 등등의 끝 자음은 탈락하고, 접미사 ta는 선택에 따라 중복된다.

[그 예는 다음과 같다.] suṭṭhu gopayitthā ti sugutto dhammo. ārammanaṃ cintetī ti cittaṃ. lippatī ti litto. santappatī ti santatto ayo. ābhuso dippatī ti āditto. visesena viviccatī ti vivitto. siñcatī ti sitto.

• sugutto : 잘 보호된. [단어분석] su-gupa+ta (p 탈락. t→tt). sugutto dhammo 잘 보호된 법
• cittaṃ : 감각 대상을 생각하는 것, 생각. [단어분석] cinta+ta (nt 탈락. t→tt)
• litto : 얼룩진. [단어분석] lipa+ta (p 탈락. t→tt)
• santatto : 데워진, 그을린. [단어분석] saṃ-tapa+ta (p 탈락. t→tt). santatto ayo 달구어진 쇠
• āditto : 찬란하게 빛나는. [단어분석] ā-dipa+ta (p 탈락. t→tt).
• vivitto : 분리된. [단어분석] vi-vica+ta (c 탈락. t→tt)

• sitto : 부은, 뿌린. [단어분석] sica+ta (c 탈락. t→tt)
이처럼 다른 예에서도 적용되어야 한다.

❖〈sugutto 형성과정〉 gupa[KV459] → gup[KV523] → su+gup+ta [KV558] → su+gu+tta[KV582] → sugutta[KV603] → sugutta+si(→o)[KV104] → sugutt+o[KV83] → sugutto

‖ *tarâdīhi iṇṇo* ‖ 583 ‖

어근 tara 등등의 뒤에 오는 접미사 ta의 ta는 iṇṇa로 대체되고, [어근의] 끝[자음]은 탈락한다.

[그 예는 다음과 같다.] tiṇṇo 'haṃ tāreyyaṃ. uttiṇṇo. sampuṇṇo. paripuṇṇo. tudatī ti tuṇṇo. parijiṇṇo. ākiṇṇo.

• tiṇṇo : 건넌. [단어분석] tara+ta (ta→iṇṇa. r 탈락). tiṇṇo 'haṃ tāreyyaṃ [내가] 건너면, 나는 [다른 이들도] 건너게 할 것이다.
• uttiṇṇo : 나온, 건넌. [단어분석] u−tara+ta (ta→iṇṇa. r 탈락)
• sampuṇṇo : 가득 찬. [단어분석] saṃ−pūra+ta (ta→iṇṇa. r 탈락)
• paripuṇṇo : 가득 찬. [단어분석] pari−pūra+ta (ta→iṇṇa. r 탈락)
• tuṇṇo : 꿰뚫은. [단어분석] tuda+ta (ta→iṇṇa. d 탈락)
• parijiṇṇo : 닳은, 늙은. [단어분석] pari−jara+ta (ta→iṇṇa. r 탈락)
• ākiṇṇo : 흩어진. [단어분석] ā−kira+ta (ta→iṇṇa. r 탈락)

❖〈tinno 형성과정〉 tara[KV459] → tar[KV523] → tar+ta[KV558]

→ ta+iṇṇa[KV583] → t+iṇṇa[KV83] → tiṇṇa[KV603] → tiṇṇa+ si(→o)[KV104] → tiṇṇ+o[KV83] → tiṇṇo

‖ *bhidâdito innannaīṇā vā* ‖ 584 ‖

어근 bhida 등등의 뒤에 오는 접미사 ta는 선택에 따라 inna, anna, īṇa로 대체되고, 끝[음]은 탈락한다.

[그 예는 다음과 같다.] bhinno. sambhinno. chinno. ucchinno. dinno. nisinno. channo. succhanno. acchanno. khinno. runno. khīṇā jāti.

- bhinno : 부서진. [단어분석] bhida+ta (ta→inna. d 탈락)
- sambhinno : 부서진. [단어분석] saṃ−bhida+ta (ta→inna. d 탈락)
- chinno : 잘린, 파괴된. [단어분석] chida+ta (ta→inna. d 탈락)
- ucchinno : 잘린, 파괴된. [단어분석] u−chida+ta (ta→inna. d 탈락)
- dinno : 주어진. [단어분석] dā+ta (ta→inna)
- nisinno : 앉은. [단어분석] ni−sada+ta (ta→inna. d 탈락)
- channo : 덮인, 감춰진. [단어분석] chada+ta (ta→anna. d 탈락)
- succhanno : 잘 덮인. [단어분석] su−chada+ta (ta→anna. d 탈락)
- acchanno : 덮인, 감춰진. [단어분석] a−chada+ta (ta→anna. d 탈락)
- khinno : 피곤한. [단어분석] khida+ta (ta→anna. d 탈락)
- runno : 울은. [단어분석] ruda+ta (ta→anna. d 탈락)
- khīṇā : 고갈된, 파괴된. [단어분석] khī+ta (ta→īṇa). khīṇā jāti 태어남은 다했다.

무슨 목적으로 '선택에 따라(vā)'가 [명시되어 있는가]? ['선택에 따라'에 내포된 바와 같이 이 규칙의 기능이 모든 곳에 다 적용되는 것은 아님을 보여 주기 위해서이다. 다음과 같은 예에서는 이 규칙의 기능이 적용되지 않는데, 이것은 '선택에 따라'라는 조건에 의한 것이다.] bhijjatī ti bhitti.

❖〈bhinno 형성과정〉 bhida[KV459] → bhid[KV523] → bhid+ta[KV558] → bhi+inna[KV584] → bh+inna[KV83] → bhinna[KV603] → bhinna+si(→o)[KV104] → bhinn+o[KV83] → bhinno

❖〈khīṇā 형성과정〉 khī[KV459] → khī+ta[KV558] → khī+īṇa[KV584] → kh+īṇa[KV83] → khīṇa[KV603] → khīṇa+ā[KV237] → khīṇā+si(→si 탈락)[KV220] → khīṇā

‖ *susa-paca-sakato kkhakkā ca* ‖ 585 ‖ [85]

어근 susa, paca, saka 뒤에 오는 접미사 ta는 kkha, kka로 대체된다. 그리고 끝 자음은 탈락한다.

[그 예는 다음과 같다.] sussatī ti sukkho kaṭṭho. paccatī ti pakkaṃ phalaṃ. sakkomī ti Sakko 'haṃ.

• sukkho : 건조된. [단어분석] susa+ta (ta→kkha. s 탈락). sukkho

85 이 규칙의 ca는 다음 문장을 이어 주는 '그리고'의 의미이므로, 해설에 두 가지 문법 기능이 제시된다.

kaṭṭho 건조된 재목

- pakkaṃ : 익은. [단어분석] paca+ta (ta→kka. c 탈락). pakkaṃ phalaṃ 익은 과일
- sakko : 할 수 있는. [단어분석] saka+ta (ta→kka. k 탈락). Sakko 'haṃ 나는 [신들의 제왕] 삭까(제석천)이다.

❖〈sakko 형성과정〉 saka[KV459] → sak[KV523] → sak+ta[KV558] → sa+kka[KV585] → sakka[KV603] → sakka+si(→o)[KV104] → sakk+o[KV83] → sakko

‖ *pakkamâdīhi nto ca* ‖ **586** ‖ [86]

[접두어 pa가 어근 kama에 붙은] pakkama 등등의 뒤에 오는 접미사 ta는 nta로 대체된다. 그리고 어근의 끝[자음]은 탈락한다.

[그 예는 다음과 같다.] pakkanto. vibbhanto. saṅkanto. khanto. santo. danto.

- pakkanto : 가 버린, 사라진. [단어분석] pa-kamu+ta (ta→nta. m 탈락)
- vibbhanto : 길 잃은, [승단을] 떠난. [단어분석] vi-bhamu+ta (ta→nta. m 탈락)

---

86 이 규칙의 ca는 해설, 예시 다음에 문답으로 제시된, 추가 정보를 가리킨다. 추가 정보는 국문 번역에 "무슨 목적으로 단어 ca가 명시되어 있는가?"의 뒤에 이어진 내용으로, 기존 규칙의 기능에 형태학적 변화의 예를 더 보탠 것이다.

• saṅkanto : [다른 곳으로] 옮겨 간. [단어분석] saṃ-kamu+ta (ta→nta. m 탈락)

• khanto : 견딘, 참은. [단어분석] khamu+ta (ta→nta. m 탈락)

• santo : 평온한. [단어분석] samu+ta (ta→nta. m 탈락)

• danto : 길든. [단어분석] damu+ta (ta→nta. m 탈락)

무슨 목적으로 단어 ca가 [명시되어 있는가]? [규칙에서 ca를 취함으로써,] 그 어근들 뒤에 오는 접미사 ti(KV555 참고)도 nti로 대체되고 [어근의] 끝[자음]이 탈락한다는 것을 [보여 주기 위해서이다. 그 예는 다음과 같다.] kanti. khanti. 모든 곳에 이렇게 적용된다.

❖〈santo 형성과정〉 samu[KV459] → sam[KV523] → sam+ta [KV558] → sa+nta[KV586] → santa[KV603] → santa+si(→o) [KV104] → sant+o[KV83] → santo

|| *janâdīnaṃ ā timhi ca* || 587 ||[87]

어근 jana 등등의 끝 자음은 접미사 ta나 ti가 뒤에 올 때 ā가 된다. [그 예는 다음과 같다.] (ajanī ti) jāto. (jananaṃ) jāti.

• jāto : 태어난 [자], 생긴 [것]. [단어분석] jana+ta (n→ā)

• jāti : 태어남, 발생. [단어분석] jana+ti (n→ā)

무슨 목적으로 '접미사 ti가 뒤에 올 때'가 [명시되어 있는가]? [tvā, ta,

87 이 규칙의 ca는 해설의 '접미사 ta가 뒤에 올 때(tappaccaye)'를 의미한다.

tuṃ, tabba 등등과 같은] 다른 접미사가 뒤에 올 때 모음 ā로 되는 것을 막기 위해서이다. [다음과 같은 예에서는 이 규칙의 기능이 적용되지 않는데, 이것은 '접미사 ti가 뒤에 올 때'라는 조건에 부합하지 않기 때문이다.] janitvā. janitā. janituṃ. janitabbaṃ. [각각 접미사 tvā, ta, tuṃ, tabba가 붙었으므로 끝 자음은 ā가 되지 않는다.]

❖〈jāti 형성과정〉 jana[KV459] → jan[KV523] → jan+ti[KV555] → jaā+ti[KV587] → jā+ti[KV12] → jāti[KV603] → jāti+si(→si 탈락) [KV220] → jāti

‖ *gamakhanahanaramâdīnaṃ anto* ‖ 588 ‖

어근 gama, khana, hana, rama 등등의 끝 자음은 접미사 ta나 ti가 뒤에 올 때 선택에 따라 탈락한다.[88]

[그 예는 다음과 같다.] sugato. sugati. khataṃ. khati. upahataṃ. rato. rati. mato. mati.

- sugato : 잘 간(열반으로 간). [단어분석] su−gamu+ta (m 탈락)
- sugati : 좋은 곳(善趣). [단어분석] su−gamu+ti (m 탈락)
- khataṃ : 파 놓은. [단어분석] khanu+ta (n 탈락)
- khati : 파는 것. [단어분석] khanu+ti (n 탈락)
- upahataṃ : 다친. [단어분석] upa−hana+ta (n 탈락)

88 끝 자음이 탈락하지 않는 경우는 KV619에 제시된다.

• rato : 기뻐한. [단어분석] ramu+ta (m 탈락)

• rati : 기뻐함. [단어분석] ramu+ti (m 탈락)

• mato : 생각된. [단어분석] mana+ta (n 탈락)

• mati : 생각, 사유. [단어분석] mana+ti (n 탈락)

무슨 목적으로 '선택에 따라(vā)'가 [명시되어 있는가]? ['선택에 따라'에 내포된 바와 같이 이 규칙의 기능이 모든 곳에 다 적용되는 것은 아님을 보여 주기 위해서이다. 다음과 같은 예에서는 이 규칙의 기능이 적용되지 않는데, 이것은 '선택에 따라'라는 조건에 의한 것이다.] ramato. ramati. [ramato는 ramu+ta인데, 어근의 끝 자음이 탈락하지 않았고, ramati는 ramu+a+ti인데, 3인칭 단수 현재형 어미가 붙어서 끝 자음 탈락과는 상관이 없다.]

❖〈sugato 형성과정〉 gama[KV459] → gam[KV523] → su−gam+ta [KV558] → su−ga+ta[KV588] → sugata[KV603] → sugata+si(→o) [KV104] → sugat+o[KV83] → sugato

‖ *rakāro ca* ‖ 589 ‖ [89]

어근의 끝에 있는 r은 접미사 ta나 ti가 뒤에 올 때 탈락한다.

[그 예는 다음과 같다.] pakato. pakati. visato. visati.

---

89 이 규칙의 ca는 이전 규칙의 단어를 끌어와 문맥을 맞추는 용도로, KV588의 anto를 의미한다.

• pakato : [자연적으로] 만들어진. [단어분석] pa−kara+ta (r 탈락)

• pakati : 원래의/자연적인 상태. [단어분석] pa−kara+ti (r 탈락)

• visato : 퍼진. [단어분석] vi−sara+ta (r 탈락)

• visati : 퍼짐. [단어분석] vi−sara+ti (r 탈락)

❖〈pakati 형성과정〉 kara[KV459] → kar[KV523] → pa+kar+ti [KV555] → pa+ka+ti[KV589] → pakati[KV603] → pakati+si(→si 탈락)[KV220] → pakati

‖ *ṭhāpānaṃ i ī ca* ‖ **590** ‖

어근 ṭhā와 pā의 끝모음은 접미사 ta나 ti가 뒤에 올 때 i와 ī로 대체된다.
[그 예는 다음과 같다.] ṭhito. ṭhiti. pīto. pīti.

• ṭhito : 서 있는. [단어분석] ṭhā+ta (ā→i)

• ṭhiti : 서 있음. [단어분석] ṭhā+ti (ā→i)

• pīto : 마신, 술 취한. [단어분석] pā+ta (ā→ī)

• pīti : 마심. [단어분석] pā+ti (ā→ī)

‖ *hantehi ho hassa lo vā adahanahānaṃ* ‖ **591** ‖

ha로 끝나는 어근 뒤에 오는 접미사 ta는 ha로 대체되고, 어근 daha와 naha를 제외한 어근의 끝에 있는 h는 선택에 따라 l(또는 ḷ)로 된다.
[그 예는 다음과 같다.] ārūḷho. gāḷho. gāhanī ti gāḷho vā. bāḷho.

mūḷho.

- ārūḷho : 올라간. [단어분석] ā-ruha+ta (ta→ha. h→ḷ)
- gāḷho : 담근, 꿰뚫은. [단어분석] gāhu+ta (ta→ha. h→ḷ)
- gāḷho : 붙잡은. [단어분석] gaha+ta (ta→ha. h→ḷ)
- bāḷho : 강화된. [단어분석] baha+ta (ta→ha. h→ḷ)
- mūḷho : 혼란스러운. [단어분석] muha+ta (ta→ha. h→ḷ)

무슨 목적으로 '어근 daha와 naha를 제외한'이 [명시되어 있는가]? [이 규칙에서 명시한 조건에 부합해야만 이 규칙의 기능이 적용된다는 것을 보여 주기 위해서이다. 다음과 같은 예에서는 이 규칙의 기능이 적용되지 않는데, 이것은 '어근 daha와 naha를 제외한'이라는 조건에 부합하지 않기 때문이다.] daḍḍho. sannaddho. [이 예의 어근은 daha와 naha이다.]

❖〈ārūḷho 형성과정〉 ruha[KV459] → ruh[KV523] → ā-ruh+ta[KV558] → ā-ruḷ+ha[KV591] → āruḷha[KV603] → ārūḷha+si(→o)[KV104] → ārūḷh+o[KV83] → ārūḷho

여기까지 kita의 장의 세 번째 부분이다.[90]

90 PTS본에는 iti kibbidhane만 있는데, 부분(kaṇḍa)이 끝날 때마다 등장하는 끝맺음 문장들과의 일관성을 위해 iti kibbidhānakappe를 원문으로 삼고 그것에 맞게 국문 번역하였다.

IV.4

제4장의 네 번째 부분[91]

|| *ṇamhi rañjayassa jo bhāvakaraṇesu* || 592 ||

행동(bhāva)과 도구(karaṇa)의 의미로 접미사 ṇa가 뒤에 올 때, 어근 rañja의 끝에 있는 ñj는 j로 대체된다.

[그 예는 다음과 같다.] rañjanaṃ · rāgo. rañjitabbaṃ tenā ti rāgo.

- rāgo : 물들이는 행동.[92] [단어분석] rañja+ṇa (ñj→j) (행동)
- rāgo : 그것으로 염색되는 것, 색.[93] [단어분석] rañja+ṇa (ñj→j) (도구)

91 제4장의 네 번째 부분은 총 17개의 규칙(KV592-608)으로 구성된다. 이 부분에서 다루는 것은 kita 파생어를 만드는 다양한 kita 접미사의 대체와 어근의 어형 변화 등이며, 그 외에도 명사(nāma)의 범주, 알파벳 자모를 나타내는 것이 소개된다. 예시의 국문 번역은 예시 단어 앞에 제시된 어원적 의미를 번역한 것이고, 필요에 따라 단어분석(어근+kita접미사)을 제시하였다.

92 rāgo는 규칙이 적용된 예시이고, 그 뒤에 국문 번역(물들이는 행동)은 rāgo의 어원적 의미인 rañjanaṃ을 옮긴 것이다.

93 rāgo는 규칙이 적용된 예시이고, 그 뒤에 국문 번역(그것으로 염색되는 것)은 rāgo의 어원적 의미인 rañjitabbaṃ tena를 옮긴 것이다. 다른 예시들도 마찬가지이다.

무슨 목적으로 '행동과 도구의 의미로'가 [명시되어 있는가]? [이 규칙에서 명시한 조건에 부합해야만 이 규칙의 기능이 적용된다는 것을 보여 주기 위해서이다. 다음과 같은 예에서는 이 규칙의 기능이 적용되지 않는데, 이것은 '행동과 도구의 의미로'라는 조건에 부합하지 않기 때문이다.] rañjati etthā ti raṅgo. [이 예는 행동이나 도구의 의미가 아니다.]

• raṅgo : 물들이는 곳. [단어분석] rañja/ranja+ṇa

❖〈rāgo 형성과정〉 rañja[KV459] → rañj[KV523] → rañj+ṇa[KV531] → raj+ṇa[KV592] → rāj+ṇa[KV623, KV485] → rāg+ṇa[KV625] → rāg+a[KV623, KV525] → raga[KV603] → rāga+si(→o)[KV104] → rāg+o[KV83] → rāgo

‖ *hanassa ghāto* ‖ 593 ‖

어근 hana 전체는 ṇ가 [포함된] 접미사가 뒤에 올 때 ghāta로 대체된다.

[그 예는 다음과 같다.] upahanatī ti upaghāto. gavo hanatī ti goghātako.

• upaghāto : 다치게 하는 자. [단어분석] upa−hana+ṇa (hana→ghāta)

• goghātako : 소를 죽이는 자. [단어분석] go+hana+ṇvu (hana→ghāta)

‖ *vadho vā sabbattha* ‖ 594 ‖

어근 hana 전체는 모든 경우에[94] 선택에 따라 vadha로 대체된다.

[그 예는 다음과 같다.] hanatī ti vadho. vadhako. avadhi ahani vā.[95]

- vadho : 죽이는 자. [단어분석] hana+ṇa (hana→vadha)
- vadhako : 죽이는 자. [단어분석] hana+ṇvu (hana→vadha)
- avadhi : 죽였다. [단어분석] hana+ī (hana→vadha). *ahani

‖ *ākārantānaṃ āyo* ‖ 595 ‖

모음 ā로 끝나는 어근의 끝모음은 ṇ가 [포함된] 접미사가 뒤에 올 때 āya로 대체된다.

[그 예는 다음과 같다.] dānaṃ dadātī ti dāyako. dānaṃ dātuṃ sīlaṃ yassā ti dānadāyī. majjadāyī. nagarayāyī.

- dāyako : 공양을 주는 자. [단어분석] dā+ṇvu[96] (ā→āya)
- dānadāyī : 공양을 [정기적으로] 주는 자. [단어분석] dāna+dā+ṇī[97] (ā→āya)

---

94 여기서 모든 경우란, kita 접미사가 붙은 kita 파생어를 만들 경우와 동사 어미가 붙은 동사를 만들 경우 모두를 의미한다.

95 세 개의 예 중에서 vadho와 vadhako는 kita 접미사가 붙은 단어이고, avadhi는 ajjatanī 동사 어미가 붙은 ākhyāta 동사이다.

96 접미사 ṇvu는 KV529에 제시된다.

97 습관 등의 의미로 붙는 접미사 ṇī는 KV534에 제시된다.

• majjadāyī : 술을 [습관적으로] 주는 자. [단어분석] majja+dā+ṇī (ā→āya)

• nagarayāyī : 도시에 [습관적으로] 가는 자. [단어분석] nagara+yā+ṇī (ā→āya)

❖〈dāyako 형성과정〉 dā+ṇvu[KV529] → dāya+ṇvu[KV595] → dāya+aka[KV624] → dāy+aka[KV83] → dāyaka[KV603] → dāyaka+si(→o)[KV104] → dāyak+o[KV83] → dāyako

|| ***purasaṃupaparihi karotissa khakharā vā tappaccayesu ca*** ||

|| **596** || [98]

pura, saṃ, upa, pari와 같은 접두사나 불변화사 뒤에 오는 어근 kara는 접미사 ta와 ṇa가 뒤에 올 때 선택에 따라 kha, khāra로 대체된다. [그 예는 다음과 같다.] purato kariyittha so ti purakkhato. paccayehi saṅgamma kariyittha so ti saṅkhato. upagantvā kariyitthā ti upakkhato. parikkhāro. saṅkhāro. upagantvā karotī ti upakāro vā.

• purakkhato : 앞에 계신 분, 존경하는 분. [단어분석] pura+kara+ta (kara→kha)

• saṅkhato : 원인과 만나서 만들어진(조건 지어진) 것. [단어분석] saṃ−kara+ta (kara→kha)

---

98 이 규칙의 ca는 추가적인 조건이 있음을 의미하는데, 그것은 해설에 제시된 '접미사 ṇ가 뒤에 올 때(ṇamhi)'이다.

• upakkhato : 다가가서 행해진(준비된) 것. [단어분석] upa−kara+ta (kara→kha)

• parikkhāro : 필수품, 장비. [단어분석] pari−kara+ṇa (kara→khāra)

• saṅkhāro : 조건 지어진 것. [단어분석] saṃ−kara+ṇa (kara→khāra)

[vā에 의해 kha나 khāra로 대체되지 않은 예는 다음과 같다.] upakāro.

• upakāro : 다가가서 돕는 것, 도움. [단어분석] upa−kara+ṇa

‖ *tavetūnâdīsu kā* ‖597‖

접미사 tave, tūna 등등이 뒤에 올 때, 어근 kara는 선택에 따라 kā로 대체된다.

[그 예는 다음과 같다.] kātave. kātuṃ · kattuṃ vā. kātūna · kattūna vā.

• kātave : 하려고. [단어분석] kara+tave (kara→kā)

• kātuṃ : 하려고. [단어분석] kara+tuṃ (kara→kā). *kattuṃ

• kātūna : 하고는. [단어분석] kara+tūna (kara→kā). *kattūna

❖〈kātuṃ 형성과정〉 kara[KV459] → kar[KV523] → kar+tuṃ [KV563−565] → kā+tuṃ[KV597] → kātuṃ

접미사 tuṃ, tabba 등등이 뒤에 올 때, 어근 gama, khana, hana 등등의 끝은 선택에 따라 n로 된다.

[그 예는 다음과 같다.] gantuṃ · gamituṃ. gantabbaṃ · gamitabbaṃ. khantuṃ · khanituṃ. khantabbaṃ · khanitabbaṃ. hantuṃ · hanituṃ. hantabbaṃ · hanitabbaṃ. mantuṃ · manituṃ. mantabbaṃ · manitabbaṃ.

- gantuṃ : 가려고. [단어분석] gamu+tuṃ. *gamituṃ
- gantabbaṃ : 가야 하는. [단어분석] gamu+tabba. *gamitabbaṃ
- khantuṃ : 파려고. [단어분석] khanu+tuṃ. *khanituṃ
- khantabbaṃ : 파야 하는. [단어분석] khanu+tabba. *khanitabbaṃ
- hantuṃ : 죽이려고. [단어분석] hana+tuṃ. *hanituṃ
- hantabbaṃ : 죽여야 하는. [단어분석] hana+tabba. *hanitabbaṃ
- mantuṃ : 알려고. [단어분석] mana+tuṃ. *manituṃ
- mantabbaṃ : 알아야 하는. [단어분석] mana+tabba. *manitabbaṃ

무슨 목적으로 '~등등(ādi)'이 [명시되어 있는가]? [다음의 예와 같이] 접미사 tūna도 포함하기 위해서이다. gantūna. khantūna. hantūna. mantūna.

❖〈gantuṃ 형성과정〉 gamu[KV459] → gam[KV523] → gam+tuṃ [KV563-565] → gan+tuṃ[KV598] → gantuṃ

‖ *sabbehi tūnâdīnaṃ yo* ‖ 599 ‖

모든 어근 뒤에 접미사 tūna 등등은 선택에 따라 음절 ya로 대체된다. [그 예는 다음과 같다.] abhivandiya · abhivanditvā. ohāya · ohitvā. upanīya · upanetvā. passiya · passitvā. uddissa · uddisitvā. ādāya · ādiyitvā.

- abhivandiya : 절을 하고는. [단어분석] abhi−vanda+tvā. *abhivanditvā
- ohāya : 버리고는. [단어분석] ava−hā+tvā. *ohitvā
- upanīya : 이끌고는. [단어분석] upa−nī+tvā. *upanetvā
- passiya : 보고는. [단어분석] disa+tvā. *passitvā
- uddissa : 지적하고는. [단어분석] u−disa+tvā. *uddisitvā
- ādāya : 가져가서는. [단어분석] ā−dā+tvā. *ādiyitvā

❖〈uddissa 형성과정〉 disa[KV459] → dis[KV523] → u+dis+tvā [KV566] → u+dis+ya[KV599] → u+dis+sa[KV445] → uddissa

‖ *canantehi raccaṃ* ‖ 600 ‖

ca와 na로 끝나는 어근들 뒤에 접미사 tūna 등등은 선택에 따라 racca[99]로 대체된다.

---

99 r가 표시된 접미사가 붙으면 어근의 끝과 r는 탈락한다. 관련 규칙인 KV541을

[그 예는 다음과 같다.] vivicca. āhacca. upahacca.

- vivicca : 떠나고 나서. [단어분석] vi−vica+tvā
- āhacca : 때리고 나서. [단어분석] ā−hana+tvā
- upahacca : 해치고 나서. [단어분석] upa−hana+tvā

무슨 목적으로 '선택에 따라(vā)'가 [명시되어 있는가]? ['선택에 따라'에 내포된 바와 같이 이 규칙의 기능이 모든 곳에 다 적용되는 것은 아님을 보여 주기 위해서이다. 다음과 같은 예에서는 이 규칙의 기능이 적용되지 않는데, 이것은 '선택에 따라'라는 조건에 의한 것이다.] hantvā.

❖〈āhacca 형성과정〉 hana[KV459] → han[KV523] → ā+han+tvā[KV566] → ā+han+racca[KV600] → ā+h+acca[KV541] → āhacca

‖ *disā svānasvântalopo ca* ‖ 601 ‖ [100]

어근 disa 뒤에 접미사 tūna 등등은 svāna와 svā로 대체된다. 그리고 [어근의] 끝[자음 s는] 탈락한다.

[그 예는 다음과 같다.] disvāna. disvā.

참고하라.

100 이 규칙의 ca는 다음 문장을 이어 주는 '그리고'의 의미이므로, 해설에 두 가지 문법 기능이 제시된다.

• disvāna : 보고 나서. [단어분석] disa+tūna/tvāna

• disvā : 보고 나서. [단어분석] disa+tvā

❖〈disvā 형성과정〉 disa[KV459] → dis[KV523] → dis+tvā[KV566] → di+svā[KV601] → disvā

‖ *mahadabhehi mmayhajjabbhaddhā ca* ‖ **602** ‖ [101]

ma, ha, da, bha로 끝나는 어근들 뒤에 접미사 tūna 등등은 선택에 따라 mma, yha, jja, bbha, ddha로 대체된다. 그리고 [어근의] 끝은 탈락한다.

[그 예는 다음과 같다.] āgamma · āgantvā. okkamma · okkamitvā. paggayha · paggaṇhitvā. uppajja · uppajjitvā. ārabbha · ārabhitvā. āraddha · ārādhitvā.

• āgamma : 오고 나서. [단어분석] ā-gamu+tvā (tvā→mma). *āgantvā

• okkamma : 들어가고 나서. [단어분석] ava-kamu+tvā (tvā→mma). *okkamitvā

• paggayha : 집어 올리고 나서. [단어분석] pa-gaha+tvā (tvā→yha). *paggaṇhitvā

---

101 이 규칙의 ca는 다음 문장을 이어 주는 '그리고'의 의미이므로, 해설에 두 가지 문법 기능이 제시된다.

• uppajja : 생기고 나서. [단어분석] u-pada+tvā (tvā→jja). *uppajjitvā

• ārabbha : 시작하고 나서. [단어분석] ā-rabha+tvā (tvā→bbha). *ārabhitvā

• āraddha : 시작하고 나서. [단어분석] ā-rabha+tvā (tvā→ddha). *ārādhitvā

❖〈āgamma 형성과정〉 gama[KV459] → gam[KV523] → ā-gam+tvā[KV566] → ā-ga+mma[KV602] → āgamma

‖ ***taddhitasamāsakitakā nāmaṃ v' âtavetūnâdīsu*** ‖ **603** ‖ [102]

접미사 tave, tūna, tvāna, tvā 등등[으로 끝나는 단어를] 제외하고 복합어, taddhita 접미사로 끝나는 단어, kita 접미사로 끝나는 단어는 '명사'와 같이 간주한다.

[그 예는 다음과 같다.] Vāsiṭṭho. pattadhammo. kumbhakāro.

• Vāsiṭṭho : 와싯타의 남성 자손. (taddhita 파생어)

---

102 이 규칙은 접미사 tave, tūna, tvāna, tvā 등등의 접미사가 붙은 kita 파생어를 제외한 모든 taddhita 파생어, 복합어, kita 파생어를 '명사'(nāma, 좀 더 정확히 말하면 '명사의 바탕')로 간주한다는 공식적인 규칙이다. 이 단어들을 명사로 간주한다는 것은 이 단어들에 격어미가 붙을 수 있고, 형태학적 절차도 일반명사와 같은 방법으로 이루어질 수 있음을 의미한다. 반면에, tave, tūna, tvāna, tvā 등등의 접미사가 붙은 단어는 명사로 간주하지 않고, 성(性)과 수(數)가 없는 불변화사이다.

• pattadhammo : 법을 얻은 자. (복합어)

• kumbhakāro : 옹기 만드는 자. (kitaka 파생어)

‖ *dumhi garu* ‖ 604 ‖

두 자음(결합 자음)이 뒤에 올 때, 앞의 [모음은] '강음절(garu)'과 같이 간주한다.

[그 예는 다음과 같다.] bhitvā. jitvā. datvā. bhutvā.

• bhitvā : 부서지고 나서. [단어분석] bhitvā=bhida+tvā

• jitvā : 정복하고 나서. [단어분석] jitvā=ji+tvā

• datvā : 주고 나서. [단어분석] datvā=dā+tvā

• bhutvā : 먹고 나서. [단어분석] bhutvā=bhuja+tvā

‖ *dīgho ca* ‖ 605 ‖

긴 모음도 '강음절(garu)'과 같이 간주한다.

[그 예는 다음과 같다.] āhāro. nadī. vadhū. te. dhammā. opanayiko.

‖ *akkharehi kāraṃ* ‖ 606 ‖

[해당] 알파벳(akkhara, 字母)을 의미하고 나타내는 [각각의] 알파벳 뒤에 쓰임이 있을 때마다 접미사 kāra가 붙는다.

[그 예는 다음과 같다.] a eva akāro. 'a'는 알파벳 a이다.

• akāro : 알파벳 a.[103] [단어분석] a+kāra

이처럼 〈ākāro. yakāro. sakāro. dhakāro. makāro. bhakāro. lakāro.〉 에도 [동일하게 적용된다.]

• yakāro : 알파벳 y 또는 ya.[104] [단어분석] ya+kāra

• dhakāro : 알파벳 dh 또는 dha. [단어분석] dha+kāra

‖ *yathāgamaṃ ikāro* ‖ 607 ‖

경전에 따르면, 모든 어근 뒤에 모든 접미사가 붙을 때 모음 i가 삽입된다.

[그 예는 다음과 같다.] tena kammaṃ kāriyaṃ. bhavitabbaṃ. janitabbaṃ. viditaṃ. karitvā. icchitaṃ. icchitabbaṃ. gamitabbaṃ. veditabbaṃ. hanitvā. pacitvā.

• kāriyaṃ : 그것에 의해 행해진 것. [단어분석] kara+ṇya

• bhavitabbaṃ : 있어야 하는. [단어분석] bhū+tabba

• janitabbaṃ : 생겨야 하는. [단어분석] jana+tabba

• viditaṃ : 안. [단어분석] vida+ta

103 형태학적 변화에 대한 규칙에 개별 모음이나 자음에 대한 언급이 많아 kāra가 붙은 단어를 자주 볼 수 있는데, 국문 번역에는 예를 들어, '알파벳 a', '알파벳 dha'라고 하지 않고, '모음 a', '자음 dh'라고 하거나 가독성을 고려해서 모음이나 자음의 언급 없이 'a', 'dh/dha'라고만 한 예도 있다.

104 모음이 붙지 않은 자음만 일컬어 kāra라고 할 때도 있고, 자음에 모음이 붙은 한 음절을 kāra라고 할 때도 있으므로 문맥에 맞는 용어로 옮겼다.

• karitvā : 하고 나서. [단어분석] kara+tvā

• icchitaṃ : 원한. [단어분석] isu+ta

• icchitabbaṃ : 원해야 하는. [단어분석] isu+tabba

• gamitabbaṃ : 가야 하는. [단어분석] gamu+tabba

• veditabbaṃ : 알아야 하는. [단어분석] vida+tabba

• hanitvā : 죽이고 나서. [단어분석] hana+tvā

• pacitvā : 요리하고 나서. [단어분석] paca+tvā

❖〈kāriyaṃ 형성과정〉 kara[KV459] → kar[KV523] → kar+ṇya[KV543] → kār+ṇya[KV623, KV485] → kār+ya[KV623, KV525] → kār+i+ya[KV607] → kāriya[KV603] → kāriya+si(→aṃ)[KV219] → kāriy+aṃ[KV83] → kāriyaṃ

❖〈janitabbaṃ 형성과정〉 jana[KV459] → jan[KV607] → jan+tabba[KV542] → jan+i+tabba[KV607] → janitabba[KV603] → janitabba+si(→aṃ)[KV219] → janitabb+aṃ[KV83] → janitabbaṃ

‖ *dadhantato yo kvaci* ‖ **608** ‖

경전에 따르면, 접미사 tūna 등등이 뒤에 올 때 자음 d와 자음 dh로 끝나는 어근 뒤에 자음 y가 있다.

[그 예는 다음과 같다.] Buddho loke uppajjitvā. dhammaṃ bujjhitvā.

• Buddho loke uppajjitvā : 부처님이 세상에 출현한 후. [단어분석]

u+pada+tvā

• dhammaṃ bujjhitvā : 법을 알고 난 후. [단어분석] budha+tvā

무슨 목적으로 '자음 d와 자음 dh로 끝나는'이 [명시되어 있는가]? [이 규칙에서 명시한 조건에 부합해야만 이 규칙의 기능이 적용된다는 것을 보여 주기 위해서이다. 다음과 같은 예에서는 이 규칙의 기능이 적용되지 않는데, 이것은 '자음 d와 자음 dh로 끝나는'이라는 조건에 부합하지 않기 때문이다.] labhitvā. [이 예는 da나 dha로 끝나는 어근이 아니다.]

무슨 목적으로 '때때로(kvaci)'가 [명시되어 있는가]? ['때때로'에 내포된 바와 같이 이 규칙의 기능이 모든 곳에 다 적용되는 것은 아님을 보여 주기 위해서이다. 다음과 같은 예에서는 이 규칙의 기능이 적용되지 않는데, 이것은 '때때로'라는 조건에 의한 것이다.] uppādetvā. [자음 d로 끝나는 어근이지만, 어근 뒤에 y가 없다.]

• uppādetvā : 발생하게 하고 나서. [단어분석] u−pada+ṇe+tvā

❖〈bujjhitvā 형성과정〉 budha[KV459] → budh[KV523] → budh+tvā[KV566] → budh+i+tvā[KV607] → budhy+i+tvā[KV608] → bujh+i+tvā[KV443] → bujjh+i+tvā[KV29] → bujjhitvā

여기까지 kita의 장의 네 번째 부분이다.

IV.5

제4장의 다섯 번째 부분[105]

|| *niggahītaṃ saṃyogâdi no* || **609** ||

결합 자음에서 앞에 있는 자음 n은 닉가히따(ṃ)로 된다.

[그 예는 다음과 같다.] raṅgo. bhaṅgo. saṅgo.

- raṅgo : 색칠. [단어분석] raṉja+ṇa (n→ṃ)
- bhaṅgo : 파괴. [단어분석] bhaṉja+ṇa (n→ṃ)
- saṅgo : 들러붙음. [단어분석] saṉja+ṇa (n→ṃ)

❖〈raṅgo 형성과정〉 ranja[KV459] → ranj[KV523] → ranj+ṇa [KV531] → raṃj+ṇa[KV609] → raṃg+ṇa[KV625] → raṅg+ṇa[KV31] → raṅg+a[KV623, KV525] → raṅga[KV603] → raṅga+si(→o)[KV104] → raṅg+o[KV83] → raṅgo

---

105 제4장의 다섯 번째 부분은 총 17개의 규칙(KV609–625)으로 구성된다. 이 부분에서 다루는 것은 kita 파생어를 만드는 다양한 kita 접미사의 대체와 어근의 어형 변화 등이다. 이 부분에서도 각각의 예시에 국문 번역을 넣어서 원문과 맞추어 볼 수 있도록 구성하였고, 필요에 따라 단어분석(어근+kita접미사)을 제시하였다.

‖ *sabbattha ge gī* ‖ 610 ‖

어근 ge는 [적절한] 모든 경우에 gī로 대체된다.

[그 예는 다음과 같다.] gītaṃ. gāyati.

• gītaṃ : 노래, 노래 된. [단어분석] ge+ta (ge→gī). *gāyati[106]

‖ *sadassa sīdattaṃ* ‖ 611 ‖

어근 sada는 [적절한] 모든 경우에 sīda로 대체된다.

[그 예는 다음과 같다.] nisinno. nisīdati.

• nisinno : 앉은. [단어분석] ni–sada+ta (sada→sīda)

• nisīdati : 앉는다. [단어분석] ni–sada+a+ti (sada→sīda)

❖〈nisinno 형성과정〉 sada[KV459] → sad[KV523] → ni–sad+ta[KV558] → ni–sīd+ta[KV611] → ni–sī+inna[KV584] → ni–s+inna[KV83] → nisinna[KV603] → nisinna+si(→o)[KV104] → nisinn+o[KV83] → nisinno

---

106 gāyati(노래한다)는 ākhyāta 동사인데 이 규칙의 기능이 적용되지 않은 예이다. 규칙에 vā가 없지만, ge가 gī로 되지 않은 vā의 예로 별표(*)로 표시하였다.

‖ *yajassa sarass'i ṭṭhe* ‖ 612 ‖

어근 yaja의 모음은 ṭṭha가 뒤에 올 때 i로 대체된다.

[그 예는 다음과 같다.] yiṭṭho.

• yiṭṭho : 희생된. [단어분석] yaja+ta (a→i)

무슨 목적으로 'ṭṭha가 뒤에 올 때'가 [명시되어 있는가]? [이 규칙에서 명시한 조건에 부합해야만 이 규칙의 기능이 적용된다는 것을 보여 주기 위해서이다. 다음과 같은 예에서는 이 규칙의 기능이 적용되지 않는데, 이것은 'ṭṭha가 뒤에 올 때'라는 조건에 부합하지 않기 때문이다.] yajanaṃ. [이 예는 어근 뒤에 ṭṭha가 오지 않는다.]

❖〈yiṭṭho 형성과정〉 yaja[KV459] → yaj[KV523] → yaj+ta[KV558] → ya+ṭṭha[KV575] → yi+ṭṭha[KV612] → yiṭṭha[KV603] → yiṭṭha+si(→o)[KV104] → yiṭṭh+o[KV83] → yiṭṭho

‖ *hacatutthānaṃ antānaṃ do dhe* ‖ 613 ‖

어근 끝의 h나 [무리의] 네 번째 음은 dha[107]가 뒤에 올 때 d로 대체된다.

[그 예는 다음과 같다.] sannaddho, kuddho, yuddho, siddho, viddho, laddho, āraddho.

---

107 접미사 ta가 dha로 대체되는 기능은 KV578에 제시된다.

• sannaddho : 묶인, 속박된. [단어분석] saṃ–naha+ta (h→d)

• kuddho : 화난. [단어분석] kudha+ta (dh→d)

• yuddho : 싸운. [단어분석] yudha+ta (dh→d)

• siddho : 완성된 [단어분석] sidha+ta (dh→d)

• viddho : 꿰뚫린. [단어분석] vidha+ta (dh→d)

• laddho : 얻어진. [단어분석] labha+ta (bh→d)

• āraddho : 시작된. [단어분석] ā–rabha+ta (bh→d)

❖〈kuddho 형성과정〉 kudha[KV459] → kudh[KV523] → kudh+ta[KV558] → kudh+dha[KV578] → kud+dha[KV613] → kuddha[KV603] → kuddha+si(→o)[KV104] → kuddh+o[KV83] → kuddho

‖ *ḍo ḍhakāre* ‖ **614** ‖

어근 끝의 h나 [무리의] 네 번째 음은 ḍha[108]가 뒤에 올 때 ḍ로 대체된다.

[그 예는 다음과 같다.] daḍḍho. vuḍḍho.

• daḍḍho : 불태워진. [단어분석] daha+ta (h→ḍ)

• vuḍḍho : 나이 든. [단어분석] vaḍha+ta (ḍh→ḍ)

무슨 목적으로 'ḍha가 뒤에 올 때'가 [명시되어 있는가]? [이 규칙에서

108 접미사 ta가 ḍha로 대체되는 기능은 KV578에 제시된다.

명시한 조건에 부합해야만 이 규칙의 기능이 적용된다는 것을 보여 주기 위해서이다. 다음과 같은 예에서는 이 규칙의 기능이 적용되지 않는데, 이것은 'ḍha가 뒤에 올 때'라는 조건에 부합하지 않기 때문이다.] dāho. [이 예는 ḍha가 뒤에 오는 단어가 아니다.]

❖〈daḍḍho 형성과정〉 daha[KV459] → dah[KV523] → dah+ta [KV558] → dah+ḍha[KV578] → daḍ+ḍha[KV614] → daḍḍha [KV603] → daḍḍha+si(→o)[KV104] → daḍḍh+o[KV83] → daḍḍho

‖ *gahassa ghara ṇe vā* ‖ 615 ‖

어근 gaha는 접미사 ṇa가 뒤에 올 때 선택에 따라 ghara로 대체된다. [그 예는 다음과 같다.] gharaṃ. gharāni.

- gharaṃ : 집. [단어분석] gaha+ṇa (gaha→ghara)
- gharāni : 집들. [단어분석] gaha+ṇa (gaha→ghara)

무슨 목적으로 '선택에 따라(vā)'가 [명시되어 있는가]? ['선택에 따라'에 내포된 바와 같이 이 규칙의 기능이 모든 곳에 다 적용되는 것은 아님을 보여 주기 위해서이다. 다음과 같은 예에서는 이 규칙의 기능이 적용되지 않는데, 이것은 '선택에 따라'라는 조건에 의한 것이다.] gāho.

|| *dahassa do laṃ* || 616 ||

어근 daha의 음절 da는 접미사 ṇa가 뒤에 올 때 선택에 따라 la(또는 ḷa)로 된다.

[그 예는 다음과 같다.] pariḷāho.

• pariḷāho : 열, 탐. [단어분석] pari−daha+ṇa (da→ḷa)

무슨 목적으로 '선택에 따라(vā)'가 [명시되어 있는가]? ['선택에 따라'에 내포된 바와 같이 이 규칙의 기능이 모든 곳에 다 적용되는 것은 아님을 보여 주기 위해서이다. 다음과 같은 예에서는 이 규칙의 기능이 적용되지 않는데, 이것은 '선택에 따라'라는 조건에 의한 것이다.] paridāho.

|| *dhātvantassa lopo kvimhi* || 617 ||

어근 끝의 자음은 접미사 kvi[109]가 뒤에 올 때 탈락한다.

[그 예는 다음과 같다.] bhujaṅgo. urago. turago. saṅkho.

• bhujaṅgo : 구불거리며 가는 것, 뱀. [단어분석] bhuja+gamu+kvi (m 탈락)

• urago : 가슴으로 가는 것, 뱀. [단어분석] ura+gamu+kvi (m 탈락)

• turago : 재빨리 가는 것, 말. [단어분석] tura+gamu+kvi (m 탈락)

• saṅkho : [모래 속에] 파고드는 것, 소라. [단어분석] saṃ−khanu

---

109 접미사 kvi의 탈락 기능은 KV641에 제시된다.

+kvi (n 탈락)

|| *vidante ū* || 618 ||

어근 vida의 끝에 모음 ū는 접미사 kvi가 뒤에 올 때 삽입된다.

[그 예는 다음과 같다.] lokavidū.

• lokavidū : 세상에 대해 아는 분, 부처님. [단어분석] loka+vida+kvi (ū 삽입)

❖〈lokavidū 형성과정〉 vida[KV459] → vid[KV523] → loka+vid+kvi[KV532] → loka+vidū+kvi[KV618] → loka+vidū+~~kvi~~[KV641] → lokavidū[KV603] → lokavidū+si(→si 탈락)[KV220] → lokavidū

|| *namakarānaṃ antānaṃ n'iyuttamhi* || 619 ||

어근 끝의 자음 n, m, k, r는 t가 [포함된] 접미사가 뒤에 오고 모음 i가 삽입될 때 탈락하지 않는다.[110]

[그 예는 다음과 같다.] hanituṃ. gamito. aṅkito. saṅkito. ramito. sarito. karitvā.

• hanituṃ : 죽이기 위해. [단어분석] hana+tuṃ

110 끝 자음이 탈락하는 경우는 KV588에 제시된다.

- gamito : 간. [단어분석] gamu+ta
- aṅkito : 표시한. [단어분석] aṅka+ta
- saṅkito : 미심쩍은. [단어분석] saki+ta
- ramito : 기쁜. [단어분석] ramu+ta
- sarito : 기억한. [단어분석] sara+ta
- karitvā : 하고 나서. [단어분석] kara+tvā

무슨 목적으로 '모음 i가 삽입될 때'가 [명시되어 있는가]? [이 규칙에서 명시한 조건에 부합해야만 이 규칙의 기능이 적용된다는 것을 보여 주기 위해서이다. 다음과 같은 예에서는 이 규칙의 기능이 적용되지 않는데, 이것은 '모음 i가 삽입될 때'라는 조건에 부합하지 않기 때문이다.] gato. sato. kato. hato. [이 예는 i가 삽입된 단어가 아니다.]

‖ *na kagattaṃ cajā ṇvusmiṃ* ‖ 620 ‖

자음 c와 자음 j는 접미사 ṇvu[111]가 뒤에 올 때 [각각] 자음 k와 자음 g로 되지 않는다.[112]

[그 예는 다음과 같다.] pācako. yājako.

- pācako : 요리하는 자. [단어분석] paca+ṇvu
- yājako : 희생 [제사]를 하는 자, 제사장. [단어분석] yaja+ṇvu

---

111 접미사 ṇvu가 aka로 되는 기능은 KV624에 제시된다.

112 KV620은 KV625의 기능에 대한 예외를 보여 준다.

‖ *karassa ca tattaṃ tusmiṃ* ‖ 621 ‖[113]

어근 kara의 끝에 있는 자음 r은 접미사 tu가 뒤에 올 때 자음 t가 된다.

[그 예는 다음과 같다.] kattā. kattāro.

- kattā : 행하는 자 [단어분석] kara+tu (r→t)
- kattāro : 행하는 자들 [단어분석] kara+tu (r→t)

❖〈kattā 형성과정〉 kara[KV459] → kar[KV523] → kar+tu[KV529] → kat+tu[KV621] → kattu[KV603] → kattā+si(→si 탈락)[KV199] → kattā

❖〈kattāro 형성과정〉 kara[KV459] → kar[KV523] → kar+tu[KV529] → kat+tu[KV621] → kattu[KV603] → kattāra+yo[KV200] → kattāra+o[KV205] → kattār+o[KV83] → kattāro

‖ *tuntūnatabbesu vā* ‖ 622 ‖

어근 kara의 끝에 있는 r는 tuṃ, tūna, tabba가 뒤에 올 때 선택에 따라 t가 된다.

[그 예는 다음과 같다.] kattuṃ · kātuṃ. kattūna · kātūna. kattabbaṃ ·

---

113 이 규칙의 ca는 이전 규칙의 단어를 끌어와 문맥을 맞추는 용도로, KV619의 antānaṃ을 의미하고, 복수 antānaṃ을 단수 antassa로 가져온 것이다.

kātabbaṃ.

• kattuṃ : 하려고. [단어분석] kara+tuṃ (r→t). *kātuṃ

• kattūna : 하려고. [단어분석] kara+tūna (r→t). *kātūna

• kattabbaṃ : 되어야 하는. [단어분석] kara+tabba (r→t). *kātabbaṃ

‖ *kāritaṃ viya ṇânubandho* ‖ 623 ‖

아누반다(anubandha)[114] ṇ가 표시된 접미사는 선택에 따라 '사역 접미사(kārita)'와 같이 간주한다.[115]

[그 예는 다음과 같다.] dāho. deho. nādo. vāho. bodho. vāro. dhāro. parikkhāro. dāyako. nāyako. lāvako. bhāvako. kārī. ghātī. dāyī.

• dāho : 탐, 열. [단어분석] daha+ṇa

• deho : 몸. [단어분석] diha+ṇa

• nādo : 큰 소리, 포효. [단어분석] nada+ṇa

114 anubandha의 글자 그대로의 의미는 '속박, 부착, 접착'이다. 이 anubandha는 주로 접미사에 붙는 문자 또는 표시인데, 각각의 anubandha가 가진 문법적 기능만 전달하고 형태학적 절차에 활용될 때는 탈락한다. 국내에서는 '표지소리', '지시문자' 등으로 표현되지만, KV 국문 번역에는 '아누반다'로 쓰기로 한다.

115 아누반다 ṇ가 표시된 접미사는 ṇa, ṇya, ṇvu, ṇī, ṇuka이다. 사역 접미사와 같이 간주한다는 것은 사역 접미사가 붙을 때 적용되는 모음 강화(vuddhi) 기능과 아누반다 ṇ 탈락 기능이 아누반다 ṇ가 표시된 접미사(ṇa, ṇya, ṇvu, ṇī, ṇuka)가 붙을 때도 적용된다는 의미이다. 아누반다 ṇ의 탈락 기능은 KV525에 제시된다. 사역 접미사와 관련된 모음 강화에 대해서는 KV485를 참고하라.

- vāho : [말, 코끼리, 마차처럼] 옮기는 것. [단어분석] vaha+ṇa
- bodho : 깨달음. [단어분석] budha+ṇa
- vāro : 차례, 기회. [단어분석] vara+ṇa
- dhāro : 지닌 [자]. [단어분석] dhara+ṇa
- parikkhāro : 필수품, 장비. [단어분석] pari−kara+ṇa
- dāyako : 주는 자. [단어분석] dā+ṇvu
- nāyako : 이끄는 자. [단어분석] nī+ṇvu
- lāvako : 자르는 것. [단어분석] lū+ṇvu
- bhāvako : 만드는 것. [단어분석] bhū+ṇvu
- kārī : 행하는 자. [단어분석] kara+ṇī
- ghātī : 죽이는 자. [단어분석] hana+ṇī
- dāyī : 주는 자. [단어분석] dā+ṇī

|| *anakā yuṇvūnaṃ* || 624 ||

접미사 yu, ṇvu[116]는 ana, aka로 대체된다.[117]

[그 예는 다음과 같다.] nanditabban ti Nandanaṃ vanaṃ. bhūyate bhavanaṃ. gayhate gahaṇaṃ. nalaṃ karotī ti nalakārako.

- Nandanaṃ : 기뻐해야 하는 것. [단어분석] nanda+yu (yu→ana). Nandanaṃ vanaṃ 기뻐해야 하는 숲

116 접미사 yu와 ṇvu에 대해서는 각각 KV549와 KV529를 참고하라.

117 이 규칙은 KV643의 기능과 비슷하다.

• bhavanaṃ : 되는 것. [단어분석] bhū+yu (yu→ana)
• gahaṇaṃ : 가지는 것. [단어분석] gaha+yu (yu→ana)
• nalakārako : 갈대[로 무언가를] 만드는 자. [단어분석] nala+kar +ṇvu (ṇvu→aka)

‖ *kagā cajānaṃ* ‖ 625 ‖

어근 끝의 c, j는 아누반다 ṇ가 표시된 접미사가 뒤에 올 때 자음 k와 자음 g로 대체된다.[118]

[그 예는 다음과 같다.] pāko. yogo.

• pāko : 요리하는 행동. [단어분석] paca+ṇa (c→k)
• yogo : 묶는/연결하는 행동. [단어분석] yuja+ṇa (j→g)

❖〈yogo 형성과정〉 yuja[KV459] → yuj[KV523] → yuj+ṇa[KV531] → yoj+ṇa[KV623, KV485] → yog+ṇa[KV625] → yog+a[KV623, KV525] → yoga[KV603] → yoga+si(→o)[KV104] → yog+o[KV83] → yogo

여기까지 kita의 장의 다섯 번째 부분이다.

118 이 규칙은 KV642의 기능과 비슷하다. 이 규칙 기능의 예외적 경우는 KV620에 제시된다.

IV.6
제4장의 여섯 번째 부분

Uṇādikappa[119]
Uṇādi의 장[120]

119 제4장의 여섯 번째 부분은 첫 번째~다섯 번째 부분과는 구분되는 Uṇādikappa(Uṇādi의 장)로, 총 50개의 규칙(KV626–675)으로 구성된다. uṇādi는 uṇ(아누반다 ṇ가 표시된 접미사 u)+ādi(~로 시작하는, ~등등)인데, 이 장에 uṇ이라는 접미사는 제시되지 않는다. 대신에, u와 ṇ의 자리가 뒤바뀐 ṇu라는 접미사가 붙은 단어는 이 장의 첫 규칙 KV626에서 제시된다. uṇ과 ṇu는 그 형태는 다를지 몰라도 u에 표시된 아누반다 ṇ가 탈락하고 실제로 단어 뒤에 붙는 접미사가 u인 것은 같다. 이 장의 첫 번째 접미사인 ṇu를 시작으로 이 장에 포함된 모든 접미사를 묶어서 uṇādi('ṇu로 시작하는 접미사들' 또는 '접미사 ṇu 등등')라고 한다. 따라서 Uṇādikappa는 첫 접미사 'ṇu로 시작하는 접미사들의 장'이라고 이해할 수 있다. 간략히 'uṇādi의 장'이라고 부르겠다.

120 이 uṇādi의 장은 kita의 장을 확장 및 보충했다고 볼 수 있다. kita의 장에서 kita 접미사가 붙어 kita 파생어가 있는 것처럼, uṇādi의 장에서도 uṇādi 접미사가 붙어 형성된 단어가 있다. 이 장에서는 일부의 예시에 국문 번역을 넣어서 원문과 맞추어 볼 수 있도록 구성하였고, 필요에 따라 단어분석(어근+uṇādi 접미사)을 제시하였다.

|| *kattari kit* || 626 ||

능동의 의미로, kita 접미사[121]가 붙는다.

[그 예는 다음과 같다.] kāru. kāruko. kārako. pācako. kattā. janitā. pacitā. netā.

- kāru : 행하는/만드는 자. [단어분석] kara+ṇu
- kāruko : 행하는/만드는 자. [단어분석] kara+ṇuka[122]
- kārako : 행하는/만드는 자. [단어분석] kara+ṇvu[123]
- pācako : 요리하는 자. [단어분석] paca+ṇvu
- kattā : 행하는 자 [단어분석] kara+tu[124]
- janitā : 생기게 하는 자. [단어분석] jana+tu
- pacitā : 요리하는 자. [단어분석] paca+tu
- netā : 이끄는 자. [단어분석] nī+tu

|| *bhāvakammesu kiccaktakkhatthā* || 627 ||

행동과 수동의 의미로, kicca 접미사,[125] 접미사 kta,[126] 접미사 kha[127]

---

121 KV548에 따르면, kita 접미사는 kicca 접미사를 제외한 접미사이다. kicca 접미사에 대해서는 KV547을 참고하라.

122 접미사 ṇuka는 KV538에 제시된 접미사 ṇuka와 비슷하다.

123 접미사 ṇvu는 KV529에 제시된 접미사 ṇvu와 비슷하다.

124 접미사 tu는 KV529에 제시된 접미사 tu와 비슷하다.

125 KV547에 따르면, kicca는 KV542-544에 제시된 접미사 tabba, anīya, ṇya,

가 붙는다.

[그 예는 다음과 같다.] upasampādetabbaṃ bhavatā. sayitabbaṃ bhavatā. kattabbaṃ kammaṃ bhavatā. bhottabbo odano bhavatā. asitabbaṃ bhojanaṃ bhavatā.

asitaṃ bhavatā. sayitaṃ bhavatā. pacitaṃ bhavatā.

asitaṃ bhojanaṃ bhavatā. sayitaṃ sayanaṃ bhavatā. pacito odano bhavatā.

kiñcissayo. īsassayo. dussayo. susayo bhavatā.

〈kicca 접미사 중 tabba의 예〉

- upasampādetabbaṃ bhavatā : 구족계가 존자에 의해 주어져야 한다. (=존자는 구족계를 주어야 한다.) [단어분석] upa-saṃ-pada+tabba
- sayitabbaṃ bhavatā : 잠은 존자에 의해 들어져야 한다. (=존자는 자야 한다.) [단어분석] sī+tabba
- kattabbaṃ kammaṃ bhavatā : 일이 존자에 의해서 행해져야 한다. (=존자는 일을 해야 한다.) [단어분석] kara+tabba
- bhottabbo odano bhavatā : 밥은 존자에 의해 먹어져야 한다. (=존자는 밥을 먹어야 한다.) [단어분석] bhuja+tabba
- asitabbaṃ bhojanaṃ bhavatā : 음식은 존자에 의해 먹어져야 한다. (=존자는 음식을 먹어야 한다.) [단어분석] asa+tabba

---

ricca이다.

126 접미사 kta(k 탈락 후 실제로 붙는 접미사는 ta)의 용법은 KV557-559를 참고하라.

127 접미사 kha(kh 탈락 후 실제로 붙는 접미사는 a)의 용법은 KV562를 참고하라.

〈접미사 kta의 예〉

• asitaṃ bhavatā : 존자에 의해 먹어졌다. (=존자가 먹었다.) [단어분석] asa+kta

• sayitaṃ bhavatā : 존자에 의해 잠들어졌다. (=존자가 잠들었다.) [단어분석] sī+kta

• pacitaṃ bhavatā : 존자에 의해 요리되었다. (=존자가 요리하였다.) [단어분석] paca+kta

• asitaṃ bhojanaṃ bhavatā : 존자에 의해 음식이 먹어졌다. (=존자가 음식을 먹었다.) [단어분석] asa+kta

• sayitaṃ sayanaṃ bhavatā : 존자가 침대에서 잤다. [단어분석] sī+kta

• pacito odano bhavatā : 존자에 의해 밥이 지어졌다. (=존자가 밥을 지었다.) [단어분석] paca+kta

〈접미사 kha의 예〉

• kiñcissayo : 잠깐 잔. [단어분석] kiñci+si+kha
• īsassayo : 잠깐 잔. [단어분석] īsa+si+kha
• dussayo : 어렵게 잔. [단어분석] du+si+kha
• susayo bhavatā : 존자에 의한 편안하게 잔. [단어분석] su+si+kha

|| ***kammaṇi dutiyāyaṃ kto*** || **628** ||

제2 격어미가 붙은 목적어의 의미를 [돕기 위해], 접미사 kta[128]는 능동의 의미에서 사용된다.

[그 예는 다음과 같다.] dānaṃ dinno Devadatto. sīlaṃ rakkhito Devadatto. bhattaṃ bhutto Devadatto. garuṃ upāsito Devadatto.
dānaṃ dinno Devadatto : 데와닷따가 보시를 베풀었다. [단어분석] dā+ta[129]

- sīlaṃ rakkhito Devadatto : 데와닷따가 계를 지켰다. [단어분석] rakkha+ta[130]
- bhattaṃ bhutto Devadatto : 데와닷따가 밥을 먹었다. [단어분석] bhuja+ta[131]
- garuṃ upāsito Devadatto : 데와닷따가 스승을 돌보았다. [단어분석] upa-āsa+ta[132]

|| *khyâdīhi man ma ca to vā* || 629 ||[133]

어근 khī, bhī, su, ru, hu, vā, dhū, hi, lū, pi, ada 등등의 뒤에 접미사 man[134]이 붙는다. 그리고 [예 attā의 경우처럼] ma는 ta가 되기도

---

128 접미사 kta의 k는 탈락하고 ta가 붙는다. 이런 기능은 KV519에 포함된다.

129 접미사 ta가 inna로 대체되고, 끝음이 탈락하는 기능은 KV584에 제시된다.

130 모음 i가 삽입되는 기능은 KV607에 제시된다.

131 어근 bhuja의 j 탈락과 접미사 ta의 t 중복 기능은 KV580에 제시된다.

132 모음 i가 삽입되는 기능은 KV607에 제시된다.

133 이 규칙의 ca는 다음 문장을 이어 주는 '그리고'의 의미이므로, 해설에 두 가지 문법 기능이 제시된다.

134 접미사 man의 n은 탈락하고 ma가 붙는다. 여기서 n은 모음 강화(vuddhi)가 있음을 알리는 것이다.

한다.

[그 예는 다음과 같다.] khīyanti upaddavā etthā ti khemo. bhāyitabbo ti bhemo. bhāyanti etthā ti vā bhemo. raṃsiyo abhissavetī ti somo. romo. homo. vāmo. dhūmo. hemo. lomo. pemo. attā.

- khemo : 위험이 사라진 곳(안전한 곳=열반). [단어분석] khī+man
- bhemo : 두려워해야 하는 또는 두려운 곳. [단어분석] bhī+man
- somo : 빛을 내는 것, 달. [단어분석] su+man
- romo : 몸털. [단어분석] ru+man
- homo : 공물. [단어분석] hu+man
- vāmo : 왼쪽. [단어분석] vā+man
- dhūmo : 연기/매연. [단어분석] dhū+man
- hemo : 금. [단어분석] hi+man
- lomo : 몸털. [단어분석] lū+man
- pemo : 사랑. [단어분석] pī+man
- attā : 자기 [단어분석] ada+man (ma→ta)

‖ *samâdīhi thamā* ‖ 630 ‖

어근 sama, dama, dara, raha, du, hi, si, bhī, dā, sā, yā, thā, bhasa 등등의 뒤에 접미사 tha, ma가 붙는다.

[그 예는 다음과 같다.] sametī ti samatho. damatho. daratho. ratho. dumo. himo. sīmā. bhīmo. dāmo. sāmo. yāmo. thāmo. bhasmā.

- samatho : 진정시키는 것, 평온. [단어분석] samu+tha

- damatho : 길들임. [단어분석] damu+tha
- daratho : 불안. [단어분석] dara+tha
- ratho : 마차. [단어분석] raha+tha
- dumo : 나무. [단어분석] du+ma
- himo : 눈. [단어분석] hi+ma
- sīmā : 경계. [단어분석] si+ma
- bhīmo : 두려워하는 대상. [단어분석] bhī+ma
- dāmo : 묶는 것/속박. [단어분석] dā+ma
- sāmo : 황금빛. [단어분석] sā+ma
- yāmo : 밤의 세 단계. [단어분석] yā+ma
- thāmo : 힘. [단어분석] thā+ma
- bhasmā : 재. [단어분석] bhasa+ma

‖ *gahass' upadhass' e vā* ‖ 631 ‖

어근 gaha의 끝에서 두 번째 음[135]은 선택에 따라 e가 된다.

[그 예는 다음과 같다.] dabbasambhāraṃ gaṇhātī ti geham · gahaṃ.

- gehaṃ : 건축 자재를 사용한 것, 집. [단어분석] gaha+a (a→e).

135 '끝에서 두 번째 음'은 upadhā를 옮긴 것이다. upadhā는 upa(가까이)+어근 dhā(두다, 놓다)로, 글자 그대로의 의미는 '가까이 놓인 것'이지만, 문법과 관련된 맥락에서 upadhā는 '끝에서 두 번째 음'이다. KV631의 어근 gaha를 살펴보자. KV523에 의해 끝모음 a가 이미 탈락한 gah에서 마지막 음은 h이고, 끝에서 두 번째 음은 h 앞에 놓인 모음 a이다.

*gahaṃ

|| ***masussa sussa ccharaccherā*** || **632** ||

명사의 바탕[136] masu[137]의 su는 cchara, cchera로 대체된다.

[그 예는 다음과 같다.] maccharatī ti maccharo.

• maccharo : 질투/인색. [단어분석] masu+kvi (su→cchara. kvi 탈락)

이처럼 macchero에도 [동일하게 적용된다.]

|| ***āpubbacarassa ca*** || **633** ||[138]

ā가 앞에 있는 어근 cara는 cchariya, cchara, cchera로 대체된다. 그리고 앞에 있는 ā는 짧아진다.

[그 예는 다음과 같다.] ābhuso caritabban ti acchariyaṃ.

• acchariyaṃ : 놀라운 일, 경이. [단어분석] ā−cara+kvi

이처럼 accharaṃ · accheraṃ에도 [동일하게 적용된다.]

---

136 '명사의 바탕'은 pāṭipadika를 옮긴 것이다. pāṭipadika는 KV434에서 언급된 liṅga(명사의 기본 또는 바탕)와 같은 맥락에서 사용되었다. 다시 말해서, pāṭipadika는 어미나 접미사가 붙지 않았고 아직 어형 변화가 일어나지 않은 명사의 바탕이다. KV603에서 언급된 nāma도 같은 의미에서 제시된 용어이다.

137 여기서 masu는 동사의 어근이 아니라, 명사의 바탕이다.

138 이 규칙의 ca는 다음 문장을 이어 주는 '그리고'의 의미이므로, 해설에 두 가지 문법 기능이 제시된다.

|| *alakalasalehi layā* || 634 ||

어근 ala, kala, sala 뒤에 접미사 la, ya가 붙는다.

[그 예는 다음과 같다.] alati samatthetī ti allaṃ. kalitabbaṃ saṅkhyātabban ti kallaṃ. salati gacchati pavissatī ti sallaṃ.

- allaṃ : 꾸밀 수 있는, 깨끗한. [단어분석] ala+la
- kallaṃ : 딱 맞게 계산하는, 영리한, 적절한. [단어분석] kala+la
- sallaṃ : 재빠르게 가서 들어가는 것, 화살. [단어분석] sala+la

이처럼 alyaṃ, kalyaṃ, salyaṃ에도 [동일하게 적용된다.]

|| *yāṇalāṇā* || 635 ||

어근 kala, sala 뒤에 접미사 yāṇa, lāṇa가 붙는다.

[그 예는 다음과 같다.] kalitabbaṃ saṅkhyātabban ti kalyāṇaṃ. gaṇato paṭikkamitvā salati etthā ti paṭisalyāṇaṃ.

- kalyāṇaṃ : 딱 맞게 계산하는, 영리한, 적절한. [단어분석] kala+yāṇa
- paṭisalyāṇaṃ : 무리를 떠난 후에 가는 곳, 조용한 곳. [단어분석] sala+yāṇa

이처럼 kallāṇo, paṭisallāṇo에도 [동일하게 적용된다.]

|| *mathissa thassa lo ca* || 636 || [139]

어근 matha의 tha는 la로 대체된다.

[그 예는 다음과 같다.] mallo. mallaṃ.

• mallo/mallaṃ: 레슬링 선수. [단어분석] matha+a (tha→la)

[규칙에 있는] 단어 'ca(또한)'를 취함으로써, la 뒤에 ka가 삽입된다.

[그 예는 다음과 같다.] mallako. mallakaṃ.

|| *pesâtisaggappattakālesu kiccā* || 637 ||

명령, 승낙, 적당한 때의 의미로, kicca 접미사[140]가 붙는다.

[그 예는 다음과 같다.] kattabbaṃ kammaṃ bhavatā · karaṇīyaṃ kiccaṃ bhavatā. bhottabbaṃ bhojjaṃ bhavatā · bhojanīyaṃ bhojjaṃ bhavatā. ajjhayitabbaṃ ajjheyyaṃ bhavatā · ajjhayanīyaṃ ajjheyyaṃ bhavatā.

• kattabbaṃ kammaṃ bhavatā · karaṇīyaṃ kiccaṃ bhavatā : 일은 존자에 의해 행해져야 한다.(명령) 일은 존자에 의해 행해져도 좋다.(승낙) 일은 존자에 의해 행해지기 알맞다.(적당한 때). [단어분석] kara+tabba/anīya

139 이 규칙의 ca는 해설, 예시 다음에 제시된, 추가 정보를 가리킨다. 추가 정보는 국문 번역에 "규칙에 있는 단어 ca를 취함으로써"의 뒤에 이어진 내용으로, 기존 규칙의 기능에 형태학적 변화의 예를 더 보탠 것이다.

140 kicca 접미사에 대해서는 KV547을 참고하라.

• bhottabbaṃ bhojjaṃ bhavatā · bhojanīyaṃ bhojjaṃ bhavatā : 음식은 존자에 의해 먹어져야 한다.(명령) 음식은 존자에 의해 먹어져도 좋다.(승낙) 음식은 존자에 의해 먹히기 알맞다.(적당한 때). [단어분석] bhuja+tabba/anīya

• ajjhayitabbaṃ ajjheyyaṃ bhavatā · ajjhayanīyaṃ ajjheyyaṃ bhavatā : 존자에 의해 외워져야 한다.(명령) 존자에 의해 외워져도 좋다.(승낙) 암송은 존자에 의해 외워지기 알맞다.(적당한 때). [단어분석] adhi−i+tabba/anīya

|| ***avassakādhamiṇesu ṇī ca*** || **638** || [141]

필연적인 일과 빚의 의미로, 접미사 ṇī와 kicca 접미사가 붙는다.

〈'필연적인 일'에 관한 예〉 kārī 'si me kammaṃ avassaṃ. hārī 'si me bhāraṃ avassaṃ.

• kārī 'si me kammaṃ avassaṃ : 당신은 필연적으로 내 일을 행하는 자이다. [단어분석] kara+ṇī

• hārī 'si me bhāraṃ avassaṃ : 당신은 필연적으로 내 짐을 짊어지는 자이다. [단어분석] hara+ṇī

〈'빚'에 관한 예〉 dāyī 'si me sataṃ iṇaṃ. dhārī 'si me sahassaṃ iṇaṃ.

---

141 이 규칙의 ca는 이전 규칙의 단어를 끌어와 문맥을 맞추는 용도로, KV637의 kicca를 의미한다.

• dāyī 'si me sataṃ iṇaṃ : 당신은 나의 100을 주는 자(빚진 자)이다. [단어분석] dā+ṇī

• dhārī 'si me sahassaṃ iṇaṃ : 당신은 나의 1000을 짊어진 자(빚진 자)이다. [단어분석] dhara+ṇī

〈kicca 접미사의 예〉 dātabbaṃ me bhavatā sataṃ iṇaṃ. dhārayitabbaṃ me bhavatā sahassaṃ iṇaṃ. kattabbaṃ me bhavatā gehaṃ. karaṇīyaṃ me bhavatā kiccaṃ. kāriyaṃ. kayyaṃ bhavatā vatthaṃ.

• dātabbaṃ me bhavatā sataṃ iṇaṃ : 나의 100의 빚은 존자에 의해 주어져야 한다.(나의 100의 빚은 존자가 갚아야 한다.) [단어분석] dā+tabba

• dhārayitabbaṃ me bhavatā sahassaṃ iṇaṃ : 나의 1000의 빚은 존자에 의해 가져져야 한다.(나의 1000의 빚은 존자가 책임져야 한다.) [단어분석] dhara+tabba

• kattabbaṃ me bhavatā gehaṃ : 내 집은 존자에 의해 지어져야 한다. [단어분석] kara+tabba

• karaṇīyaṃ me bhavatā kiccaṃ : 내 일은 존자에 의해 행해져야 한다. [단어분석] kara+anīya

• kāriyaṃ · kayyaṃ bhavatā vatthaṃ : 옷은 존자에 의해 만들어져야 한다. [단어분석] kara+ṇya

‖ *arahasakkâdīhi tuṃ* ‖ 639 ‖

자격이 있다, 할 수 있다, 가능성이 있다 등등과 관련이 있을 때, 모든 어근 뒤에 접미사 tuṃ이 붙는다.

[그 예는 다음과 같다.] arahā bhavaṃ vattuṃ. arahā bhavaṃ kattuṃ. sakko bhavaṃ hantuṃ. sakko bhavaṃ jetuṃ. sakko bhavaṃ jinituṃ. sakko bhavaṃ jinetuṃ. sakko bhavaṃ bharituṃ. sakko bhavaṃ dātuṃ. sakko bhavaṃ gantuṃ. bhabbo bhavaṃ jinituṃ.

- arahā bhavaṃ vattuṃ : 존자는 말할 자격이 있다. [단어분석] vada +tuṃ
- arahā bhavaṃ kattuṃ : 존자는 행할 자격이 있다. [단어분석] kara +tuṃ
- sakko bhavaṃ hantuṃ : 존자는 죽일 능력이 있다. [단어분석] hana+tuṃ
- sakko bhavaṃ jetuṃ : 존자는 정복할 능력이 있다. [단어분석] ji +tuṃ
- sakko bhavaṃ jinituṃ : 존자는 정복할 능력이 있다. [단어분석] ji +tuṃ
- sakko bhavaṃ jinetuṃ : 존자는 정복할 능력이 있다. [단어분석] ji +tuṃ
- sakko bhavaṃ bharituṃ : 존자는 버틸 능력이 있다. [단어분석] bhara+tuṃ
- sakko bhavaṃ dātuṃ : 존자는 줄 능력이 있다. [단어분석] dā+tuṃ
- sakko bhavaṃ gantuṃ : 존자는 갈 능력이 있다. [단어분석] gamu +tuṃ
- bhabbo bhavaṃ jinituṃ : 존자는 정복할 가능성이 있다. [단어분

석] ji+tuṃ

‖ ***vajâdīhi pabbajjâdayo nipaccante*** ‖ **640** ‖

[이 규칙을 통해] 접두사, 접미사 등등이 붙는 어근 vaja, ija, aja, sada, vida, saja, pada, hana, isu, si, dhā, cara, kara, ruja, pada, rica, kita, kuca, mada, labha, rada, tira, aja, tija, gama, ghasa, rusa, puccha, muha, vasa, kaca, katha, tuda, visa, pisa, muda, musa, sata, dhu, nata, tatha 등등에서 pabbajjā 등등과 같은 단어가 파생된다.
[그 예는 다음과 같다.] pabbajjā. ijjā. samajjā. nisajjā. vijjā. visajjā. pajjā. vajjhā. icchā. aticchā. sajjhā. abhijjhā. seyyā. saddhā. cariyā. kiriyā. rucchā. pajjhā. ricchā. tikicchā. saṃkucchā. macchā. lacchā. racchā. tiracchā. acchā. titikkhā. sāgacchā. doghacchā. dorucchā. pucchā. mucchā. vacchā. kacchā. sākacchā. tucchā. vicchā. picchillā. maccho. maccu. saccaṃ. uddhaccaṃ. naccaṃ. niccaṃ. tacchaṃ.

‖ ***kvilopo ca*** ‖ **641** ‖[142]

어근 bhū, dhū, bhā, gamu, khanu, yamu, mana, tanu 등등의 뒤에

---

142 이 규칙의 ca는 다음 문장을 이어 주는 '그리고'의 의미이므로, 해설에 두 가지

오는 kvi는 탈락한다. 그리고 다시 그다음 절차가 이어진다.

[그 예는 다음과 같다.] vibhū. sambhū. abhibhū. sandhū. uddhū. vibhā. nibhā. pabhā. ābhā. bhujago. urugo. turaṅgo. saṅkho. viyo. sumo. parito.

- vibhū : 특별하게 존재하는 자, 부처님. [단어분석] vi−bhū+kvi (kvi 탈락)
- sambhū : 잘 존재하는 자. [단어분석] saṃ−bhū+kvi (kvi 탈락)
- nibhā : 빛, 광선. [단어분석] ni+bhā+kvi (kvi 탈락)
- bhujaṅgo : 구불거리며 가는 것, 뱀. [단어분석] bhuja+gamu+kvi (m, kvi 탈락)
- urago : 가슴으로 가는 것, 뱀. [단어분석] ura+gamu+kvi (m, kvi 탈락)
- turago : 재빨리 가는 것, 말. [단어분석] tura+gamu+kvi (m, kvi 탈락)
- saṅkho : [모래 속에] 파고드는 것, 소라. [단어분석] saṃ−khanu+kvi (n, kvi 탈락)

❖〈vibhū 형성과정〉 bhū[KV459] → vi−bhū+kvi[KV532] → vi−bhū+~~kvi~~[KV641] → vibhū[KV603] → vibhū+si(→si 탈락)[KV220] → vibhū

❖〈urago 형성과정〉 gamu[KV459] → gam[KV523] → ura+gam+kvi[KV532] → ura+ga+kvi[KV617] → ura+ga+~~kvi~~[KV641] →

문법 기능이 제시된다.

uraga[KV603] → uraga+si(→o)[KV104] → urag+o[KV83] → urago

‖ *sacajānaṃ kagā ṇânubandhe* ‖ 642 ‖

어근 끝의 c와 j는 아누반다 ṇ가 표시된 접미사가 뒤에 올 때 각각 k와 g로 대체된다.[143]

[그 예는 다음과 같다.] oko. pāko. seko. soko. viveko. cāgo. yogo. bhogo. rogo. rāgo. bhāgo. bhaṅgo. raṅgo. saṅgo.

- oko : 한데 모이는 것/결합하는 것, 집. [단어분석] uca+ṇa (c→k)
- pāko : 요리하는 행동. [단어분석] paca+ṇa (c→k)
- cāgo : 베푸는 행동. [단어분석] caja+ṇa (j→g)
- rogo : 괴롭히는 것, 병. [단어분석] ruja+ṇa (j→g)

‖ *nudâdīhi yuṇvūnaṃ anânanâkânakāsakāritehi ca* ‖ 643 ‖[144]

행위자(kattu), 행동(bhāva), 도구(karaṇa)의 의미로, 어근 nuda, sūda, jana, su, lu, hu, pu, bhū, ñā, asa, samu 등등과 사역 접미사(kārita)가 붙는 어근 phanda, cita, āṇa 뒤에 오는 접미사 yu, ṇvu는 각각 ana, ānana, aka, ānaka로 대체된다.

---

143 이 규칙은 KV625의 기능과 비슷하다.

144 이 규칙의 ca는 추가적인 조건이 있음을 의미하는데, 그것은 해설에 제시된 '행위자, 행동, 도구의 의미로(kattari bhāvakaraṇesu)'이다.

1) 행위자(kattu)에 관한 예는 다음과 같다. panudatī ti panudano.

• panudano : 제거하는 자. [단어분석] pa−nuda+yu (yu→ana)

이처럼 sūdano, janano, savaṇo, lavaṇo, havano, pavano, bhavano, ñāṇo, asano, samaṇo에도 [동일하게 적용된다.]

• janano : 만드는 자. [단어분석] jana+yu (yu→ana)

• savaṇo : 듣는 자. [단어분석] su+yu (yu→ana)

2) 행동(bhāva)에 관한 예는 다음과 같다. panujjate panudanaṃ. sujjate sūdanaṃ. jāyate jananaṃ. sūyate savaṇaṃ. lūyate lavaṇaṃ. hūyate havanaṃ. pūyate pavanaṃ. bhūyate bhavanaṃ. ñāyate ñāṇaṃ. assate asanaṃ. sammate samaṇaṃ. sañjānīyate sañjānanaṃ. kūyate kānanaṃ.

• panudanaṃ : 제거. [단어분석] pa−nuda+yu (yu→ana)

• jananaṃ : 발생. [단어분석] jana+yu (yu→ana)

• savaṇaṃ : 들음. [단어분석] su+yu (yu→ana)

• sañjānanaṃ : 아는 것. [단어분석] saṃ−ñā+yu (yu→ānana)

3) 사역 접미사(kārita)가 붙는 예는 다음과 같다. phandāpayate phandāpanaṃ. cetāpayate cetāpanaṃ. āṇāpayate āṇāpanaṃ.

• phandāpanaṃ : 흔들리게 하는. [단어분석] phanda+ṇāpe+yu (yu→ana)

• cetāpanaṃ : 노력하게 하는. [단어분석] cita+ṇāpe+yu (yu→ana)

• āṇāpanaṃ : 명령하게 하는. [단어분석] āṇa+ṇāpe+yu (yu→ana)

4) 도구(karaṇa)에 관한 예는 다음과 같다. nudati anenā ti nudanaṃ.

• nudanaṃ : 이것으로 [무언가를] 쫓아내는 것. [단어분석] nuda+yu (yu→ana)

이처럼 panudanaṃ, pasūdanaṃ, jananaṃ, savaṇaṃ, lavaṇaṃ, havanaṃ, pavanaṃ, bhavanaṃ, sañjānanaṃ, asanaṃ, samaṇaṃ에도 [동일하게 적용된다.]

5) 다시, 행위자(kattu)에 관한 예는 다음과 같다. nudatī ti nudako. sūdatī ti sūdako. janetī ti janako. suṇotī ti sāvako. lunātī ti lāvako. duhotī ti hāvako. punātī ti pāvako. bhavatī ti bhāvako. jānātī ti jānako. asatī ti āsako. upāsatī ti upāsako. samatī ti sāmako.

• nudako : 제거자. [단어분석] nuda+ṇvu (ṇvu→aka)

• janako : 만드는 자. [단어분석] jana+ṇvu (ṇvu→aka)

• sāvako : 듣는 자. [단어분석] su+ṇvu (ṇvu→aka)

6) 사역 접미사(kārita)가 붙는 예는 다음과 같다. āṇāpayatī ti āṇāpako.

• āṇāpako : 명령하는 자. [단어분석] āṇa+ṇāpe+ṇvu (ṇvu→aka)

이처럼 phandāpako, cetāpako, sañjānako에도 [동일하게 적용된다.]

• sañjānako : 알게 하는 자. [단어분석] saṃ−ñā+ṇāpe+ṇvu (ṇvu→ānaka)

|| *iyatamakiesānaṃ antassaro dīghaṃ kvaci dusassa guṇaṃ do raṃ sa kkh' ī ca* || **644** || [145]

대명사 [ima의] i, [ya의] ya, [ta의] ta, [amha의] ma, [kiṃ의] ki, [eta의] e, [samāna의] sa의 끝모음은 길어진다.[146] 때때로 어근 disa의 모음 i는[147] 길어지고(=ī가 되고),[148] d는 r가 되며, 어근의 끝은 sa, kkha, ī로 적절하게 대체된다. 이 단어들은 그들 자신의 이름으로 부처님의 가르침에 어긋나지 않는 방식으로 다시 그다음 절차가 이어진다.[149]

[그 예는 다음과 같다.] īdiso. yādiso. tādiso. mādiso. kīdiso. ediso. sādiso.

īriso. yāriso. tāriso. māriso. kīriso. eriso. sāriso.

īdikkho. yādikkho. tādikkho. mādikkho. kīdikkho. edikkho. sādikkho.

---

145 이 규칙의 ca는 해설, 예시 다음에 제시된, 추가 정보를 가리킨다. 추가 정보는 국문 번역에 "규칙에 있는 단어 ca를 취함으로써"의 뒤에 이어진 내용으로, 기존 규칙의 기능에 형태학적 변화의 예를 더 보탠 것이다.

146 모음의 장음화에 eta의 e는 제외된다.

147 PTS 원본에는 "어근 dusa의 u는 길어진다."라는 의미인 "dusa icc etassa dhātussa ukāro guṇaṃ āpajjate"라고 제시되지만, 예시 단어를 살펴보면 어근 disa가 제시되는 것이 합당하고 모음도 어근 disa의 i가 제시되어야 한다. 따라서 국문 번역은 "어근 disa의 i는 길어진다."라고 하였다.

148 '길어지고'는 guṇaṃ āpajjate를 옮긴 것이다. KV에서 용어 guṇa는 이 규칙에서만 제시된다.

149 이 규칙에 특정 접미사의 언급이 없으므로, 모든 예에는 접미사 kvi가 붙고 탈락한 것으로 이해하면 된다.

īdī. yādī. tādī. mādī. kīdī. edī.

⟨i, ya, ta, ma, ki, e, sa의 끝모음이 길어지는 예⟩

- īdiso : 이런 사람. [단어분석] ima+disa (ima→i. i→ī)
- yādiso : 어떤 사람이든. [단어분석] ya+disa (ya→ya. a→ā)
- tādiso : 그런 사람. [단어분석] ta+disa (ta→ta. a→ā)
- mādiso : 나 같은 사람. [단어분석] amha+disa (amha→ma. ma의 a→ā)
- kīdiso : 어떤 종류의 사람. [단어분석] kiṃ+disa (kiṃ→ki. ki의 i→ī)
- ediso : 그런 사람. [단어분석] eta+disa (eta→e)[150]
- sādiso : 비슷한 사람. [단어분석] samāna+disa (samāna→sa. sa의 a→ā)

⟨disa의 d가 r로 되는 예⟩

- īriso : 이런 사람. [단어분석] ima+disa (ima→i. i→ī. disa의 d→r).
- yāriso : 어떤 사람이든. [단어분석] ya+disa (ya→ya. a→ā. disa의 d→r)
- tāriso : 그런 사람. [단어분석] ta+disa (ta→ta. a→ā. disa의 d→r)
- māriso : 나 같은 사람. [단어분석] amha+disa (amha→ma. ma의 a→ā. disa의 d→r)
- kīriso : 어떤 종류의 사람. [단어분석] kiṃ+disa (kiṃ→ki. ki의 i→ī. disa의 d→r)
- eriso : 그런 사람. [단어분석] eta+disa (eta→e. disa의 d→r)
- sāriso : 비슷한 사람. [단어분석] samāna+disa (samāna→sa. sa의 a→ā.

---

150 여기서는 eta가 e로 되었지만, 그 변화 없이 eta의 a에 장음화가 일어나 etādiso로 되기도 한다.

disa의 d→r)

〈disa의 s가 kkha로 되는 예〉 뜻은 위와 같음.

• īdikkho. yādikkho. tādikkho. mādikkho. kīdikkho. edikkho. sādikkho.

〈disa의 s가 ī로 되는 예〉 뜻은 위와 같음.

• īdī. yādī. tādī. mādī. kīdī. edī. sādī.[151]

[규칙에 있는] 단어 'ca(또한)'를 취함으로써, 때때로 [ima의] i, [ya의] ya 등등의 끝모음은 길어진다. [그 예는 다음과 같다.] īdikkho. yādikkho. tādikkho. mādikkho. kīdikkho. *edikkho. sādikkho. īdiso. *sadiso. *sariso. *sarikkho.[152]

|| *bhyādīhi matipūjâdīhi ca kto* || 645 ||[153]

어근 bhī, supa, mida 등등뿐만 아니라, [어근 mana를 가지는] mati 등등과 [어근 budha를 가지는] buddhi 등등과 [어근 pūja를 가지는] pūja 등등의 어근 뒤에 접미사 kta가 붙는다.[154]

---

151 PTS본에 sādī가 빠져 있는데, 예시의 전개상 필요한 단어라서 다른 텍스트를 참고하여 써넣었다.

152 규칙의 기능이 적용된 예를 제시하고 있지만, 이 예들 가운데 edikkho, sadiso, sariso, sarikkho에는 장음화가 일어나지 않았다. 이 단어들 앞에는 별표(*)를 넣어 구분하였다.

153 이 규칙의 ca는 단어를 잇는 '…와 ~'의 의미이므로, bhyādīhi와 matipūjādīhi를 이어 준다.

154 접미사 kta의 k는 탈락하고 ta가 붙는다. 이런 기능은 KV519에 포함된다.

[그 예는 다음과 같다.] bhīto. sutto. mitto. sammato. saṅkappito. sampādito. avadhārito. buddho. ito. vidito. takkito. pūjito. apacāyito. mānito. apacito. vandito. sakkārito. ñāto.

- bhīto : 두려운. [단어분석] bhī+kta
- sutto : 잠든. [단어분석] supa+kta
- mitto : 친구. [단어분석] mida+kta
- sammato : 인정된. [단어분석] saṃ−mana+kta
- buddho : 알아야 하는. [단어분석] budha+kta
- pūjito : 숭배된. [단어분석] pūja+kta

‖ *vepusīdavavamukudābhūhvādīhi thuttimaṇimā nibbatte* ‖

‖ 646 ‖

어근 vepu, sī, dava, vamu, ku, dā, bhū, hū 뒤에 '~에서 유래한/~ 때문에 생긴'의 의미로 접미사 thu, ttima, ṇima가 붙는다.

[그 예는 다음과 같다.] vepanaṃ vepo, tena nibbatto vepathu. sayanaṃ sayo, tena nibbatto sayathu. davanaṃ davo, tena nibbatto davathu. vamanaṃ vamo, tena nibbatto vamathu.

kuti karaṇaṃ, tena nibbatto kuttimaṃ. dāti dānaṃ, tena nibbattaṃ dattimaṃ. bhūti · bhavanaṃ, tena nibbattaṃ bhottimaṃ. avahūti · avahavanaṃ. tena nibbattaṃ ohāvimaṃ.

- vepathu : 떨림(vepanaṃ/vepo) 때문에 생긴. [단어분석] vepu+thu
- sayathu : 잠(sayanaṃ/sayo) 때문에 생긴. [단어분석] sī+thu

• davathu : 열(davanaṃ/davo) 때문에 생긴. [단어분석] dava+thu
• vamathu : 구토(vamanaṃ/vamo) 때문에 생긴. [단어분석] vamu+thu
• kuttimaṃ : 만든 것(kuti/karaṇaṃ)으로 생긴. [단어분석] ku+ttima
• dattimaṃ : 보시(dāti/dānaṃ)로 생긴. [단어분석] dā+ttima
• bhottimaṃ : 발생(bhūti/bhavanaṃ)으로 생긴. [단어분석] bhū+ttima
• ohāvimaṃ : 희생(avahūti/avahavanaṃ)으로 생긴. [단어분석] ava-hū+ṇima

‖ *akkose namh'âni* ‖ 647 ‖

금지를 나타내는 na가 쓰일 때, 모욕/비난의 의미로 모든 어근 뒤에 접미사 āni는 붙는다.

[그 예는 다음과 같다.] agamāni te jamma desaṃ. akarāṇi te jamma kammaṃ.

• agamāni te jamma desaṃ : 당신은 거기에 가면 안 됩니다. 가엾은 자여! [단어분석] na+gamu+āni
• akarāṇi te jamma kammaṃ : 당신은 일을 하면 안 됩니다. 가엾은 자여! [단어분석] na+kara+āni

무슨 목적으로 'na와 관련될 때'가 [명시되어 있는가]? [이 규칙에서 명시한 조건에 부합해야만 이 규칙의 기능이 적용된다는 것을 보여 주기 위해서이다. 다음과 같은 예에서는 이 규칙의 기능이 적용되지 않는데, 이것은 'na와 관련될 때'라는 조건에 부합하지 않기 때문이다.] vipatti te. vikatti te. [이 예는 na가 사용된 문장이 아니다.]

무슨 목적으로 '모욕/비난의 의미로'가 [명시되어 있는가]? [이 규칙에서 명시한 조건에 부합해야만 이 규칙의 기능이 적용된다는 것을 보여 주기 위해서이다. 다음과 같은 예에서는 이 규칙의 기능이 적용되지 않는데, 이것은 '모욕/비난의 의미로'라는 조건에 부합하지 않기 때문이다.] agati te. [이 예는 모욕/비난의 의미가 아니다.]

‖ *ekâdito sakissa kkhattuṃ* ‖ 648 ‖

eka(1), dvi(2), ti(3), catu(4), pañca(5), cha(6), satta(7), aṭṭha(8), nava(9), dasa(10) 등등의 수 뒤에 [불변화사] sakiṃ은 kkhatuṃ으로 대체된다. [그 예는 다음과 같다.] yathā ekassa padatthassa sakiṃ vāraṃ ekakkhattuṃ. dvinnaṃ padatthānaṃ sakiṃ vāraṃ dvikkhattuṃ. tiṇṇaṃ padatthānaṃ sakiṃ vāraṃ tikkhattuṃ.

- ekakkhattuṃ : 몇 번, 몇 차례의 의미로서의 하나, 한 번. [단어분석] eka+sakiṃ (sakiṃ→kkhatuṃ)
- vikkhattuṃ : 몇 번, 몇 차례의 의미로서의 둘, 두 번. [단어분석] dvi+sakiṃ (sakiṃ→kkhatuṃ)
- tikkhattuṃ : 몇 번, 몇 차례의 의미로서의 셋, 세 번. [단어분석] ti+sakiṃ (sakiṃ→kkhatuṃ)

이처럼 sattakkhattuṃ. aṭṭhakkhattuṃ. navakkhattuṃ. dasakkhattuṃ에도 [동일하게 적용된다.] 이처럼 다른 단어에서도 적용되어야 한다.

|| *sunass'unass'oṇavānuvānûnunakhuṇânā* || 649 ||

명사의 바탕 suna의 una는 oṇa, vāna, uvāna, ūna, unakha, uṇa, ā, āna로 대체된다.

[그 예는 다음과 같다.] soṇo. svāno. suvāno, sūno. sunakho. suṇo. sā. sāno.

- soṇo : 개. [단어분석] suna+si (una→oṇa)
- svāno : 개. [단어분석] suna+si (una→vāna)

|| *taruṇassa susu ca* || 650 ||

명사의 바탕 taruṇa는 susu로 대체된다.

[그 예는 다음과 같다.] susukāḷakeso.

- susukāḷakeso : 검은 머리의 젊은이. [단어분석] taruṇa+si (taruṇa→susu)

|| *yuvass'uvass'uvuvānunûnā* || 651 ||

명사의 바탕 yuva의 uva는 uva, uvāna, una, ūna로 대체된다.

[그 예는 다음과 같다.] yuvā. yuvāno. yuno. yūno.

- yuvā : 젊은이. [단어분석] yuva+si[155] (uva→uva)

155 yuva 등등의 끝음이 격어미 si와 함께 ā로 되는 기능은 KV152-anta에 제시

• yuvāno : 젊은이. [단어분석] yuva+si (uva→uvāna)

‖ *kāle vattamānâtīte ṇvādayo* ‖ 652 ‖

현재와 과거 시간의 의미로, 접미사 ṇu, yu, ta가 붙는다.

[그 예는 다음과 같다.] akāsi karotī ti kāru. avāsi vāyatī ti vāyu. abhavi bhavatī ti bhūtaṃ.

• kāru : 만들었고 만드는 자. [단어분석] kara+ṇu

• vāyu : 불었고 부는 것, 바람. [단어분석] vā+yu

• bhūtaṃ : 존재했었고 존재하는 것, 존재. [단어분석] bhū+ta

‖ *bhavissati gamâdīhi ṇī ghiṇ* ‖ 653 ‖

미래 시간의 의미로, 어근 gamu, bhaja, su, ṭhā 뒤에 접미사 ṇī,[156] ghiṇ가 붙는다.

[그 예는 다음과 같다.] āyatiṃ gamituṃ sīlaṃ yassa so hoti gāmī. āyatiṃ bhajituṃ sīlaṃ yassa so hoti bhājī. āyatiṃ passavituṃ sīlaṃ yassa so hoti passāvī. āyatiṃ paṭṭhayituṃ sīlaṃ yassa so hoti paṭṭhāyī.

된다.

156 이 규칙에 접미사 ghiṇ 없이 접미사 ṇī만으로도 이 규칙에 제시된 단어들을 완성하기에 충분하다. 접미사 ṇī는 KV534와 KV638에서도 비슷한 기능으로 제시되었다.

• gāmī : 습관적으로 갈 사람. [단어분석] gamu+ṇī
• bhājī : 습관적으로 나눌 사람. [단어분석] bhaja+ṇī
• passāvī : 습관적으로 들을 사람. [단어분석] pa−su+ṇī
• paṭṭhāyī : 습관적으로 서 있을 사람. [단어분석] pa−ṭhā+ṇī

‖ *kiriyāyaṃ ṇvutavo* ‖ 654 ‖

행위의 의미를 나타낼 때, 미래 시간의 의미로 접미사 ṇvu, tu[157]가 붙는다.

[그 예는 다음과 같다.] karissaṃ vajatī ti · kārako vajati. bhuñjissaṃ vajatī ti · bhottā vajati.

• kārako vajati : 하려는 자가 간다. (='나는 할 것이다.'라고 [생각하며] 간다.) [단어분석] kara+ṇvu
• bhottā vajati : 먹으려는 자가 간다. (='나는 먹을 것이다.'라고 [생각하며] 간다.) [단어분석] bhuja+tu

‖ *bhāvavācimhi catutthī* ‖ 655 ‖

행동(bhāva)을 나타낼 때, 미래 시간의 의미로 제4 격어미가 붙는다.

[그 예는 다음과 같다.] pacissate pacanaṃ vā pāko, pākāya vajati. bhujissate bhojanaṃ vā bhogo, bhogāya vajati. naṭṭissate naṭṭanaṃ

157 접미사 ṇvu, ta에 대해서는 KV529를 참고하라.

vā nacco, naccāya vajati.

- pāko : 요리할 것이다 또는 요리하는 것 (다음 예를 위한 단어임.)
- pākāya vajati : 요리하러 간다. [단어분석] pāka(paca+ṇa)+sa[158]
- bhogo : 먹을 것이다 또는 먹는 것 (다음 예를 위한 단어임.)
- bhogāya vajati : 먹으러 간다. [단어분석] bhoga(bhuja+ṇa)+sa
- nacco : 춤출 것이다 또는 춤추는 것 (다음 예를 위한 단어임.)
- naccāya vajati : 춤추러 간다. [단어분석] nacca(nata+ṇa)+sa

‖ *kammaṇi ṇo* ‖ 656 ‖

목적어로서의 단어가 가까이에 있는 [어근 뒤에] 미래 시간의 의미로 접미사 ṇa가 붙는다.

[그 예는 다음과 같다.] nagaraṃ karissatī ti nagarakāro vajati. sāliṃ lavissatī ti sālilāvo vajati. dhaññaṃ vapissatī ti dhaññavāpo vajati. bhogaṃ dadissatī ti bhogadāyo vajati. sindhuṃ pivissatī ti sindhupāyo vajati.

- nagarakāro vajati : ['도시를 만들 것이다.' 생각하며] 도시를 만들 자가 간다. [단어분석] nagara+kara+ṇa
- sālilāvo vajati : ['쌀을 수확할 것이다.' 생각하며] 쌀을 수확할 자가 간다. [단어분석] sāli+lū+ṇa
- dhaññavāpo vajati : ['곡식[씨앗]을 뿌릴 것이다.' 생각하며] 곡식

158 격어미 sa가 āya로 대체되는 기능은 KV109에 제시된다.

[씨앗]을 뿌릴 자가 간다. [단어분석] dhañña+vapa+ṇa

• bhogadāyo vajati : ['재산을 줄 것이다.' 생각하며] 재산을 줄 자가 간다. [단어분석] bhoga+dā+ṇa

• sindhupāyo vajati : ['신두강을 마실 것이다.' 생각하며] 신두강을 마실 자가 간다. [단어분석] sindhu+pā+ṇa

‖ *sese ssantumānânā* ‖ 657 ‖

끝나지 않은 [행동을] 나타낼 때, 목적어로서의 단어가 가까이에 있는 [어근 뒤에] 미래 시간의 의미로 접미사 ssaṃ, ntu, māna, āna가 붙는다.

[그 예는 다음과 같다.] kammaṃ karissatī ti kammaṃ karissaṃ · kammaṃ karonto · kammaṃ kurumāno · kammaṃ karāno vajati. bhojanaṃ bhuñjissatī ti bhojanaṃ bhuñjissaṃ · bhojanaṃ bhuñjanto · bhojanaṃ bhuñjamāno · bhojanaṃ bhuñjāno vajati. khādanaṃ khādissatī ti khādanaṃ khādissaṃ · khādanaṃ khādanto · khādanaṃ khādamāno · khādanaṃ khādāno vajati. maggaṃ carissatī ti maggaṃ carissaṃ · maggaṃ caranto · maggaṃ caramāno · maggaṃ carāno vajati. bhikkhaṃ bhikkhissatī ti bhikkhaṃ bhikkhissaṃ · bhikhaṃ bhikkhanto · bhikkhaṃ bhikkhamāno · bhikkhaṃ bhikkhāno vajati.

• kammaṃ karissaṃ · kammaṃ karonto · kammaṃ kurumāno · kammaṃ karāno vajati : [미래 시간이면서 끝나지 않은 행동을 나

타내며] 일을 하면서 간다. [단어분석] kara+ssaṃ/ntu/māna/āna.

- bhojanaṃ bhuñjissaṃ · bhojanaṃ bhuñjanto · bhojanaṃ bhuñjamāno · bhojanaṃ bhuñjāno vajati : [미래 시간이면서 끝나지 않은 행동의 의미로] 음식을 먹으면서 간다. [단어분석] bhuja+ssaṃ/ntu/māna/āna
- khādanaṃ khādissaṃ · khādanaṃ khādanto · khādanaṃ khādamāno · khādanaṃ khādāno vajati : [미래 시간이면서 끝나지 않은 행동의 의미로] 먹을 것을 씹으면서 간다. [단어분석] khāda+ssaṃ/ntu/māna/āna
- maggaṃ carissaṃ · maggaṃ caranto · maggaṃ caramāno · maggaṃ carāno vajati : [미래 시간이면서 끝나지 않은 행동의 의미로] 길을 닦으면서 간다. [단어분석] cara+ssaṃ/ntu/māna/āna
- bhikkhaṃ bhikkhissaṃ · bhikhaṃ bhikkhanto · bhikkhaṃ bhikkhamāno · bhikkhaṃ bhikkhāno vajati : [미래 시간이면서 끝나지 않은 행동의 의미로] 공양을 청하면서(탁발하면서) 간다. [단어분석] bhikkha+ssaṃ/ntu/māna/āna

|| *chadâdīhi tatraṇ* || 658 ||

어근 chada, cita, su, nī, vida, pada, tanu, yati, ada, mada, yuja, vatu, mida, mā, pu, kala, vara, vepu, gupa, dā 뒤에 적절하게 접미사 ta, traṇ가 붙는다.

[그 예는 다음과 같다.] chattaṃ · chatraṃ. cittaṃ · citraṃ.

suttaṃ · sotraṃ. nettaṃ · netraṃ. pavittaṃ · pavitraṃ. pattaṃ · patraṃ. tantaṃ · tantraṃ. yantaṃ · yantraṃ. attaṃ · atraṃ. mattaṃ · matraṃ. yottaṃ · yotraṃ. vattaṃ · vatraṃ. mittaṃ · mitraṃ. mattā · mātrā. putto · putro. kalattaṃ · kalatraṃ. varattaṃ · varatraṃ. vettaṃ · vetraṃ. gattaṃ · gātraṃ. gottaṃ · gotraṃ. dattaṃ · dātraṃ. chattaṃ/chatraṃ : [볕/비를 가려 주는] 양산/우산. [단어분석] chada+ta/traṇ

- cittaṃ/citraṃ : [대상을 인식하는] 마음. [단어분석] cita+ta/traṇ
- nettaṃ/netraṃ : [안내해 주는] 눈. [단어분석] nī+ta/traṇ
- tantaṃ/tantraṃ : [베틀에 펴서 두는] 실. [단어분석] tanu+ta/traṇ
- yottaṃ/yotraṃ : [무언가를 묶는] 밧줄/끈. [단어분석] yuja+ta/traṇ
- mittaṃ/mitraṃ : [부드러워지는 관계인] 친구. [단어분석] mida+ta/traṇ
- putto/putro : [자기 가족을 바로잡는] 아들. [단어분석] pu+ta/traṇ
- kalattaṃ/kalatraṃ : [가족으로 간주하는] 아내. [단어분석] kala+ta/traṇ
- gottaṃ/gotraṃ : [보호해야 하는] 씨족/혈통/가문. [단어분석] gupa+ta/traṇ

‖ *vadâdīhi ṇitto gaṇe* ‖ 659 ‖

어근 vada, cara, vara 등등의 뒤에 접미사 ṇitta는 무리/그룹/묶음

(gaṇa)의 의미로 붙는다.

[그 예는 다음과 같다.] vāditānaṃ gaṇo vādittaṃ.

• vādittaṃ : [악기] 연주자의 무리, 악단. [단어분석] vada+ṇitta

이처럼 cārittaṃ, vārittaṃ에도 [동일하게 적용된다.]

• cārittaṃ : 행해야 하는 것의 묶음. [단어분석] cara+ṇitta

• vārittaṃ : 피해야 하는 것의 묶음. [단어분석] vara+ṇitta

‖ *midâdīhi ttitiyo* ‖ 660 ‖ [159]

어근 mida, pada, raja, tanu, dhā 등등의 뒤에 접미사 tti, ti가 붙는다.

[그 예는 다음과 같다.] metti. patti. ratti. tanti. dhāti.

• metti : 자애, 사랑. [단어분석] mida+tti

• patti : 보병. [단어분석] pada+tti

---

159 지금까지 대부분의 규칙들은 어근 뒤에 접미사가 어떠한 의미로 첨가되는지, 그래서 어떤 단어(파생어)가 만들어지는지 명시되어 있지만, KV660−675는 수많은 어근과 수많은 접미사, 그리고 그것과 관계된 단어(파생어)들만 제시할 뿐, 어떤 의미가 첨가되는지에 대한 내용은 없다. 결국 이 말은, 어근에 특별한 의미가 없는 접미사가 붙어서 단어가 파생되므로 이 파생어와 어근 간의 연결고리를 유추할 수밖에 없다. 그런데 해설에서 제시하는 동사 어근과 명사 바탕은 명확하지 않거나 찾을 수 없는 것이 많았다. 그래서 규칙들에서 제시하는 예시 단어(파생어)가 어떤 의미의 어근에서 파생되어 어떤 형태학적 절차를 거쳐 완성된 단어에 이르렀는지 [역자의 역량에서] 명확하지 않은 부분이 많이 있다. 그런 이유로, 각각의 예 단어분석에서 접미사 앞에 있는 동사 어근 또는 명사 바탕은 이 규칙의 해설에 나열된 단어를 따온 것일 뿐, 역자가 완전히 수긍해서 제시한 것은 아니라는 점을 밝힌다. 이 내용은 KV675까지 이어진다.

• ratti : 밤. [단어분석] raja+tti

• tanti : 혈통, 전통, 성서. [단어분석] tanu+ti

• dhāti : 유모, 양어머니. [단어분석] dhā+ti

‖ *usurañjadaṃsānaṃ daṃsassa daḍḍho ḍhaṭṭhā ca* ‖ 661 ‖[160]

어근 usu, rañja, daṃsa에서 daṃsa는 daḍḍha로 대체된다. 그리고 [그 외의 어근들 뒤에는] 접미사 ḍha, ṭha가 붙는다.

[그 예는 다음과 같다.] uḍḍho. raṭṭhaṃ. daḍḍho.

• uḍḍho : 열, 뜨거워진. [단어분석] usu+ḍha

• raṭṭhaṃ : 왕국. [단어분석] rañja+ṭha

• daḍḍho : 물린. [단어분석] daṃsa+kvi(daṃsa→daḍḍha)

‖ *sūvusānaṃ ūvusānaṃ ato tho ca* ‖ 662 ‖[161]

어근 sū의 ū, vu의 u, asa의 asa는 ata로 대체된다. 그리고 접미사 tha가 붙는다.

[그 예는 다음과 같다.] satthaṃ. vatthaṃ. attho.

---

160 이 규칙의 ca는 다음 문장을 이어 주는 '그리고'의 의미이므로, 해설에 두 가지 문법 기능이 제시된다.

161 이 규칙의 ca는 다음 문장을 이어 주는 '그리고'의 의미이므로, 해설에 두 가지 문법 기능이 제시된다.

• sattham : 검, 칼. [단어분석] sū+tha (sū의 ū→ata)

• vattham : 의복. [단어분석] vu+tha (vu의 u→ata)

• attho : 의미. [단어분석] asa+tha (asa→ata)

‖ *rañjudâdīhi dhadiddakirā kvaci jadalopo ca* ‖ 663 ‖ [162]

어근 rañja, udi, idi, cada, madi, khudi, chidi, rudi, dala, susa, suca, vaca, vaja 등등의 뒤에 접미사 dha, da, idda, ka, ira가 붙는다.[163] 그리고 때때로 [어근의] j와 d는 탈락하고 다시 그다음 절차가 이어진다.

[그 예는 다음과 같다.] randhaṃ. samuddo. Indo. cando. mando. khuddo. chiddo. Ruddo. daliddo. sukkaṃ. soko. vakkaṃ. vajiraṃ.

• randhaṃ : 결점. [단어분석] rañja+dha

• samuddo : 바다. [단어분석] saṃ−udi+da

• Indo : 신들의 왕. [단어분석] idi+da

• daliddo : 가난한 자. [단어분석] dala+idda

• sukkaṃ : 마른, 건조된. [단어분석] susa+ka

• vajiraṃ : 벼락, 다이아몬드. [단어분석] vaja+ira

---

162 이 규칙의 ca는 다음 문장을 이어 주는 '그리고'의 의미이므로, 해설에 두 가지 문법 기능이 제시된다.

163 어근 rañja 뒤에 접미사 dha가, 어근 udi, idi, cada, madi, khudi, chidi, rudi 뒤에 접미사 da가, 어근 dala 뒤에 접미사 idda가, 어근 susa, suca, vaca 뒤에 접미사 ka가, 어근 vaja 뒤에 접미사 ira가 붙는다.

‖ *paṭito hissa heraṇ hīraṇ* ‖ 664 ‖

[접두사] paṭi가 붙는 어근 hi는 heraṇ, hīraṇ으로 대체된다.

[그 예는 다음과 같다.] pāṭihīraṃ · pāṭiheraṃ.

- pāṭihīraṃ : 놀라운 일, 기적. [단어분석] paṭi−hi+kvi (hi→hīraṇ)
- pāṭiheraṃ : 놀라운 일, 기적. [단어분석] paṭi−hi+kvi (hi→heraṇ)

‖ *kaḍyādīhi ko* ‖ 665 ‖

어근 kaḍi, ghaṭi, vaṭi, karaḍi, maḍi, saḍi, kuṭhi, bhaḍi, paḍi, daḍi, raḍi, taḍi, isiḍi, caḍi, gaḍi, aḍi, laḍi, meḍi, eraḍi, khaḍi 등등의 뒤에 접미사 ka가 붙고, 접미사와 함께 적절하게 다시 그다음 절차가 이어진다.[164]

[그 예는 다음과 같다.] kaṇḍo. ghaṇṭo. vaṇṭo. karaṇḍo. maṇḍo. saṇḍo. kuṭṭho. bhaṇḍaṃ. paṇḍako. daṇḍo. raṇḍo. vitaṇḍo. isiṇḍo. caṇḍo. gaṇḍo. aṇḍo. laṇḍo. meṇḍo. eraṇḍo. khaṇḍo.

- kaṇḍo : 부분, 장(章). [단어분석] kaḍi+ka
- ghaṇṭo : 종(鍾). [단어분석] ghaṭi+ka
- vaṇṭo : 줄기. [단어분석] vaṭi+ka
- maṇḍo : 화장품. [단어분석] maḍi+ka
- saṇḍo : 더미, 무리, 숲. [단어분석] saḍi+ka

---

164 이 규칙의 모든 예들의 형태학적 절차 후에 접미사 ka는 탈락한다.

• kuṭṭho : 나병. [단어분석] kuṭhi+ka

이처럼 다른 단어에서도 적용된다.

‖ *khādâmagamānaṃ khandhandhagandhā* ‖ 666 ‖

어근 khāda, ama, gama는 [각각] khandha, andha, gandha로 대체되고, 접미사 ka가 붙는다.

[그 예는 다음과 같다.] khandho. andho. gandho.[165]

• khandho : 집합, 더미, 몸. [단어분석] khāda+ka (khāda→khandha)

• andho : 먼눈. [단어분석] ama+ka (ama→andha)

• gandho : 냄새, 향기. [단어분석] gamu+ka (gamu→gandha)

이처럼 khandhako, andhako, gandhako에도 [동일하게 적용된다.][166]

• khandhako : 집합, 더미, 몸. [단어분석] khāda+ka (khāda→khandha)

• andhako : 먼눈. [단어분석] ama+ka (ama→andha)

• gandhako : 냄새, 향기. [단어분석] gamu+ka (gamu→gandha)

‖ *paṭâdīhy alaṃ* ‖ 667 ‖

paṭa, kala, kusa, kada, bhaganda, mekha, vakka, takka, palla, sadda, mula, bila, vida, caṇḍa, pañca, vā, vasa, paca, maca, musa,

---

165 이 예들의 형태학적 절차 후에 접미사 ka는 탈락한다.

166 이 예들에서 접미사 ka는 탈락하지 않는다.

gotthu, puthu, bahu, magi, baha, kabi, sabi, agga 등등 동사의 바탕과 명사의 바탕에서 뒷부분에 접미사 ala가 붙는다. 다시 그다음 절차가 이어진다.

[그 예는 다음과 같다.] paṭe alaṃ iti paṭalaṃ.

• paṭalaṃ : 덮는 것에 알맞은 것, 즉 덮개, 막. [단어분석] paṭa+ala

이처럼 kalalaṃ. kusalaṃ. kadalaṃ. bhagandalaṃ. mekhalaṃ. vakkalaṃ. takkalaṃ. pallalaṃ. saddalaṃ. mulālaṃ. biḷālaṃ. vidālaṃ. caṇḍālo. Pañcālo. vālaṃ. vasalo. pacalo. macalo. musalo. Gotthulo. puthulo. bahulo. maṅgalaṃ. bahalaṃ. kambalaṃ. sambalaṃ. aggalaṃ에도 [동일하게 적용된다.]

• kalalaṃ : 진흙. [단어분석] kala+ala

• kusalaṃ : 선, 공덕. [단어분석] kusa+ala

• caṇḍālo : 찬달라, 천민. [단어분석] caṇḍa+ala

• vasalo : 비열한 사람. [단어분석] vasa+ala

• maṅgalaṃ : 축복. [단어분석] magi+ala

이처럼 다른 단어에서도 적용된다.

‖ ***puthassa puthupath' âmo vā*** ‖ **668** ‖

명사의 바탕 putha는 puthu, patha로 대체된다. 때때로 접미사 ama가 붙는다.

[그 예는 다음과 같다.] puthavī. pathamo. paṭhavī. paṭhamo.

• puthavī : 땅. [단어분석] putha+ī (putha→putha)

• pathamo : 첫째, 최초의. [단어분석] putha+ama (putha→patha)
• paṭhavī : 땅. [단어분석] putha+ī (putha→patha/paṭha)
• paṭhamo : 첫째, 최초의. [단어분석] putha+ama (putha→patha/paṭha)

‖ *sasâdīhi tudavo* ‖ 669 ‖

어근 sasa, dada, ada, mada 등등의 뒤에 접미사 tu, du가 붙는다.
[그 예는 다음과 같다.] sattu. daddu. addu. maddu.
• sattu : 적. [단어분석] sasa+tu
• daddu : 피부병, 가려움. [단어분석] dada+du
• addu : 감옥. [단어분석] ada+du
• maddu : 취하게 하는 것. [단어분석] mada+du

‖ *cyâdīhi īvaro* ‖ 670 ‖

어근 ci, pā, dhā 등등의 뒤에 접미사 īvara가 붙는다.
[그 예는 다음과 같다.] cīvaraṃ. pīvaraṃ. dhīvaraṃ.
• cīvaraṃ : 가사. [단어분석] ci+īvara
• pīvaraṃ : 뚱뚱한 자. [단어분석] pā+īvara
• dhīvaraṃ : 어부. [단어분석] dhā+īvara

‖ *munâdīhi c'i* ‖ 671 ‖

muna, yata, agga, pada, kava, suca, ruca, mahāla, bhaddāla, maṇa 등등 동사의 바탕과 명사의 바탕 뒤에 접미사 i가 붙는다.

[그 예는 다음과 같다.] muni. yati. aggi. pati. kavi. suci. ruci. Mahāli. Bhaddāli. maṇi.

- muni : 성스러운 분, 현명한 분. [단어분석] muna+i
- yati : 노력하는 수행자, 출가자. [단어분석] yata+i
- aggi : 불. [단어분석] agga+i
- pati : 남편. [단어분석] pada+i
- Mahāli : '많은 것을 가진 자'라는 뜻의 이름. [단어분석] mahāla (mahā+lā)+i
- Bhaddāli : '행운을 가진 자'라는 뜻의 이름. [단어분석] bhaddāla (bhadda+lā)+i

‖ *vidâdīhy ūro* ‖ 672 ‖

vida, valla, masa, sinda, du, ku, kapu, maya, unda, khajja, kura 등등 동사의 바탕과 명사의 바탕 뒤에 접미사 ūra가 붙는다.

[그 예는 다음과 같다.] vedūro. vallūro. masūro. sindūro. dūro. kūro. kappūro. mayūro. undūro. khajjūro. kurūro.

- vedūro : 먼 곳. [단어분석] vida+ūra
- mayūro : 공작새. [단어분석] maya+ūra

• undūro : 쥐, 설치류. [단어분석] unda+ūra

• kurūro : 무례한 자. [단어분석] kura+ūra

|| *hanâdīhi nuṇutavo* || 673 ||

어근 hana, jana, bhā, ri, khanu, ama, vi, dhe, dhā, si, ki, hi 등등의 어근 뒤에 접미사 nu, ṇu, tu가 붙는다.

[그 예는 다음과 같다.] hanu. jānu. bhānu. reṇu. khāṇu. aṇu. veṇu. dhenu. dhātu. setu. ketu. hetu.

• hanu : 턱. [단어분석] hana+nu

• reṇu : 먼지. [단어분석] ri+ṇu

• dhātu : 원소, 어근. [단어분석] dhā+tu

• hetu : 원인. [단어분석] hi+tu

|| *kuṭâdīhi ṭho* || 674 ||

어근 kuṭa, kusa, kaṭa 뒤에 접미사 ṭha가 붙는다.

[그 예는 다음과 같다.] kuṭṭhaṃ. koṭṭho. kaṭṭhaṃ.

• kuṭṭhaṃ : 나병. [단어분석] kuṭa+ṭha

• koṭṭho : 곡물창고. [단어분석] kusa+ṭha

• kaṭṭhaṃ : 목재, 장작. [단어분석] kaṭa+ṭha

manu, pūra, suṇa, ku, su, ila, ala, mahi 등등 동사의 바탕과 명사의 바탕 뒤에 접미사 ussa, ṇusa, isa가 붙는다.

[그 예는 다음과 같다.] manusso · mānuso. puriso · poso. suṇisā. karīsaṃ. suriyo. sirīso. illīso. alaso. mahiso. sīsaṃ. kisaṃ.

- manusso : 인간. [단어분석] mana/manu[167]+ussa
- mānuso : 인간. [단어분석] mana/manu+ṇusa
- puriso/poso : 남자, 사람. [단어분석] pūra+isa
- suṇisā : 며느리. [단어분석] suṇa+isa
- karīsaṃ : 오물, 배설물. [단어분석] ku+isa
- suriyo : 태양. [단어분석] su+isa
- sirīso : 나무(아카시아 종류). [단어분석] su+isa
- illīso : 변덕스러운 자 [단어분석] ila+isa
- alaso : 나태한 자. [단어분석] ala+isa
- mahiso : 물소. [단어분석] maha+isa
- sīsaṃ : 머리. [단어분석] si+isa
- kisaṃ : 야윈 자. [단어분석] ki+isa

---

167 동사의 바탕(어근) mana(알다)에 접미사가 붙었다고 볼 수도 있고, 명사의 바탕 manu('마누'라고 불리는 첫 번째 인간)에 접미사가 붙었다고 볼 수도 있다. manusso의 국문 번역은 어근 mana를 번역한 것이다.

여기까지 kita의 장의 여섯 번째 부분인 uṇādi의 장이다.
uṇādi의 장이 끝났다.

세상의 어떤 분야의 지식이든, 사소한 것이든 중요한 것이든,
그 모든 지식이 저절로 나에게 완성되기를![168]

168 의역하면, "내가 그 모든 지식을 잘 완성하기를!"이다.

참고문헌

KV : Kaccāyana-vyākaraṇa. → Pind (2013).

MV : Moggallāna-vyākaraṇa. → Kausalyayana (1965).

Sadd : Saddanīti. → Smith (2001).

강성용(2011). 『빠니니 읽기』. 파주: 한길사.

김서리(2017). 「빠알리어 시제에 관한 『깟짜야나 문법』과 『목갈라나 문법』의 규칙 분석」. 『인도철학』, 제51집. 서울: 인도철학회, 139-176.

_____(2021). 「빠알리어 동사어간을 만드는 활용문자에 관한 연구-『목갈라나 문법』과 『깟짜야나 문법』의 규칙을 중심으로」, 『인도철학』, 제61집. 서울: 인도철학회, 5-37.

백도수(2001). 『초급 빨리어 경전 강독』. 서울: 민속원.

수야홍원(2001). 『팔리어 문법』, 김형준 옮김. 서울: 연기사.

Anuruddha, K.(2004). *Dictionary of Pali Idioms*. Hong Kong: The Chi Lin Nunnery.

Buddhadatta, A. P.(1997). *The New Pali Course*, Parts II. Dehiwala: Buddhist Cultural Centre.

Collins, Steven(2006). *A Pali Grammar for Students*. Chiang Mai: Silkworm Books.

Deokar, Mehesh A.(2002). "A Comparative Study of the Pāṇinian Grammatical Tradition and the Three Grammars of Pali." PhD diss. University of Pune.

Geiger, Wilhelm(2000). *A Pāli Grammar*. 1st German ed. 1916; translated into English by Batakrishna Ghosh 1943; revised and edited by K. R. Norman 1994; Oxford: The Pali Text Society.

Joshi, J. R. & Koparkar, D. G.(1985). *Introduction to Pali*. Pune: University of Poona.

Kausalyayana, Bhadanta Ananda ed.(1965). *Moggallāna-vyākaraṇa*. Hoshiarpur: Vishveshvaranand Vedic Research Institute.

Maitreya, Balangoda Ananda(1992). *Pali Made Easy*. Dehiwala: Buddhist Cultural Centre.

Malai, Phramaha Thiab(1997). "Kaccāyana–Vyākaraṇa: A Critical Study," PhD diss. University of Pune.

Nandisena, U.(2005). *Kaccāyanabyākaraṇaṃ*. Yangon: International Theravada Buddhist Missionary University.

Norman, K. R.(1983). *Pāli Literature. A History of Indian Literature*, Vol.VII. Fasc. 2. Otto Harrassowitz: Wiesbaden.

Pind, Ole Hoten(1989). "Studies in the Pāli Grammarians I," *Journal of the Pali Text Society* 31, 33–82.

____________(2013). ed. *Kaccāyana and Kaccāyanavutti*. Bristol: The Pali Text Society.

Ruiz–Falqués, A.(2017). "On the Authorship of Kaccāyana, the Oldest Pāli Grammar," *Pariyatti: Studies in Pāli Language and Literature*. ed. Bimalendra kumar & Ujjwal Kumar, New Delhi: Aditya Prakashan, 251–268.

Smith, Helmer ed.(2001). *Saddanīti*, Vol.III Suttamāla. Oxford: The Pali Text Society.

Thitzana, A. ed.(2016a). *Kaccāyana Pāli Grammar*, Vol.I. The Complete Text. Onalaska: Pariyatti Press.

____________(2016b). *Kaccāyana Pāli Grammar*, Vol.II. translated into English with additional notes, simple explanations and tables. Onalaska: Pariyatti Press.

Warder, A. K.(1974). *Introduction to Pali*. 1st ed. 1963; London: The Pali Text Society.

Wijesekera, O. H. de A.(1993). *Syntax of the Cases in the Pali Nikayas*. Colombo: University of Kelaniya.

찾아보기

로마자 빠알리어(영어 알파벳순)

A

B

C

D

E

G

H

I

J

K

L

M

N

O

P

R

S

T

U

V

Y

한글

ㅇ

ㅈ

ㅊ

ㅌ

ㅎ

저자 소개

깟짜야나 Kaccāyana

신할라 전통에 따르면, 『깟짜야나 문법』의 저자는 부처님의 직계 제자인 마하깟짜야나(Mahākaccāyana)이지만, 여러 다른 학자들은 이 문법의 저자를 '깟짜야나(Kaccāyana)'라는 이름을 가진 후대의 인물로 추정한다. 많은 의견 중에서 6세기경 인도에서 활동한 인물이라는 의견이 가장 설득력이 있다.

이미 확립되어 있던 산스끄리뜨 문법의 틀을 받아들여 『깟짜야나 문법』의 규칙을 만들었을 것이라는 학자들의 의견에 비추어 볼 때, 동일하지는 않지만 언어적 공통점을 가진 산스끄리뜨와 빠알리어 사이에 섬세한 경계를 긋고 빠알리어에 적용할 수 있는 문법 규칙을 만든 것만으로도 『깟짜야나 문법』의 저자는 산스끄리뜨와 빠알리어에 능숙한 문법가였음을 짐작할 수 있다.

역주자 소개

김서리 金栖利

동국대학교(현 WISE캠퍼스) 불교학부를 졸업하고, 인도 뿌네대학교(현 Savitribai Phule Pune University)에서 박사학위를 받았다. 태국 마하출라롱콘라자위드얄라야 대학교와 동국대학교(WISE캠퍼스)에서 강의하였다. 역서로는 『담마빠다-빠알리어 문법과 함께 읽는 법구경』(2013, 불교출판문화상우수상 수상)이 있고, 빠알리어 문법과 관련된 다수의 논문이 있다.